U0567874

当代国外马克思主义前沿问题研究丛书

总主编 江洋

国家出版基金项目
NATIONAL PUBLICATION FOUNDATION

新帝国主义论

田世锭 主编

On the New Imperialism

中国人民大学出版社
·北京·

"当代国外马克思主义前沿问题研究丛书"编委会

学术顾问 张神根
总 主 编 江 洋
编委会成员（按姓氏拼音排序）

      陈喜贵 付文忠 姜海波 江 洋
      刘 梅 刘仁胜 吕梁山 马 莲
      申 森 田世锭 王 平 郑天喆

总　序

　　2017年9月29日，习近平总书记在主持中共十八届中央政治局第四十三次集体学习时强调："世界格局正处在加快演变的历史进程之中，产生了大量深刻复杂的现实问题，提出了大量亟待回答的理论课题。这就需要我们加强对当代资本主义的研究，分析把握其出现的各种变化及其本质，深化对资本主义和国际政治经济关系深刻复杂变化的规律性认识。当代世界马克思主义思潮，一个很重要的特点就是他们中很多人对资本主义结构性矛盾以及生产方式矛盾、阶级矛盾、社会矛盾等进行了批判性揭示，对资本主义危机、资本主义演进过程、资本主义新形态及本质进行了深入分析。这些观点有助于我们正确认识资本主义发展趋势和命运，准确把握当代资本主义新变化新特征，加深对当代资本主义变化趋势的理解。对国外马克思主义研究新成果，我们要密切关注和研究"[1]。总书记的重要讲话，对于开展马克思主义研究特别是国外马克思主义研究具有重要的指导意义。

　　为深入贯彻落实习近平总书记重要讲话精神，我们特别策划了"当代国外马克思主义前沿问题研究丛书"（十卷本）。本丛书以问题为着眼点，聚焦国内外马克思主义理论界最为关切的关于当代资本主义研究的十大理论和现实问题，从经济、政治、社会、生态和未来走向等多个维度，全面展示21世纪以来国外马克思主义研究的最新成果。

　　本丛书共分十卷，分别为《资本主义的危机与矛盾》《资本主义民主的批判与反思》《当代资本主义社会阶级关系新论》《马克思主义与女性主义》《生态马克思主义与生态文明》《晚期资本主义的空间理论

---

[1]　习近平谈治国理政：第2卷. 北京：外文出版社，2017：66－67.

与城市化》《资本主义、剥削与公正》《马克思主义异化理论的当代诠释》《新帝国主义论》《共同体、未来社会与美好生活》。

丛书的出版得到多方面的支持和帮助，在此表示真诚的谢意。感谢"当代国外马克思主义前沿问题研究丛书"所有作者和译者的辛勤工作，感谢本丛书所获得的所有期刊和出版社的慷慨授权。特别感谢段忠桥、杨金海、李惠斌、郁庆治四位老师在本丛书论证过程中给予的学术指导，感谢陈学明、王凤才等前辈及同仁在国外马克思主义研究领域对我们的长期帮助。感谢国家出版基金对"当代国外马克思主义前沿问题研究丛书"的高度重视和全力支持，感谢中央党史和文献研究院各级领导和同事们对本研究的支持和帮助，感谢中国人民大学出版社学术出版中心诸位编辑为本丛书的出版付出的智慧和辛劳。鉴于编译者水平有限，丛书中值得商榷或者不当之处在所难免，敬请学界同仁批评指正。

"当代国外马克思主义前沿问题研究丛书"编委会

2021年9月20日

作者简介

约翰·贝拉米·福斯特（John Bellamy Foster）：美国俄勒冈大学社会学教授，《每月评论》编辑，生态马克思主义领军人物。著有《马克思的生态学——唯物主义与自然》《生态危机与资本主义》《垄断资本主义理论》《对自然的掠夺：资本主义和生态裂痕》《自然的回归：社会主义与生态学》等。

艾伦·梅克森斯·伍德（Ellen Meiksins Wood）：加拿大约克大学政治学教授，长期担任《新左派评论》编辑，入选加拿大皇家学院。著有《资本主义的起源》《民主反对资本主义》《资本的帝国》《新社会主义》《西方政治思想的社会史》等。

大卫·哈维（David Harvey），当代西方新马克思主义的代表人物，美国纽约城市大学人类学杰出教授，"二十世纪后期最有影响力的地理学家之一"，是世界上作品被引用较多的人文学者。著有《新帝国主义》《世界的逻辑》《马克思与〈资本论〉》《资本社会的17个矛盾》《资本的空间：走向批判地理学》《希望的空间》等多部著作。

萨米尔·阿明（Samir Amin）：新马克思主义理论家，著名全球化问题专家，国际政治经济学家，曾任法国普瓦蒂埃大学、巴黎大学和塞内加尔达喀尔大学教授。著有《世界规模的积累——欠发达理论批判》《不平等的发展——论外围资本主义的社会形态》《帝国主义和不平等的发展》《价值规律和历史唯物主义》《全球化时代的资本主义——对当代社会的管理》等。

罗伯特·温特（Robert Went）：荷兰阿姆斯特丹大学经济学教授，曾任荷兰审计法院项目负责人，2007年以来任职于政府政策科学委员会。著有《荷兰有多不平等？——探索经济不平等的发展和后果》《更少的自负，更多的雄心：造成差异的发展援助》《为什么要读皮凯蒂？——关于〈论21世纪的资本〉的49个思考》《机器人战胜老板——第二机器时代工作的未来》《掌握机器人——第二机器时代的工作前景》等。

普罗森吉特·博斯（Prasenjit Bose）：曾任印度共产党（马克思主义）研究中心会议召集人，现为独立经济学家和活动家。在《经济与政治周刊》、《社会科学家》和《历史唯物主义》等刊物上发表了大量文章，还定期在《印度教徒报》、《电讯报》和《印度斯坦时报》等刊物上撰写专栏。

乌特萨·帕特奈克（Utsa Patnaik）：印度尼赫鲁大学经济研究与规划中心名誉教授，著有《农民阶级的分化》《长期过渡》《饥饿共和国和其他随笔》等；普拉巴特·帕特奈克（Prabhat Patnaik）：印度尼赫鲁大学经济研究与规划中心名誉教授，著有《资本主义下的积累和稳定》《重新构想社会主义》《帝国主义理论》等。合著《资本与帝国主义：理论、历史与当下》。

因坦·苏万迪（Intan Suwandi）：美国俄勒冈大学社会学系博士。著有《价值链：新的经济帝国主义》等。

巴绪尔·阿布-马勒（Bashir Abu-Manneh）：曾任美国哥伦比亚大学教授，现为肯特大学后殖民研究中心主任，《雅各宾杂志》（*Jacobin*）特约编辑。著有《新政治家的小说：1913—1939》《巴勒斯坦小说：从1948年到现在》《萨义德之后：21世纪的后殖民文学研究》等。

乔治·廖达基斯（George Liodakis）：希腊克里特技术大学政治经济学荣休教授。著有《极权资本主义及其超越》等。

约翰·史密斯（John Smith）：曾在英国伦敦金斯顿大学主讲国际政治经济学，现为独立研究者和自由撰稿人。著有《21世纪的帝国主义：全球化、超级剥削和资本主义的最后危机》，该书获得第一届保罗·A.巴兰-保罗·M.斯威齐纪念奖。

贺瑞斯·坎贝尔（Horace Campbell）：美国雪城大学政治学教授。著有《拉斯塔与抵抗：从马库斯·加维到沃尔特·罗德尼》《收回津巴布韦：宗法解放模式的枯竭》《泛非主义、泛非主义者和21世纪的非洲解放运动》《巴拉克·奥巴马与21世纪的政治》《全球性的北约和利比亚的灾难性失败》等。

洛仁·戈尔德纳（Loren Goldner）：美国作家和活动家。著有《赫尔曼·梅尔维尔——查理曼与宇宙人之间：种族、阶级与美国文艺复兴作家的资产阶级意识形态危机》等。

哈帕·布拉尔（Harpal Brar）：英国共产党（马列主义）主席。著有《新思维——修正主义的彻底失败》等。

露西娅·普拉德拉（Lucia Pradella）：曾任意大利威尼斯大学高级讲师，现任英国伦敦国王学院国际政治经济学高级讲师，《政治学：政治研究杂志》（*Politics*：*Rivista di studi politici*）编辑。著有《马克思主义与后马克思主义手册》《路特雷奇马克思主义与后马克思主义手册》《全球化与政治经济学批判：基于马克思著作的新考察》等。

伯特尔·奥尔曼（Bertell Ollman）：美国纽约大学政治学教授，获美国政治学会新政治分会"查尔斯·麦科伊终生学术成就奖"。著有《异化：马克思关于资本主义社会中的人的理论》《社会的和性别的革命》《辩证法研究》《辩证法的舞蹈——马克思方法的步骤》《市场社会主义——社会主义者之间的争论》等。为了宣传马克思主义，他发明了"阶级斗争"棋并注册了专利。

目　录

导　言 …………………………………………………………… 1

第一编　新帝国主义的实质

第1章　赤裸裸的帝国主义 …………………………………… 23
第2章　资本主义扩张的双重逻辑
　　　　——从《新帝国主义》与《资本的帝国》谈起 ……… 32
第3章　新帝国主义"新"在何处？ …………………………… 52
第4章　当代帝国主义 ………………………………………… 64

第二编　新帝国主义与全球化

第5章　帝国主义视域中的全球化 …………………………… 81
第6章　"新"帝国主义？
　　　　——全球化与民族国家 ……………………………… 106
第7章　全球化时代的帝国主义 ……………………………… 128
第8章　全球化的幕后 ………………………………………… 141

第三编　新帝国主义的替代路径

第9章　《帝国》的错觉 ………………………………………… 163

第 10 章　资本主义发展的新阶段与全球化的前景 …………… 181
第 11 章　21 世纪的帝国主义 ………………………………… 202
第 12 章　非洲的帝国主义与反帝国主义 ……………………… 219

第四编　经典理论的当代价值

第 13 章　虚拟资本和罗莎·卢森堡帝国主义理论的现实意义 …… 237
第 14 章　列宁关于帝国主义的论题及其在当代的有效性 ……… 247
第 15 章　马克思《资本论》中的帝国主义和资本主义发展 ……… 267
第 16 章　共产主义：辩证和科学的马克思主义方法 …………… 302

导　　言

人类社会已经进入 21 世纪。帝国主义还存在吗？如果存在的话，那么，如何认识当代帝国主义？它是与传统帝国主义不同的新帝国主义吗？或者说，新帝国主义的本质究竟是什么呢？新帝国主义与全球化之间是一种什么样的关系？消除新帝国主义之路在何方？马克思主义的经典帝国主义理论，对于认识新帝国主义是否仍然是重要的和必要的？所有这些问题都是当代马克思主义者需要思考和回答的重要理论和实践问题。21 世纪以来，国外马克思主义者秉承经典马克思主义及其批判传统，对所有这些问题进行了深入的反思和激烈的论争。也正是按照这样的逻辑，我们才将《新帝国主义论》一书分为"新帝国主义的实质"、"新帝国主义与全球化"、"新帝国主义的替代路径"和"经典理论的当代价值"四个部分。当然，将不同作者及其著作归入不同的部分，这种区分本身并没有绝对的意义，因为，所有这些问题是每一位作者都在思考的。

一、新帝国主义的实质

"新帝国主义的实质"包括《赤裸裸的帝国主义》、《资本主义扩张的双重逻辑——从〈新帝国主义〉与〈资本的帝国〉谈起》、《新帝国主义"新"在何处？》和《当代帝国主义》等四篇文章。

约翰·贝拉米·福斯特在《赤裸裸的帝国主义》中开门见山地指出，无论"军国主义"，还是"帝国主义"，其实"都不是新的"，"有所变化的倒是美国推动军国主义和帝国主义的赤裸裸性，及其勃勃野心的无限性和全球性"。

按照福斯特的观点，一方面，资本主义自产生以来就是一种全球扩张性制度，帝国本身是"资本主义全部历史及其逻辑的系统性结果"，从这种意义上讲，资本主义本身就是帝国主义。而"美国的军国主义和帝国主义深深植根于美国的历史和资本主义政治-经济逻辑之中"，因此，"美国从一开始就是一个帝国"。

另一方面，作为一种全球扩张性制度的资本主义，必然面临着"经济上强烈的跨国愿望与政治上植根于具体民族国家的事实之间的矛盾"。而在苏联解体之后的世界情境中，美国成了事实上垄断毁灭性武器的资本主义国家，这促使其力图掌握全面优势并将自身转变为"统治世界经济之实际的全球性国家"的诱惑变得无法抗拒。正是面对这种无法抗拒的诱惑，美国的权力精英"转向了赤裸裸的帝国主义政策"，梦想着美帝国成为"全球性帝国"。

总而言之，在福斯特看来，所谓"新帝国主义"在本质上并不新，依然只是植根于资本主义政治-经济逻辑之中的"全球扩张性制度"。但由于世界客观情境的变化，美国力图将自身打造为、甚至想象自身已经成为全球性帝国，于是，"新帝国主义"有了一种新形式：赤裸裸。而"从世界多数人的立场来看"，这只不过意味着"一个更具剥削性的经济帝国主义已经抬起了丑陋的头颅"。

与福斯特所说的"赤裸裸性"形成鲜明的对照，在艾伦·梅克森斯·伍德看来，"新帝国主义"之"新"正在于资本主义温情脉脉的市场法则，"新帝国主义"正是与非资本主义的古典帝国主义不同的资本帝国主义[①]。在《资本主义扩张的双重逻辑——从〈新帝国主义〉与〈资本的帝国〉谈起》中，伍德批评了大卫·哈维所主张的资本帝国主义处于权力的"资本逻辑"和"领土逻辑"之双重逻辑支配之下的观点，并进一步阐述了其资本帝国主义观点。

按照伍德的观点，首先，哈维的"资本帝国主义逻辑"，即相互交

---

① 田世锭. 英美马克思主义的新帝国主义思想——基于内在关系辩证法的考量. 科学社会主义，2013（3）.

织的"资本逻辑"和"领土逻辑"之双重逻辑,意味着"无限的资本积累需要无限的政治权力积累","不断扩张的资本积累必然伴随着不断扩张的政治力量和对领土的控制"。进而言之,当资本积累的经济范围全球化时,必然要求一个全球化的国家。然而,这"几乎是难以想象的"。而且,这样一种"无限的积累需要一个无限扩张的政治力量来实现地理控制"的积累策略,使哈维所谓资本主义的"新帝国主义"与罗马帝国具有了相同的动力,因而失去了资本帝国主义的特殊性。

其次,"资本帝国主义"与"非资本主义的古典帝国主义"的区别恰恰在于,前者依赖"纯经济"力量,而后者依赖"超经济"力量;或者说,前者依赖"资本逻辑",而后者依赖"领土逻辑":资本帝国主义的特殊性在于"资本无须基于领土的政治力量的扩张就能强加霸权的独特能力"。而人类历史上"第一个其经济力量要求消除殖民地野心的帝国霸权,并通过资本主义的经济法则来维护霸权"的国家是美国,因此,"美国是第一个真正的资本主义帝国"。

再次,"资本帝国主义"具有将"纯经济"力量与"超经济"力量分离开来的独特能力,并主要依靠"纯经济"力量来实现资本的无限扩张。但这并不意味着"资本帝国主义"可以完全忽略"超经济"力量的作用。事实上,这种分离反而使得资本"能够且必须"依赖"外在于"它的"超经济"力量,即有领土限制的法律、政治和军事机构,资本的全球扩张还需要"诸领土国家的全球体系"来加以维系。

最后,正因为资本帝国主义的"纯经济剥削超越了国家边界",全球资本可以通过"纯经济手段"进行积累而不需要"直接的领土控制或政治支配",所以,资本帝国主义并不是"任何一种真正意义上的'帝国主义'",只是由于"缺乏一个更适合的概念",才不得不继续使用"资本主义的特殊的经济帝国主义"这一说法。

将伍德的逻辑推演到底,我们发现,伍德不仅令人吃惊地否定了英国的"资本帝国主义"性质,而且令人震惊地否定了美国的"帝国主义"性质。

哈维的《新帝国主义"新"在何处?》是对伍德《资本主义扩张的双重逻辑——从〈新帝国主义〉与〈资本的帝国〉谈起》及《资本的帝国》的回应。哈维指出,尽管"权力的领土逻辑与资本逻辑之间的辩证关系"处于变化中,但它仍然是重新诠释国家与资本的关系以便更好地理解当代帝国主义的"有益起点"。此其一。

其二，我们面前并不存在一种奇异的帝国主义，而存在一系列通过过剩资本的不均衡地理分布而传播的不同的帝国主义实践。因此，要确认新帝国主义到底"新"在何处，就要坚持一个极为重要的原则：循着资本过剩去追寻过剩资本吸收或贬值的同时以地理和领土为基础的实践。很显然，这种新帝国主义的"新"正在于"权力的资本逻辑与领土逻辑的辩证关系"作用下的实践："剥夺性积累"①。这种通过军事、经济、政治或文化手段打开其他国家紧闭的大门，由金融机构、国家权力、华尔街-财政部-华盛顿的联盟实施的"剥夺性积累"，是当今帝国主义统治的核心。

其三，1970年后发展起来的新帝国主义，在"欧洲、北美和日本的霸权"之下，致力于摧毁所有吸收过剩资本的障碍。因此，以"剥夺性积累"为核心的新帝国主义不仅仅是美国的帝国主义，更是欧洲、北美和日本的帝国主义。

由此可见，虽然哈维希望对他与伍德思想差异的关注不会减损他们观点之间的"趋同性"，但正如伍德所说，她的观点在某些方面与哈维是截然对立的。

萨米尔·阿明的《当代帝国主义》呼应了福斯特所主张的资本主义本身就是帝国主义。在阿明看来，"历史上，资本主义始终是帝国主义的"。正因为资本主义"19世纪的前垄断体系就是帝国主义的"，所以，列宁和布哈林所认为的帝国主义是垄断资本主义，是资本主义的最高阶段不能成立。

按照阿明的观点，资本帝国主义的发展历程可以划分为三个阶段，即前垄断资本主义（自由竞争资本主义）、1920—1970年的"垄断资本主义"、1975年以来的"普遍垄断资本主义"。可见，阿明所谓"当代帝国主义"就是意指1975年以来的"普遍垄断资本主义"。这种"普遍垄断资本主义"是"资本主义本质上的全新阶段"，因而是"新"帝国主义。

不过，阿明所说的这种"全新阶段"的"普遍垄断资本主义"之"新"，既不是福斯特所说的"赤裸裸性"，也不是哈维所说的资本逻辑与领土逻辑辩证作用下的"剥夺性积累"，更不是伍德所谓的市场法则，而是财产管理权力的集中和国际政治的混乱。一方面，"普遍

---

① 田世锭. 戴维·哈维的新帝国主义理论探析. 江海学刊，2010（4）.

垄断资本主义"条件下，财产本身不仅没有高度集中，反而比以往任何时候都更加分散。但是，伴随财产分散的并非财产管理权力的分散，而是财产管理权力的集中。所谓股东制定规则，只是一种表面现象，其实质是"一手遮天的垄断企业的顶层管理者以他们的名义决定一切"。另一方面，资本主义全球化的深化摧毁了国家系统经济、政治和社会同步的整体逻辑，却并没有以任何全球逻辑取而代之，以至于"国际政治暴力取代了经济竞争"，由此呈现出一个"混乱的帝国"。

二、新帝国主义与全球化

"新帝国主义与全球化"由《帝国主义视域中的全球化》、《"新"帝国主义？——全球化与民族国家》、《全球化时代的帝国主义》和《全球化的幕后》等四篇文章构成。

罗伯特·温特在《帝国主义视域中的全球化》中，基于帝国主义的视角分析并揭示了当代全球化的特点、实质及发展趋势。

首先，当代全球化尽管被夸大了，但的确因为一些重大变化具有了一些资本主义的新特征。一是资本不再以中心资本主义国家向欠发达国家转移为主，而是以帝国主义国家之间的转移为主；二是在世界市场上展开竞争与合作的不再是国际卡特尔，而是跨国公司；三是金融资本不再局限于以国家银行为主导的金融体系，而是融入了更加一体化的全球金融体系；四是大国之间的竞争在经济层面而非军事层面展开，且协调和管理经济政策的国际组织和论坛数目急剧增加；五是即将或已在进行的区域和全球重组会对民族国家的组织产生重大影响。

其次，当代全球化尽管具有上述新特征，但强调"自由贸易和资本自由流动的结合"依然是其中的重要方面，这就使之"类似第一次世界大战前的国际体制"。这表明，与20世纪初一样，"自由贸易和资本自由流动"依然是当代帝国主义的两大重要经济武器，而其根本目的依然在于实现"第一世界各国的资本利益"。

最后，当代全球化所见证的上述重大变化和资本主义的新特征并不意味着跨国资产阶级和跨国机构已经形成，或考茨基所提的"超帝国主义"已经实现。其实，当代全球化具有三重性：一是各国资本之间的跨境联系越来越多，资本国际化程度更高，金融体系一体化，国际组织和论坛在协调和规范经济政策方面的作用更大；二是民族国家虽然受到了重大影响，但不是在消亡，只是在变化；三是各国存在着持久的利益冲突，但这些冲突主要表现在经济上，而不是主要资本主义大国之间的军事对抗上。这种三重性决定了"跨国性国家、美国主导和集团间持续竞争"三种模式在目前具有"相等的"可能性或不可能性。

如果说温特所描绘的全球化前景虽然并不明朗，但毕竟还存在某种由"跨国性国家"所暗示的希望的话，普罗森吉特·博斯的《"新"帝国主义？——全球化与民族国家》则使我们不得不对全球化的前景深感无望。

按照博斯的观点，第一，全球化的核心不是伍德等人所说的为过剩资本寻找出路的"资本输出"，而是"国际金融资本的运作"。与列宁所界定的金融资本不同，这种国际金融资本既不与工业关联，也不以民族国家为基础，而在国内及国际金融市场高速流转，"从事投机活动"。之所以能够如此，是因为伴随着布雷顿森林体系的崩溃，二战后使大多数国家在经济上取得成功的关键因素——"国家广泛干预国民经济内部的需求管理，以保持充分就业并限制投机资本的跨境流动"，都遭到了严重破坏。

第二，全球化是一个非常矛盾的过程：国际投机金融的支配地位及其产生的消极影响会导致盈利能力削弱、全球经济衰退，从而扰乱实际生产部门的资本积累。于是，帝国主义内部的竞争不再以争夺市场及投资机会为主，而是以"赢得金融信任"为主。

第三，为了"在一个以投机金融为主的世界经济中保持美元的价值"并"维持美元的霸权"，从而"赢得金融信任"，美国正试图通过"奉行侵略性单边主义的无限战争军事政策"去阻止任何潜在的竞争。然而，美国日益增加的负债、美元霸权的脆弱性和美国经济衰退状况的再度出现，却"极有可能引发帝国主义之间以及帝国主义与第三世界之间的冲突，并可能导致当代世界秩序的崩溃"。

第四，上述冲突是"演变成帝国主义之间的激烈竞争"，还是"消失在国际金融资本的法则之中"，这是"我们这个时代面临的重大问题"。

可见，博斯实际上告诉我们，无论上述冲突"演变成帝国主义之间的激烈竞争"，还是"消失在国际金融资本的法则之中"，对于被压迫者和被奴役者而言都不是美好的前景。因为，在"帝国主义之间的激烈竞争"中，被压迫者和被奴役者只能是牺牲品；在"国际金融资本的法则"所必然导致的投机和衰退中，被压迫者和被奴役者依然只能是牺牲品。因此，他们真正的前景在于澄清"全球化的负面影响究竟因为它是'全球的'，还是因为它是资本主义的"这一重大问题，从而展开全球性反资本主义运动。

乌特萨·帕特奈克和普拉巴特·帕特奈克在《全球化时代的帝国主义》中指出，对于资本主义制度的生存至关重要的是，防止供应价格上涨，确保货币价值稳定。其根本手段是维持一支庞大的产业后备军和实施收入紧缩，压缩大众购买力。而在一个纯粹的资本主义世界，收入紧缩仅限于资本主义部门之内，帝国主义一词没有意义。只有空间上还存在其他不同的生产方式和阶级，以致收入紧缩有了空间维度时，这种空间性才是帝国主义。因此，中心资本主义国家给外围国家劳动人民带来的收入紧缩，是帝国主义的根本特征。中心资本主义国家造成此种收入紧缩的两个典型手段是："财富流失"，即在没有任何补偿的情况下，抽走外围国家生产的剩余；"去工业化"，即通过从中心资本主义国家进口来破坏外围国家的小规模生产，并因此造就"遥远"的产业后备军。

按照乌特萨·帕特奈克和普拉巴特·帕特奈克的观点，帝国主义不是特定的历史现象，而是资本主义所有时代的基础。在当今全球化背景下，金融权重的增加、保存货币价值的紧迫性变得尤为重要，这也使帝国主义变得尤为迫切和更加重要。但在全球化时代，实施新自由主义政策成了中心资本主义国家对外围国家劳动人民实行收入紧缩的主要手段。随着新自由主义政策的推行，第三世界国家经历了从国家干预时代到新自由主义时代的转变：从一个明显凌驾于所有阶级之上、为社会福利进行干预，因而有时甚至代表被压迫者的国家，转变为一个几乎完全促进与全球化资本相结合、追求企业金融寡头利益的国家。而随着世界各地国家性质产生这种变化，除了像在伊拉克那样直接控制石油的做法，任何明显的帝国主义干预的必要性都消失了。换句话说，帝国主义"隐身"了。但这种"隐身"并不意味着帝国主义已经消失，反而意味着其变得更加强大了。所有外围国家都陷入了中心资本主义国家所构建的大网之中，成了全球化时代帝国主义的关键要素。这是一方面。

另一方面，全球化时代的帝国主义条件下，产业后备军规模的相对增长使工会行动困难，加之新自由主义政权以引入劳动力市场灵活性、吸引资金、促进发展为名，损害劳工权利；将工作外包给未加入工会组织的部门；以临时工取代全职工人；以极低的工资转向国内生产，所有这些都使有组织的工人的抵抗困难重重。同时，对农民的剥夺和强加的收入紧缩也使其行动更加困难。这两个基本阶级被削弱，以致传统的阶级抵抗形式变得难以继续。

至此，乌特萨·帕特奈克和普拉巴特·帕特奈克的论述，似乎使人倍感压抑：全球化使帝国主义更加强大而传统的阶级抵抗更加艰难，前途一片暗淡。但他们依然坚持罗莎·卢森堡的断言：要么社会主义，要么野蛮状态。而谋求社会主义的依靠力量，则需在新自由主义政权为转移注意力而有意促进的种族、宗教和其他形式的宗派纷争之中去找寻。

因坦·苏万迪的《全球化的幕后》则认为，我们不能对资本主义的历史进行非帝国主义与帝国主义、非全球化与全球化这样的阶段划分，因为，正如马克思、保罗·斯威齐等所论述的，资本主义本身在规模上是全球化的，在本质上则是帝国主义的。因此，资本主义或帝国主义研究所能做的就是揭示资本主义或帝国主义在一定时期具有的新特点。

在苏万迪看来，肇始于1970年代末的当代全球化浪潮之"核心"，是能够在不完善或者已消除竞争的全球市场上"拥有寡头独占权"的"跨国公司"利用外国直接投资和基于松散型合同的国外外包，来使用全球最廉价的劳动力，从而实现"全球劳动力套利"。因此，当代全球化就是以"全球资本"剥削"全球劳动力"这样一种"截然不同的劳资关系"重组全球生产过程的现象。在这样一种全球化时代，资本主义或帝国主义所具有的"新特点"便是"帝国主义的全球资本对全球南方劳动力的剥削"。

可见，按照苏万迪的观点，何种全球化的幕后隐藏着何种特点的帝国主义，这是需要研究并加以揭示的，但隐藏在全球化幕后的是帝国主义，这其实是不言自明的。

三、新帝国主义的替代路径

"新帝国主义的替代路径"包括《〈帝国〉的错觉》、《资本主义发展的新阶段与全球化的前景》、《21世纪的帝国主义》和《非洲的帝国主义与反帝国主义》等四篇文章。

巴绪尔·阿布-马勒在《〈帝国〉的错觉》中指出，第一，哈特和奈格里在《帝国》中天真地为我们描绘了一幅考茨基式超越（或代替）了"帝国主义"的"帝国乌托邦"画卷：帝国在空间上是无限的，在时间上是永恒的，在社会中是包罗万象的，在政治上是非中心化的，"处处呈现出一派和平安宁的气象"。

第二，实际上，全球化和新自由主义都只是美国控制全球的策略，旨在巩固美国的大国地位，确保其在政治和经济上的统治地位。而其他国家的全球化只是满足美国全球化的新要求和实现美国利益的重组过程。20世纪90年代的历史已经清楚地证明，美国的主要目标仍然是维护"等级分明的单极国际秩序"。因此，"全球化的真正目标就是美国的帝国化"；也因此，哈特和奈格里的全球化画卷，不过是遮蔽美国霸权的海市蜃楼，所谓全球化也不过是掩饰美帝国主义的意识形态外衣。

第三，正如列宁所预见的，代替帝国主义的只能是世界共产主义革命，只有社会主义者所持的国际主义，才能对抗后现代美国的国际主义，而其主体依然是"虽处于从属地位但占多数的工人阶级"，因为只有工人阶级才具备改变资本统治地位的能力，其他任何阶级都不具备这样的能力。所以，我们目前仍然需要的既不是"后现代左翼无端的否认"，也不是"哈特和奈格里的欢欣愉悦"，而是工人阶级"强硬的现实主义"。

与马勒对哈特和奈格里的天真错觉持彻底的批判态度不同，乔治·廖达基斯的《资本主义发展的新阶段与全球化的前景》充分肯定了哈特和奈格里《帝国》中的亮点，其中包括对帝国主义概念的局限性、资本主义的划时代转变和跨国资本主义国家的强调。这是因为，廖达基斯本人也主张资本主义已经发生划时代转变，已经进入跨国资本主义这样一个新阶段，并使帝国主义概念因"不适合用于分析当代趋势"而变得"过时"。不过，廖达基斯仍然认为，哈特和奈格里对世界性"平滑空间"的期待是"毫无根据的"。

按照廖达基斯的逻辑，首先，辩证取代资本主义的依然是社会主义。虽然资本主义所积累起来的客观条件是社会主义的重要前提，社会主义产生于资本主义的胎胞之中，但除此之外，社会主义对资本主义的辩证取代意味着一种"全新的品质"，社会主义"远非资本主义历史发展在制度上所能预示的结果，而更多地构成了资本主义的对立面或制度结构的'对立'"。

其次，与哈特和奈格里的世界性"平滑空间"相反，跨国资本主义新阶段必然导致危机，而且"最有可能达到资本主义生产方式的历史极限"。一方面，前所未有的劳资矛盾激化仍然是当代资本主义的根本特征，它将导致更为猛烈的阶级斗争；另一方面，在生产和劳动剥削领域更严格的规章制度，彻底的剥削，对抵抗型社会力量进行的纪律约束与控制，在世界范围内为获取资本利益而采取的所有科学和技术努力的片面化集中处理，以及市场力量扩张的总体影响所带来的文化统一性，所有这些都意味着当代资本主义体制结构和政治实践的进一步极权化。

最后，基于上述分析，只要我们适当组织和激励工人阶级的极力反抗以及日益增长的反帝国主义和资本主义全球化的斗争，就可能导致"社会生产关系的革命性转变，并超越资本主义生产方式本身"，实现社会主义对资本主义的辩证取代。

然而，约翰·史密斯在《21世纪的帝国主义》中却再次强调，"我们应当把新自由主义全球化理解为资本主义发展的新帝国主义阶段"。其一，按照史密斯的观点，这种"新帝国主义阶段"之"新"主要体现在两个方面：一是剩余价值的创造和增加方式不再以绝对剩余价值和相对剩余价值的生产为主，而以资本主义利用"民族压迫"使"新兴国家"劳动力价值下降从而进行掠夺的"全球劳动力套利"为主；二是与此相应，北方资本与南方劳动的关系日益成为劳资关系的主要形式。因此，与列宁所说的"垄断"是帝国主义的经济本质不同，"新帝国主义阶段"的经济本质是"北方的资本家剥削南方的活劳动"。

其二，正因为"新帝国主义阶段"的利润并非源于任何形式的垄断，而是源于"帝国主义超级剥削"，即全球生产向低工资国家转移并使之普遍存在"高于全球平均水平的剥削率"，所以当帝国主义国家、跨国公司、各种各样的服务供应商及其雇员"共同分享超级剥削的战利品"的时候，它们都被打上了列宁所说的"寄生性的烙印"。

其三，尽管"北方国家工人消费的商品，在更大程度上是由南方国家低工资工人生产的"，也正是"南方国家工人的生产率及其工资，在根本上决定了帝国主义国家的消费水平与剥削率"，但"帝国主义国家的广大劳动人民也面临着贫困境况"。因此，为了"确保人类文明的未来"，作为"新帝国主义阶段"之"第一受害者"的南方"半殖民地国家的无产阶级"，应该"与帝国主义国家的工人一道"，共同埋葬资本主义。

贺瑞斯·坎贝尔的《非洲的帝国主义与反帝国主义》则基于非洲仍然是资本主义剥削最恶劣的地方这一历史性实际，着重强调帝国主义的种族主义性质。坎贝尔指出，"新的资本主义剥削形式导致种族隔离全球化"，现代帝国主义表现为"种族主义形式"。

因此，为了反对现代帝国主义，一要以"乌班图理念"，即"这是做人的本质，强调的是我的人性与你的人性相互交织、融为一体且不可分割；我是人，因为我属于这个群体"这样的"人道待人理念"，来挑战种族主义的人类等级论、反对帝国主义和种族主义统治的本体论，并以此为新的反帝国主义团结奠定基础；二要克服帝国主义以宗教、种族、性别或国籍等借口使全世界工人彼此仇恨的沙文主义和种族主义。

同时，鉴于后冷战时代，美国无疑更愿意使用军事力量而不是反共产主义的意识形态和文化来实现其政治和经济目标，亟须加强美国的反帝国主义力量及其他和平力量，以削弱美国统治阶级为保持美国霸主地位而不惜开战的权力。为此，非裔美国人民可以联合那些长期以来一直与非洲的反帝国主义和民族解放力量结盟的全球反帝国主义力量，共同发挥战略性作用。

不过，与马勒、廖达基斯、史密斯都在一定意义上强调无产阶级作为反帝国主义力量的重要性不同，坎贝尔似乎缺少对无产阶级的信心。他认为"在21世纪的今天，民族解放时代旧有形式的阶级动员已耗尽了潜力"，于是"呼吁正义、和平、生命、健康以及自然环境修复的新社会力量已经出现"，尽管他依然坚持马克思主义反帝国主义思想对非洲反帝国主义实践的指导作用。

四、经典理论的当代价值

"经典理论的当代价值"包括《虚拟资本和罗莎·卢森堡帝国主义理论的现实意义》、《列宁关于帝国主义的论题及其在当代的有效性》、《马克思〈资本论〉中的帝国主义和资本主义发展》和《共产主义：辩证和科学的马克思主义方法》等四篇文章。

洛仁·戈尔德纳在《虚拟资本和罗莎·卢森堡帝国主义理论的现实意义》中指出，哈特、奈格里等人的观点不过是一种"后现代主义陈词滥调"，"帝国主义仍然存在"。但他不认为当代帝国主义是列宁所说的那种垄断资本输出的过程，而是越来越多在世界经济体系中四处流动却没有真正的财富与之对应的美元"虚拟资本"。这种"虚拟资本"代表着"无法收回的债务"，其形成的首要、甚至唯一原因是"美国的国际收支赤字"，它是美国"通过破产维持帝国"策略日臻完美的表现。这种"虚拟资本"只是用来换取国外商品的一张张美国纸币而已，这些纸币又会"借给"美国消费者购买那些通过剥削国外工人而生产的商品，但"美国永远不会真正偿还这些钱"。而且，美国政府正忙着"通过破产维持帝国"的方式使其贬值，这些所谓的"外汇储备"面临着"自动缩水"的危险。这样一来，外国持有者"因持有的美元流失而焦虑"，不得不再次把钱借给美国政府和美国金融市场，从而会导致"美国国内信贷增加、消费增强、从其债权国进口更多的商品"。戈尔德纳强调，这就是一种"掠夺"。

在戈尔德纳看来，随着生产力提高，越来越多的资本由越来越少的活劳动使用，必然导致用以保持所有权的利润率永久性下降，于是"掠夺"成了必要的"补充"。正如卢森堡告诉我们的，虽然利润率下降了，但资本家不会"自动将工厂的钥匙交给工人阶级"，而是必然利用"原始积累"进行"补充"。西方资本将第三世界劳动力拖入世界劳动分工而不付给其再生产成本、掠夺自然环境而不支付环境恢复费用、过度使用基础设施，以及付给工人的工资低于再生产成本，所有这些都是"原始积累"。

按照戈尔德纳的逻辑，美国利用"虚拟资本"进行的"掠夺"，只不过是卢森堡所强调的"原始积累"在当代帝国主义中的新形式，"卢森堡提出的'资本主义原始积累的永久性'是绝对正确的",而"列宁从来没有讨论这些问题",所以卢森堡提出的问题比列宁提出的问题"更有利于我们了解今天的世界"。

与戈尔德纳坚持"原始积累是帝国主义的实质"并因此强调卢森堡的帝国主义理论比列宁的帝国主义理论更具当代价值不同,英国共产党主席哈帕·布拉尔坚持"帝国主义是垄断资本主义"[1],并在《列宁关于帝国主义的论题及其在当代的有效性》[2]中,立足于列宁的帝国主义理论审视全球化的事实、实质及其趋势,得出了全球化仍然处在列宁帝国主义理论的框架之中,以此论证了列宁帝国主义理论"在今天的有效性"。

布拉尔指出,列宁对帝国主义的阐述主要有如下要点:第一,生产和资本的高度集中形成了在经济生活中起决定作用的垄断组织;第二,银行资本和工业资本融合形成了金融资本和金融寡头;第三,"资本输出"具有特别重要的意义;第四,瓜分世界的资本家国际垄断同盟已经形成;第五,最大资本主义大国已把世界上的领土瓜分完毕。而大量的事实充分表明全球化的主要特征是:通过并购、原国家产业的获得和私有化而实现的经济的高度垄断;银行合并和金融资本对经济的进一步支配;不断增加的资本输出;国际垄断企业合并的加速进行以及对世界再划分的激烈反抗;通过削减社会福利支出而减少社会工资;通过使各种尤其是劳动力市场规则失效而加强对劳动力的剥削;国与国之间不平等现象的增加;强势国家之间重新划分世界的激烈争斗以及受压迫民族不断反抗帝国主义的战争。由此可见,从根本上讲,全球化的主要特征正是列宁所阐述的帝国主义之要点。正是通过这种对比,或者说,正是基于列宁帝国主义理论的视角来审视全球化,布拉尔充分认识到全球化作为对帝国主义的精确且科学的资产阶级的表述,其实不过是传统帝国主义的新标签。

按照布拉尔的观点,虽然全球化只是传统帝国主义的新标签,但在全球化的条件下,帝国主义的所有主要矛盾都以过去未曾有过的程度在加剧——在受压迫国家和帝国主义之间,在劳动和资本之间,在

---

[1] 哈帕·布拉尔. 列宁关于帝国主义的论题及其在当代的有效性. 梁燕,译. 学习与探索,2013(5).

[2] 同[1].

不同帝国主义国家之间。这就使人类在"要么革命,要么选择战争和野蛮"之间做出选择变得更加迫切;而随着帝国主义所有矛盾加剧极端化,帝国主义列强对人类的欺压必然刺激着工人阶级和被压迫人民的革命。这两方面决定了,虽然社会主义在过去遭受过重创,工人阶级和被压迫人民的革命道路曲折,但没有任何事情能够阻止无产阶级革命在世界范围内的胜利,这也再次证明了列宁有关"帝国主义是无产阶级社会革命前夜"的论断。布拉尔进一步指出,列宁的革命理论及其组织策略和方法是无产阶级社会主义革命获得成功的唯一出路。

露西娅·普拉德拉的《马克思〈资本论〉中的帝国主义和资本主义发展》却表明,列宁、罗莎·卢森堡以及后来的解释者大卫·哈维、艾伦·梅克森斯·伍德、萨姆·阿什曼和阿列克斯·卡利尼科斯等学者,都误解了马克思。他们都误以为马克思关注的是封闭的资本主义经济,分析的是单一民族国家内部资本主义的起源和发展。普拉德拉致力于通过马克思关于殖民主义的著作和笔记分析其《资本论》,得出了或许会令人吃惊的结论。

首先,自19世纪40年代开始,马克思便"不是将英国资本主义作为民族体系,而是将其作为殖民体系来加以考察的"。按照马克思的观点,"扩张主义是资本在其发展的每一个阶段的内在需要",因此,英国资本主义必然是一种分化世界和不断扩张的体系;也因此,资本主义积累的一般规律必然是"世界规模的资本积累规律";而由于国家在这一过程中保持着根本性作用,它在本质上还必然是"帝国主义规律"。由此可见,马克思《资本论》所考察的其实是工业时代的英国"自由主义的帝国主义"。

其次,虽然列宁强调了资本输出、金融资本崛起、企业规模扩大,以及资本主义同盟和帝国主义列强瓜分世界等过程在经济和政治上的中心地位,但在马克思看来,这些过程本身都内在于资本主义积累且从属于其规律;虽然罗莎·卢森堡强调了扩张主义及资本主义与非资本主义生产方式之间关系的根本重要性,但她只是使《资本论》第一卷已在更高的抽象层面展开的论题变得明晰了;哈维所论证的地理扩张是吸收过剩资本的一种途径,马克思在《资本论》第一卷中已经进行过系统的论证,而哈维所谓的"剥夺性积累"只不过是"一个多余的概念",因为"对马克思来说,积累在结构上就意味着剥夺"。

最后,基于对全球范围内资本积累分析的深化,马克思充分认识到,一方面,"反殖民斗争与无产阶级斗争是紧密相连的,也是全球统一革命运动的一部分";另一方面,英国对整个世界的剥削造成了"资产阶级化的无产阶级"、帝国主义国家政治领导人和工人阶级"民族主义和种族主义情绪蔓延",又使反殖民斗争与无产阶级斗争的相互联系变得"越来越困难"。这种政治观"对重申列宁在民族和殖民问题上的立场,并通过他在第三国际第一次代表大会上拟订国际主义纲领,发挥了根本性作用"。

普拉德拉由此得出结论:"根据马克思关于殖民主义的著作和笔记分析《资本论》,为反思历史和当代有关帝国主义的论争提供了重要的基础。"很显然,如果换句话说,马克思已经为认识和反思"新帝国主义"提供了重要的理论基础,那也是成立的。

与普拉德拉一样,伯特尔·奥尔曼也致力于论证马克思相关理论的当代价值。表面看来,奥尔曼的《共产主义:辩证和科学的马克思主义方法》似乎与帝国主义理论没有什么关系,但其实不然。正如奥尔曼本人所说,他的所有著作都与帝国主义有关①。在该文中,奥尔曼坚持运用内在关系辩证法分析共产主义与资本主义之间的关系,并以此解答"马克思是如何得出其关于共产主义的观点的"这一重大理论问题,并昭示马克思的理论对于我们认识当代帝国主义的价值所在。

按照奥尔曼的观点,首先,在马克思看来,共产主义是与资本主义内在关联的,共产主义只能是"资本主义已经取得和正在经历的使之成为可能的发展",是"资本主义本身某种潜在的延伸"。其一,工人与生产活动、产品、其他人(包括资本家和其他工人)及其作为人类成员的潜力之间的分裂是"异化劳动的核心",也是"支撑资本主义……的主要条件",因此,"异化的终结"及"异化的反面"将是"对全面共产主义生活最好的描述之一";其二,失业率上升、经济地位不平等加剧、气候变化迅速、环境破坏、各种战争爆发、大规模粮食短缺、新灾害的威胁和旧灾害的重新爆发、学习形式和知识本身日益严重的商品化等诸多问题的解决手段在资本主义中都"可以获得"但却"没有机会被使用",因此它们是"共产主义的解决办法",是尚处于"资本主义形式背后"的"新共产主义世界"的办法;其三,我们今天所见证的"自动化和机器人化、全球化的蔓延、每个公司所做

---

① 这是奥尔曼教授与笔者通过电子邮件进行交流的过程中所说的话。

的广泛的经济计划、交通和通信的发展"等等,充分表明当代资本主义中的"共产主义萌芽"比马克思时代"更多、更明显了"。

其次,正因为共产主义只能是"资本主义内部一种尚未实现的可能性",所以为了寻找共产主义,我们就"必须——像马克思一样——优先分析资本主义,而不是市场社会、工业社会、信息社会、现代社会、后现代社会,甚至美国社会"。

再次,帝国主义作为我们所面临的"最严重的问题"之一,与危机、经济剥削、异化、失业、社会和经济不平等、环境退化等诸多"最严重的问题"一样,都是"资本主义自然运行的结果"。

概而言之,按照奥尔曼的逻辑,帝国主义只不过是资本主义所导致的"最严重的问题"之一。因此,分析资本主义是认识帝国主义的前提;而帝国主义这一严重问题的解决手段也正是隐藏在"资本主义形式"背后的"共产主义萌芽"。

结　语

综上所述,21世纪以来,国外马克思主义者围绕"新帝国主义的实质"、"新帝国主义与全球化"、"新帝国主义的替代路径"和"经典理论的当代价值"等主要论题展开了深入的探讨。

就"新帝国主义的实质"论,除伍德以资本帝国主义的温情脉脉几乎否定了美国的帝国主义性质之外,福斯特、哈维、阿明虽然对新帝国主义之"新"提出了"赤裸裸性"、"剥夺性积累"和"普遍垄断"等不同的界定,但都揭示了新帝国主义的帝国主义本性;就"新帝国主义与全球化"论,虽然对当代全球化的新特征看法不一:温特关注的是帝国主义国家之间的资本转移、跨国公司、全球金融体系、国际协调和管理等,博斯关注的是国际投机金融作为全球化核心所必然导致的矛盾的全球化进程,乌特萨·帕特奈克和普拉巴特·帕特奈克关注的是新自由主义政策的推行及帝国主义的"隐身",苏万迪关注的是全球资本对南方劳动力的剥削,但他们的共识是:隐藏在当代全球化幕后的是帝国主义,或者说,当代全球化其实是帝国主义全球化;就"新帝国主义的替代路径"论,虽然马勒关注的新帝国主义是美国对全球的控制,史密斯关注的新帝国主义是北方资本家对南方活劳动的剥削，坎贝尔关注的新帝国主义是种族隔离的全球化，而廖达基斯甚至认为当代跨国资本主义已不再是帝国主义，虽然马勒、廖达基斯和史密斯都坚持工人阶级的主体性而坎贝尔则依靠"新社会力量"，但以社会主义取代新帝国主义或跨国资本主义依然是他们的共同主张；就"经典理论的当代价值"论，因为戈尔德纳坚持"原始积累是帝国主义的实质"而布拉尔坚持"帝国主义是垄断资本主义"，所以，戈尔德纳强调卢森堡帝国主义理论的现实意义，而布拉尔则强调列宁帝国主义理论的现实有效性，与这二人不同，普拉德拉和奥尔曼事实上主张列宁和卢森堡的帝国主义理论都蕴含在马克思的资本主义理论之中，因此，尽管列宁和卢森堡的帝国主义理论各具意义，但归根结底要充分运用马克思的资本主义理论来批判当代帝国主义。

虽然其中的有些观点可能需要进一步的思考和完善，比如，伍德以温情脉脉的市场法则否定英国的资本帝国主义性质甚至否定美国的帝国主义性质；廖达基斯认为当代跨国资本主义已不再是帝国主义；坎贝尔怀疑工人阶级的力量并在"种族、宗教和其他形式的宗派纷争"或为"正义、和平、生命、健康以及自然环境修复"而做的战斗之中寻找"新社会力量"……但总体而言，21世纪以来，国外马克思主义学界关于新帝国主义的许多观点都具有非常重要的启发意义。其中，最为重要的至少有以下三点：

第一，资本主义逻辑就是帝国主义逻辑，资本主义就是帝国主义。我们知道，列宁所界定的帝国主义不仅是资本主义历程中的一个特殊阶段，而且是其"最高"阶段，其实质在于"垄断"。从当今帝国主义的现实来看，列宁的结论"不仅合乎逻辑，而且符合实际"[①]。但从上面的论述可见，本文所论及的学者几乎都强调帝国主义与资本主义的内在一致性（布拉尔可能是唯一的例外），也就是说，帝国主义的逻辑就是资本主义的逻辑，资本主义本身就是帝国主义。比如，福斯特所说的新帝国主义在本质上并不新，依然只是植根于资本主义政治-经济逻辑之中的"全球扩张性制度"而已；阿明所说的"历史上，资本主义始终是帝国主义的"；乌特萨·帕特奈克和普拉巴特·帕特奈克所说的帝国主义不是特定的历史现象，而是资本主义所有时代的基础；苏

---

① 田世锭. 帝国主义是资本主义的最高阶段吗?：基于列宁相关文本的分析. 学习与探索，2013（5）.

万迪所说的资本主义本身在规模上是全球化的，在本质上则是帝国主义的；普拉德拉所说的资本主义积累的一般规律必然是"世界规模的资本积累规律"和"帝国主义规律"；等等。虽然我们不能因此得出结论认为列宁的帝国主义论是错误的，因为列宁基于"历史阶段"和"垄断"来界定帝国主义仍然有其合理性，但我们必须承认，强调资本主义逻辑就是帝国主义逻辑、资本主义就是帝国主义，也的确是非常深刻的理论指认。

第二，反帝国主义的根本在于反资本主义，并以社会主义取而代之。既然如上所述，资本主义逻辑就是帝国主义逻辑，资本主义就是帝国主义，那么反帝国主义的根本就在于反资本主义。这应该是博斯强调必须搞清楚"全球化的负面影响究竟因为它是'全球的'，还是因为它是资本主义的"，以及史密斯强调必须"埋葬资本主义"的原因。而乌特萨·帕特奈克和普拉巴特·帕特奈克所强调的选择只能在"社会主义"和"野蛮"之间进行，布拉尔所说的人类只能在社会主义生产基础上，通过无产阶级革命和推翻帝国主义而前行，都表明人类的希望只能在于以社会主义取代资本主义。如廖达基斯所说，社会主义对资本主义的辩证取代意味着一种"全新的品质"。但这种"全新的"社会主义绝对不是乌托邦，恰如奥尔曼所说，彻底解决资本主义所导致的帝国主义等严重问题的手段本身，就是隐藏在"资本主义形式"背后的"共产主义萌芽"①。

第三，全球劳动者的联合至关重要。正如乌特萨·帕特奈克和普拉巴特·帕特奈克所说，中心资本主义国家给外围国家的劳动人民带来收入紧缩是帝国主义的根本特征，或者如苏万迪所说，当代资本主义或帝国主义的特点是全球资本对全球劳动者的剥削和统治，所以，要想"推翻帝国主义""埋葬资本主义"，南方"半殖民地国家的无产阶级"应该"与帝国主义国家的工人一道"展开反资本主义的运动。然而，与此同时，全球资本却在努力通过塑造"全球产业后备军"对全球的劳动者"分而治之"。这就越发证明了全球劳动者联合的至关重要性，以及努力加强国际团结实现这种联合的极端紧迫性。这也是对马克思、恩格斯"全世界无产者，联合起来！"②号召的历史性呼应。

---

① 奥尔曼严格遵循经典马克思主义的主张，即社会主义是共产主义的初级阶段。
② 马克思，恩格斯．马克思恩格斯选集：第1卷．3版．北京：人民出版社，2012：435．

最后，感谢 Science & Society、Monthly Review、Historical Materialism，以及《国外理论动态》、《江西社会科学》、《学习与探索》、人民出版社等国内外期刊、出版社和相关作者、译者，为本书所收录和编译的文章授予免费版权！感谢丛书主编江洋研究员、刘仁胜研究员和译者李见顺博士、周德清博士、石丹淅博士，以及中国人民大学出版社杨宗元主任和陈一凡编辑为本书付出的智慧和辛劳！

田世锭

第一编 新帝国主义的实质

第1章　赤裸裸的帝国主义*

［美］约翰·贝拉米·福斯特 著　田世锭 译

2001年9月11日以来美国在全球的行动，通常被视为构成了"新军国主义"和"新帝国主义"。然而，对于自建立以来就是一股——大陆性、半球性和全球性——扩张力量的美国而言，无论军国主义还是帝国主义都不是新的。有所变化的倒是美国推动军国主义和帝国主义的赤裸裸性，及其勃勃野心的无限性和全球性。

美国外交关系协会高级研究员马克斯·布特坚持认为，美国在伊拉克和全世界所面临的"最大危险是，我们不会使用我们的全部力量去恐惧这个以'I'为首字母的词——帝国主义……鉴于'帝国主义'所承载的历史包袱，美国政府没有必要拥抱这一术语，但是毫无疑问，应该拥抱这种实践"。他说，美国应该"准备无可辩驳地拥抱其帝国原则"。如果说华盛顿目前并没有谋划"在伊拉克的永久性基地……那么，它们应该被谋划……如果说这将激起对美国帝国主义的愤怒，那就随他去吧"[1]。同样，加利福尼亚大学洛杉矶分校国际发展研究院詹姆斯·S.科尔曼讲席教授迪帕克·拉尔也说，"美国治下的和平之首要任务一定是寻找建构中东新秩序的路径……许多人指责，任何这种对于现状的重构都将是一种帝国主义行为，且很大程度上是为控制中东石油的欲望所激发的。但是，帝国主义不仅不是令人反感的，而且正是在中东恢复秩序所必需的"[2]。

---

* 文献来源：John Bellamy Foster. Naked Imperialism. Monthly Review，September，2005：1-11。

这些观点尽管来自新保守主义者，但完全成了美国外交政策的主流。事实上，对于目前扩张美帝国的企图，美国的统治集团内部几乎没有分歧。在布鲁金斯研究所高级研究员伊沃·达尔德和詹姆斯·林赛看来，"真正的争论……不是要不要帝国，而是要什么样的帝国"[3]。哈佛大学肯尼迪政府学院卡尔人权政策中心主任迈克尔·伊格纳泰夫明确指出，"这种新帝国主义……在理论上是人道的，在实践上却是帝国的；它创建了一种'亚主权'，其中，国家在理论上具有独立性，而实际上却没有。毕竟，美国人在阿富汗或巴尔干的原因是在对美国利益至关重要的地区维持帝国秩序。他们在那里是为了反对野蛮威胁、维持秩序"。作为"西方最后一个军事国家"及最后一个"尚存的帝国"，美国有责任构建"类似于罗马"的"帝国组织和秩序……目前我们已经意识到了野蛮人的存在……野蛮人已经受到惩罚，而更多的惩罚将接踵而至"[4]。

所有这些都反映了美国帝国权力的现实。在2002年秋发布的《美国国家安全战略》的"前言"中，小布什总统宣称，由于苏联的解体，现在只存在"一种成功国家的可持续模式：自由、民主和自由企业"，正如美国资本主义所具体体现的那样。任何拒绝这种模式的社会都注定要失败，而且这意味着，这种社会将被宣布为美国的安全威胁。这一文献的正文公开了美国对全球进行无限期战略控制的目标，宣扬了美国针对那些已经或确信将会直接威胁美国霸权的国家，以及那些因给美国在世界任何地方的朋友或盟友造成危险而间接威胁美国霸权的国家，发动"先发制人的"（或预防性的）战争之意图。新的《美国国家安全战略》强调，采取预防性行动旨在确保将来任何时候、任何力量都不能在军事能力上挑战美国。2004年4月13日，小布什总统宣布，美国有必要"采取攻势，并保持攻势"，向所有那些被其视为敌国的国家发动无情的战争。

2001年9月11日以来，美国在阿富汗和伊拉克发动了战争，扩展了全球军事基地体系，并提高了军费支出水平，以至于其目前的军费支出大约等于全世界所有其他国家的军费支出之和。因陶醉于美国在伊拉克闪电战的战果，记者格雷格·伊斯特布鲁克在《纽约时报》上说，美国的军事力量是"世界迄今所知最为强大的……它超过了1940年纳粹德国的国防军，也超过了古罗马权力巅峰期的军团"[5]。

事实上，通过声称"让我们把那些混蛋赶出去吧"，美国大量左翼评论人士已经对此做出了回应。这种评论认为，小布什领导下的美国政府已经被一个强行推行军国主义和帝国主义新政策的新保守主义集团占据。例如，加利福尼亚大学洛杉矶分校社会学家迈克尔·曼就在其《不连贯的帝国》一书的结尾争辩，随着小布什升任总统，"一个新保守主义的超级鹰派控制了白宫和国防部"。对于曼来说，最终的解决办法只在于"将这些军国主义者赶出办公室"。

这里提出的论辩指向了不同的结论。美国的军国主义和帝国主义深深植根于美国历史和资本主义政治-经济逻辑之中，甚至美国帝国主义的支持者们现在也愿意承认，美国从一开始就是一个帝国。布特在《美国的帝国主义？》一文中写道："至少从托马斯·杰斐逊购买路易斯安那的1803年以来，美国就已经是一个帝国。到19世纪末，杰斐逊所谓'自由的帝国'扩张到了整个大陆。"此后，在1898年的美西战争和紧随其后的美菲战争中，美国征服并殖民了海外的土地——这被当作一种履行"白人责任"的努力而被正当化。第二次世界大战以后，美国及其他主要帝国主义国家放弃了正式的政治帝国，但仍然保持着非正式的经济帝国。支撑这种经济帝国的是并非少有的军事威胁。冷战模糊了这种新殖民形式，但从来没有完全遮蔽它。

帝国的成长既不是美国所特有的，也不仅仅是具体国家的政策后果，而是资本主义全部历史及其逻辑的系统性结果。资本主义从15、16世纪产生以来，就是一种全球扩张性制度——一种按等级被区分为大都市与卫星城、中心与边缘的体系。与过去一样，当代帝国主义制度的目的也在于向核心资本主义国家开放边缘经济体，供其投资，确保低价位原材料的持续供应，以及经济剩余由世界体系的边缘向中心的让渡。除此之外，第三世界被视为廉价劳动力的来源，形成了全球的劳动力后备军。边缘经济体的构造是为了满足美国及其他核心资本主义国家的外在需要，而不是它们自己的内在需要。这导致了（有少许值得注意的例外）世界上较为贫穷的地区对核心资本主义国家无止境的依附和劳役偿债。

如果"新军国主义"和"新帝国主义"归根到底并不是如此之新，而是与美国及世界资本主义的全部历史一致，那么，关键性问题就变成了：为什么近年来美国的帝国主义变得更加赤裸裸，以至于其支持者和反对者都突然重新发现了它？仅仅在几年以前，一些左翼全球化理论家，比如《帝国》的作者迈克尔·哈特和安东尼奥·奈格里，还在争辩帝国主义时代已经结束，越南战争是最后的帝国主义战争。而今天，美国的权力机构比19世纪90年代以来的任何时候都更加公开地信奉帝国主义。我们只有对越南战争结束以来30年中所发生的历史性变化加以考察，才能理解这种转变。

当越南战争终于在1975年结束的时候，美国已经在这次尽管具有冷战的意识形态，但显然是帝国主义战争的战争中遭受了重大失败。伴随这种失败的是20世纪70年代早期美国及世界资本主义经济增速的突然下降，就像这一制度的周期性经济停滞的宿敌再次出现了一样。战争中大量美元的海外输出和帝国的成长，创造了一个巨大的欧洲美元市场，对理查德·尼克松总统于1971年8月决定将美元与黄金脱钩、结束美元-黄金本位制起到了决定性作用，这标志着美国经济霸权的衰落。当波斯湾国家为回击西方在1973年赎罪日战争中对以色列的支持而削减石油出口时，美国及其他主要工业国家的能源危机暴露了其因依赖外国石油而具有的脆弱性。

被保守主义者称为"越南综合征"的东西——或者，美国人民对军事干预第三世界国家的勉强情绪——使这一时期的美国无法开动庞大的军事机器应对世界危机，因此美国的干预减少了，而各国脱离帝国主义体系的过程迅速展开：1974年的埃塞俄比亚、1974—1975年葡萄牙的非洲殖民地（安哥拉、莫桑比克和几内亚比绍）、1979年的格林纳达、1979年的尼加拉瓜、1979年的伊朗和1980年的津巴布韦。

美国帝国主义在20世纪70年代后期遭到的最严重的失败，是推翻伊朗国王的1979年伊朗革命。伊朗国王一直是美国对波斯湾及其石油进行军事控制的关键，能源危机使中东成为美国全球战略最为重要的关注点。1980年1月，吉米·卡特总统发布了著名的《卡特宣言》："任何外部势力攫取控制波斯湾地区的任何企图，都将被视为对美国根本利益的进攻，而且，美国将使用包括军事力量在内的任何必要手段，以击退此种进攻"，这一宣言的用语旨在与《门罗宣言》呼应。正是《门罗宣言》明确了美国统治美洲的要求，并被用作支持美国在西半球其他国家进行所谓正当化军事侵略的一般"法律准则"。事实上，《卡特宣言》表明，美国要求对波斯湾进行军事控制，要"利用任何必要手段"将其完全纳入美帝国。与美国在中东的权力主张相伴随的是由美国中央情报局资助的、在阿富汗针对苏联军队的战争（历史上规模最大的隐蔽战争）。其间，美国征募了包括奥萨马·本·拉登在内的宗教激进主义力量，展开针对苏联占领军的伊斯兰圣战。这次战争的反冲以及随后的海湾战争直接导致了2001年9月11日的恐怖袭击。

在20世纪80年代的里根时期，美国扩大攻势，重新开始了冷战军备竞赛，并寻求颠覆20世纪70年代的革命。除继续在阿富汗进行反对苏联的隐蔽战争之外，它还为伊拉克的萨达姆·侯赛因提供军事和经济援助，在1980—1988年的两伊战争中支持伊拉克；增加其在中东的直接军事行动，在80年代早期不成功地干预了黎巴嫩（1983年致命的海军陆战队兵营爆炸之后才撤退）；在全球支持旨在制服不友好国家和革命运动的秘密活动。主要的隐蔽战争意在反对尼加拉瓜的桑地诺民族解放阵线，以及危地马拉和萨尔瓦多的革命力量。1983年，美国入侵格林纳达。1989年12月，作为重新控制中美洲战役的一部分，在里根的继任者——老布什总统的领导下，美国入侵巴拿马。

但是，标志着美国帝国主义真正突变的是1989年苏联集团的崩溃。正如安德鲁·巴切维奇在《美帝国》中写道的，"恰如1898年（美西战争）的胜利使加勒比海成为美国的一个湖泊一样，1989年（冷战）的胜利将全球纳入了美国的范围；自此以后，美国不知道利益边界为何物"。突然，随着苏联从世界舞台的撤离（不久之后，它本身也在1991年夏天解体了），美国对中东进行全面军事干预的可能性出现了，紧跟着，1991年春天爆发了海湾战争。尽管已经觉察到伊拉克即将入侵科威特，但直到它真的发生，美国才予以强烈反对[6]。伊拉克的入侵为美国在中东发动全面战争提供了借口。在海湾战争中，有10万至20万名伊拉克士兵被杀害，而且有至少1.5万名伊拉克平民直接死于美国和英国对伊拉克的轰炸[7]。在对主要战果之一进行评论时，老布什总统于1991年4月宣称，"蒙上帝恩典，我们已经战胜'越南综合征'"。

然而，美国当时并没有选择乘势进击，侵略和占领伊拉克。尽管美国毫无疑问有大量的理由做出这种决定，即便它将无法获得海湾战争同盟中阿拉伯成员的支持，但最主要的原因在于苏联集团的崩溃所导致的地缘政治变迁。那时，苏联自身已经摇摇欲坠，未来的不确定性及其控制的地缘政治范围的不确定性使美国无法保证继续占领伊拉克所必要的军队力量，而苏联的终结仅在几个月之后便到来了。

在20世纪90年代的剩余时期，美国（主要是在民主党总统比尔·克林顿的领导下）参与了对非洲之角、中东、加勒比海和东欧的主要军事干预。1999年的科索沃战争达到了极点，美国领导北约实施了11个星期的轰炸，随之而来的是北约地面部队的介入，据称是为了阻止"种族清洗"，但从地缘政治的角度看，巴尔干地区的战争是美帝国力量向原来苏联势力范围的延展。

到20世纪结束之时，美国的权力精英已经转向支持赤裸裸的帝国主义政策，达到了20世纪从未有过的程度——现在的美帝国已经被想象为全球性帝国。尽管已经出现大规模的反全球化运动，尤其是1999年11月的西雅图抗议活动，但美国的统治集团仍然积极地走向21世纪的帝国主义——一种将推进新自由主义全球化却依赖美国统治世界的帝国主义。普利策奖获得者、《纽约时报》外交政策专栏作家托马斯·弗里德曼认为，"市场这只看不见的手，离开了看不见的拳头，就将永远失效——没有F-15的制造者麦道，就没有麦当劳的成功。确保硅谷科技公司蓬勃发展所必不可少的世界安全的看不见的拳头，是美国的陆军、空军、海军和海军陆战队"[8]。然而，那"看不见的拳头"仅仅是部分看不见，而且，其看不见的程度在随后的几年变得更小。

诚然，向更为公开的军事帝国主义的转变只是逐渐地、分阶段地发生。在20世纪90年代的大部分时间里，美国的统治阶级和国家安全机构，就苏联消失使美国成了唯一超级大国的条件下应该做什么，进行了幕后的辩论。自然，对于什么是全球性帝国的主要经济推力，它们从来没有任何怀疑。20世纪90年代见证了新自由主义全球化的强化：以直接加强世界经济中心富有资本主义国家相对于边缘贫穷国家之权力的方式，在全世界消除资本的障碍。一个关键性的发展在于，世界贸易组织（WTO）与世界银行和国际货币基金组织（IMF）一起，成为执行垄断资本主义游戏规则的机构。从世界多数的立场来看，一个更具剥削性的经济帝国主义已经抬起了丑陋的头颅。但是，对处于世界经济中心的各强国来说，新自由主义全球化是一种完全的成功，虽然存在1997—1998年亚洲金融危机所显示的全球金融的不稳定迹象。

然而，美国的统治集团还在继续围绕应该以何种方式和程度发挥其最大优势，将庞大的军事力量作为手段，促进美国在新"单极"世界中的全球霸权而进行争论。如果说新自由主义的兴起是为了回应经济停滞，将经济危机的代价转移到世界贫穷地区，那么，美国经济霸权日益衰落的问题似乎要求一种完全不同的回应：重申美国是世界体系中的军事巨人。

苏联解体之后，老布什政府领导下的国防部立即根据发生变化的全球形势重新审议了美国的国家安全政策，并于 1992 年 3 月由当时负责决策的副部长保罗·沃尔福威茨督导完成了《防卫计划指导原则》报告书。该报告指出，美国主要的国家安全目标必须是"阻止全球任何潜在竞争者的出现"[9]。20 世纪 90 年代，美国统治集团内部随后的争论主要集中在应该采取更为多边的路径（正如理查德·哈斯所戏称的"治安官和民防团"）还是单边的路径，而不在美国是否要追求全球霸权。接下来的小布什政府中的一些举足轻重的人物，包括唐纳德·拉姆斯菲尔德和保罗·沃尔福威茨，组建了新美国世纪计划智库。该智库预计小布什将入主白宫，故按照当时副总统候选人迪克·切尼的要求，发表了题为《重建美国国防》的外交政策报告（2000 年 9 月），重申了 1992 年《防卫计划指导原则》单边和赤裸裸的进攻战略。2001 年 9 月 11 日之后，这一路径在 2002 年《美国国家安全战略》中正式成为美国官方政策。入侵伊拉克的战鼓擂动与这种新国家安全宣言——实际上是新世界大战宣言——的发表是一致的。

正如我们已经指出的，批评者通常只将这种引人注目的转变归因于新保守集团对美国政治和军事指挥中心的夺取（有争议的 2000 年选举使其得以掌权）。他们认为，这个集团的掌权和 2001 年 9 月 11 日恐怖袭击所带来的机遇，导致了全球性进攻和新军国主义。但是，正如前面已经表明的，美帝国的扩张随着苏联解体已经取得很大的进展，并且从一开始就是一种获得两党支持的规划。在克林顿政府的领导下，美国在原属苏联的东欧势力范围——巴尔干地区发动战争，与此同时，在原属苏联本土的中亚开始建立美国军事基地。20 世纪 90 年代后期，伊拉克每天都遭到美国的轰炸。2004 年大选中，民主党总统候选人约翰·克里强调，他将以更大的决心和更多的军事资源继续伊拉克战争和反恐战争，不同的只在于将采取与"治安官和民防团"相反的单一警察立场，但他这也不过是延续民主党在整个 20 世纪 90 年代及其后在帝国话题上的一贯立场：赤裸裸的帝国主义。

从对资本主义的历史唯物主义批判所提供的更广的视角来看，苏联解体之后，美国帝国主义的走向是毋庸置疑的。根据其自身的逻辑，资本主义就是一种全球扩张性制度。经济上强烈的跨国愿望与政治上植根于具体民族国家的事实之间的矛盾，是这种制度无法解决的。个别国家克服这种矛盾却注定没有好结果的努力，依然只不过是其基本逻辑的一部分。在现在的世界语境中，当一个资本主义国家事实上垄断了毁灭性武器时，促使那个国家掌握全面优势并将其自身转变为统治世界经济之实际的全球性国家的诱惑，就是无法抗拒的。正如著名马克思主义哲学家伊什特万·梅萨罗什在《社会主义还是野蛮状态？》一书中所说的，"今天（使全球）陷入危险的，不是那种虽将反对者置于不利境地，但仍然容忍其独立行动，对地球某一部分的控制，而是那种由一个拥有霸权的经济和军事超级大国，随意运用一切手段，甚至极为专断和残忍的（如果需要的话）军事手段对全球整体的控制"。值得注意的是，该书写于小布什成为总统之前。

这一新的全球性混乱所具有的空前危险体现在当今世界正日益陷入的双重灾难之中：核扩散和因此增大的核战争爆发的可能性，以及全球生态毁灭。小布什政府拒绝签署旨在限制核武器发展的《全面禁止核试验条约》，同时未能签署作为控制全球变暖第一步的《京都议定书》，就是例证。正如肯尼迪和约翰逊政府时期的国防部长罗伯特·麦克纳马拉在发表于《外交政策》2005年5—6月刊的《即将来临的世界末日》一文中所说，"在我担任部长的七年间及其后，美国从来没有赞同过'不首先使用'的政策，我们已经做好准备并仍然准备着，当我们相信情况符合我们利益的时候，就会首先使用核武器反对无论是否拥有核武器的敌人。这一决策由总统一个人决定"。拥有最强常规军事力量和意图单方面使用这种力量以增强其全球权力的国家，也是拥有最强核力量并准备在它认为合适之时使用的国家，这将整个世界推向了危险的边缘。排放导致全球变暖的二氧化碳比其他任何国家都多的国家（大约占世界总排放量的四分之一），成了解决全球变暖和日益严重的环境问题的最大障碍，这增大了文明本身崩溃的可能性，如果目前的趋势继续延续的话。

美国力图在全球行使主权权力，而与此同时，全球危机日益凸显：经济停滞、贫富分化加剧、经济霸权衰落、核威胁增加和生态衰退，其结果是世界不稳定性日益加剧。其他将会在地区甚至全球挑战美国权力的潜在力量，如欧盟和中国，正在兴起。第三世界的革命不但没有停止，反而再次获得动力，其标志是乌戈·查韦斯在委内瑞拉领导的玻利瓦尔革命。美国强化了其对中东石油的帝国主义企图，不得不应对伊拉克猛烈的、似乎无法停止的抵抗，这造成了超出帝国承受能力的境况。因为美国挥舞着核武器，并拒绝支持限制核武器的国际协定，所以，核扩散正在持续。新的国家，比如朝鲜，正在进入或者有望很快进入"核俱乐部"。在第三世界进行的帝国主义战争所导致的恐怖主义回击现已是公认的事实，这引起了纽约、伦敦和其他地方人们遭到更多恐怖袭击的恐惧。资本主义带来的全球经济和发展的不平衡，以及美国统治全球的强烈欲望之间如此巨大且错综复杂的历史性矛盾，预示着当今可能是帝国主义历史上最危险的时期。

美国和世界资本主义现在正在走向全球野蛮主义，或者更糟。但是，记住人类发展史上没有任何东西是不可避免的，这很重要。仍然存在一种替代路径——为一个人道的、平等的、民主的和可持续的社会而进行全球性斗争，它的经典名称叫"社会主义"。这种为一个真正实现人类平等的世界而展开的新斗争，首先必须通过组织反对新的赤裸裸的帝国主义的全球性抵抗运动来消除资本主义制度最薄弱的环节，同时，满足这个世界最急迫的需要。

注释

[1] Max Boot. American Imperialism? No Need to Run Away from Label. USA Today, May 6, 2003.

[2] Deepak Lal. In Defense of Empires//Andrew Bacevich. The Imperial Tense: Prospects and Problems of American Empire. Chicago: lvan R. Dee, 2003.

[3] New York Times, May 10, 2003.

[4] Michael Ignatieff. The Challenges of American Imperial Power. Naval War College Review, 2003, 56 (2): 53-63.

[5] New York Times, April 27, 2003.

[6] 萨达姆·侯赛因的声明与美国大使艾普里尔·格拉斯皮的回应参见 New York Times International, September 23, 1990。

[7] The Research Unit for Political Economy. Behind the Invasion of Iraq. New York: Monthly Review Press, 2003.

[8] New York Times Magzine, March 28, 1999.

[9] New York Times, March 8, 1992.

第 2 章　资本主义扩张的双重逻辑
——从《新帝国主义》与《资本的帝国》谈起*

[加] 艾伦·梅克森斯·伍德 著　凭颖 译

《历史唯物主义》杂志的编辑邀请大卫·哈维和我评价彼此的书，无疑是希望在我们之间引发激烈的争论。这个提议很好，我会尽力而为。但其实我们在分析上和政治思想上有着很多一致的地方，因而这个提议会误导人们专注于我们之间的差异。即便如此，思考这些差异仍然有助于为我们、也可能为其他人厘清一些问题，所以我来探究这些差异并追踪它们的意义，以便抓住问题的关键。当然，这使我不得不对自己的观点进行一番概述，它不同于哈维的分析方法。在允许的篇幅内，我也只能够提供一个概述。在此，我要为不可避免的重复向那些熟知我著作的人道歉。

一、权力的双重逻辑

首先，哈维区分了"领土逻辑"和"资本逻辑"，它们代表着两种不同的权力"逻辑"。接着，他从"这两种相互区别又相互纠缠的权力逻辑的交汇"、一种"存有疑问并且常常相互矛盾的（即辩证的）"（Harvey 2003：30）关系来分析资本帝国主义。他认为这种特定的帝国主义是：

---

* 原载：《国外理论动态》2017 年第 7 期。文献来源：Ellen Meiksins Wood. Logics of Power：A Conversation with David Harvey. Historical Materialism，2006，14 (4)：9-34。

"国家和帝国的政治"（帝国主义作为一种特殊的政治方案，其行动者的权力建立在控制领土以及能够动员人力和自然资源实现政治、经济和军事目的的基础上）与"时空中资本积累的分子过程"（帝国主义作为在时空中扩散的政治经济过程，控制和利用资本在其中占据着首要地位）这两种因素的矛盾的融合。（Harvey 2003：26）

其次，哈维提出了一个问题：这些不同而又常常存在分歧的动力是如何结合在一起来促进资本积累的？他认为领土扩张会对资本积累产生不利的影响。帝国的政治安排会给资本积累设置障碍，而且无论如何，领土控制都会耗资巨大。但是，资本积累必然伴随着（政治意义上）权力的不断扩张。他引用了汉娜·阿伦特的观点："财产的无限积累必然基于权力的无限积累……资本积累的无限进程需要'无限权力'的政治结构，因而它可以通过持续增长的权力保护持续增长的财产。"这种需要解释了帝国主义的兴起（Harvey 2003：34）。这意味着全球资本积累需要全球政治控制。这个"政治结构"对全球资本的意义与民族国家对国家资本的意义是相同的。

哈维依循乔万尼·阿瑞吉的观点写道，"资产阶级"欧洲的历史因此是一个"不断扩张和耗资更大的权力"的历史，从尼德兰到英国再到美国，当每一个相继占据支配地位的城邦或国家的政治权力不足以维系其经济霸权的时候，就会被面积更广阔、力量更强大、资源更丰富的国家取代。哈维继续说道："任何一种霸权，为了维持无限的资本积累，就必须无限地扩大、扩张和加强权力。"（Harvey 2003：35）而且，

如果不能构建更大的政治权力积累，那么无限的资本积累就会陷入混乱，资本的时代就不是终结于革命的爆发而是痛苦的无政府状态。（Harvey 2003：36）

哈维的观点是从资本主义的政治"逻辑"与经济"逻辑"之间常常矛盾的关系中发展出来的，这里就产生了一个直接的问题。他写道，"根本问题在于认为权力的领土逻辑和资本逻辑是相互区别的"，它们"时常反对彼此，有时相互对抗"（Harvey 2003：30），但他却没有清楚地阐述他所认为的差异和矛盾到底是什么。

一方面，他的观点主要围绕着"无限的资本积累需要无限的政治

权力积累"这一命题展开。但是，如果这构成一个"矛盾"，那它就只是资本追求无限的政治扩张必然会引起的资本对扩张成本的抵抗，或资本被帝国的政治统治机构妨碍导致的弱冲突。另一方面，还有一个强矛盾：两种不同的帝国逻辑，一个与资本积累的经济过程有关，另一个涉及"特殊的政治方案"，"其行动者的权力建立在控制领土以及能够动员人力和自然资源实现政治、经济和军事目的的基础上"。这是两种截然不同的帝国诉求：一个指向资本家或私人利益的资本积累，另一个指向"行动者"的领土和政治扩张，"行动者"的动机、利益和权力来源不同于资本家，他们类似那些前资本主义社会中直接从国家权力获利和以税收或贡赋为占有形式的人。换言之，领土逻辑在根本上与前资本帝国主义的诉求是一致的。在这个意义上，它与资本主义的诉求是对立的："使资本帝国主义区别于其他帝国主义概念的是占支配地位的资本主义逻辑，尽管……有时领土逻辑会涌现出来。"（Harvey 2003：33）这种表述意味着一种更为根本的矛盾，但是，它看似在哈维的理论图式中意义重大，却在他对历史或当代形势的经验分析中作用不大。甚至可以认为，他关于帝国主义的解释与这个政治逻辑的定义是相互矛盾的。

在本讨论中，我会集中于第一个命题——无限的资本积累需要无限的政治权力积累，我认为它是哈维的分析核心。但是，读者们会注意到，我在阐述自己方法的过程中，尝试为第二个命题和哈维的两种逻辑之间抽象的理论区分提供一种替代方案。在《资本的帝国》（Wood 2003）中，我从资本主义"政治"与"经济"的形式区分及其在资本积累中对国家作用的影响展开讨论。我通过探究占有剩余的经济力量与负责管理和强制的超经济力量之间的关系来讨论资本帝国主义的特征。资本无限扩张的可能性在于使自身与"超经济"力量相分离的独特能力，然而这种分离也使得资本能够且必须依赖外在于它的"超经济"力量，即有领土限制的法律、政治和军事机构。服务于全球资本的不是全球国家，而是诸领土国家的全球体系；"新帝国主义"不是不断扩张以适应资本积累范围的政治结构，而是资本的经济范围与组织和加强全球霸权的领土国家之间的复杂关系。

我关于资本主义的经济力量与政治力量之间关系的看法在某些方面与哈维是截然对立的。他认为，不断扩张的资本积累必然伴随着不断扩张的政治力量和对领土的控制，这是资本帝国主义逻辑。我的观点正相反：资本帝国主义的特殊性在于资本无须基于领土的政治力量的扩张就能强加霸权的独特能力。在所有其他形式的帝国中，霸权的范围直接依赖于地缘政治和军事力量的范围。只有资本主义创造了一种自主的经济支配形式。

所以，哈维的前提是资本需要"扩大地理控制"，最好是领土支配。诚然，他认为最新的帝国霸权即美国已经发明出的一种与众不同的帝国主义，在名义上承认诸国家的独立性以便施加霸权。但是，这种帝国主义仍旧遵从他的基本规则，因为在他看来，由于国内原因而采取的意识形态上的掩饰，在很大程度上推动了经典帝国主义的领土殖民帝国的建立，这种意识形态部分地在于维持国内的消费能力，但最主要的是为了掩盖相同的帝国野心。相比之下，我认为美国是第一个真正的资本主义帝国，因为它是第一个其经济力量要求消除殖民地野心的帝国霸权，并通过资本主义的经济法则来维护霸权，尽管如我将要指出的，这已经伴随着新的"超经济"力量尤其是新的军事需求的产生。"门户开放"的帝国主义的产生是一种意识形态的诡计，或者是由于国内顽固的反殖民情绪而对美国强加的一种次优替代方案。它是维护霸权力量的最佳选择，这种选择避开了直接的政治统治或领土控制带来的代价和危险。美国在完成本土内部的西进运动并强制驱赶土著居民后，更倾向于一种所谓的无须进行殖民统治的"非正式"帝国。

假如之前的资本主义帝国即英国，在19世纪就能够持续地把印度作为一个商业资源来剥削，而不用诉诸直接的殖民统治和军事专制，它肯定也会这样做的。事实上，英国及其统治阶级强烈抵制东印度公司把帝国从掠夺商业资源转变为榨取贡赋的前资本帝国主义。无论对帝国在印度的最终获利存在什么争议，不可否认的是，把它转变为一个殖民帝国是一件十分棘手和耗费资财的事情。哈维认为，开放贸易的优越性使英国获得的利益比它在印度殖民地获得的更多。但不可忽视的是，英国不仅从其在加拿大、澳大利亚和拉丁美洲建立的"非正式"或"自由"帝国那里获利颇多，而且从在非帝国直接控制的领土的大量投资中也获得了丰厚利润（Hobsbawm 1989：75）。

如果有什么不同的话，就是像艾瑞克·霍布斯鲍姆所说的，经典帝国主义的殖民扩张的诉求，似乎在经济较不活跃的宗主国更为强大，它在某种程度上是对它们相较于竞争国的经济和政治的劣势地位的潜在补偿——例如法国的人口和军事存在劣势。(Hobsbawm 1989：76)

对于德国和美国这样的主要工业力量而言，"正式的殖民地化"不是全球经济扩张的"主要方面"，甚至英帝国那时的目的也"不是扩张而是防卫其他国家侵占由英国贸易和英国资本支配的……殖民地"(Hobsbawm 1989：75)。现在和以前一样，不能认为资本需要控制殖民地以便吸收过剩的资本，因为投资仍旧主要是从一个发达的资本主义经济体流向另一个发达的资本主义经济体。

如果我们是在探寻资本帝国主义的矛盾，那么在我看来，我们不应在与资本积累的地理范围并存的、控制政治力量和领土的、难以满足的需求中寻找它；我们不应仅仅在资本积累与维持政治支配的代价之间的张力中寻找它；我们当然也不应该在资本积累与某种领土扩张的前资本主义诉求之间的对抗关系中寻找它。我们探寻的矛盾比这些更为复杂，为了阐述它们，至少按我的理解来阐述它们，需要回溯一些问题。

二、政治和经济

让我们回到哈维的第一个定义。他主要区分了基于资本控制的帝国主义与"国家和帝国的政治"，即

帝国主义就行动者而言是一个与众不同的政治方案，这些行动者的权力基于对领土的控制和出于政治、经济和军事目的调动人力与自然资源的能力。

暂且搁置资本逻辑，我同意存在一种如哈维描述的"政治的"帝国主义，它不同于资本积累。但在我看来，这种"政治的"帝国主义是前资本主义帝国的本质，它对殖民地人民和资源的剥削依赖于政治统治和直接的领土管理。这并不是否认资本主义的力量参与了殖民冒险，尤其是早期阶段，也不是否认今天存在着为了资本主义的特殊目的进行领土控制的环境。但是，资本主义的发展已经创造了一种不同的帝国主义，它不依赖于直接的政治统治或者领土控制。

资本主义的剥削当然需要政治的支持，但是政治的"逻辑"已经被资本主义的社会关系改变。"政治"在支持资本主义经济剥削上的功能不同于它在前资本主义社会的作用。在前资本主义社会中，剩余的榨取通过直接而强制性的法律、政治或军事控制实现，其中，"政治"在占有剩余中起着直接作用。例如，在很多前资本主义国家，占有权力依赖于以国家机关和税收形式直接占有整个或部分国家。在其他例子中，占有权力源自特定的法律、政治或军事功能的实现，或者某种法律特权。在封建主义社会，占有权力依赖于贵族的法律、政治和军事地位，封建领主和国家的税收/官僚机构的经济权力被限制在它们的政治权力范围内。换言之，这些社会中的所有权是"政治建构的"（借用罗伯特·布伦纳富有启发性的措辞）。前资本帝国主义遵从相同的逻辑，例如通过掠夺领土或压榨贡赋来扩张超经济的占有。这意味着所有权的积累和政治权力的积累的确如阿伦特和哈维所说，是紧密地联系在一起的，而且经济占有确实需要一种相应的政治权力。当然，这是因为这些社会不是资本主义的。

在资本主义社会，所有权独立于政治权力，"政治"的主要作用在本质上外在于占有的过程。剥削直接的生产者意味着占有者不需要直接的政治权力，而这种政治权力是以往剥削阶级榨取剩余的一种手段。封建所有权需要贵族的政治权力，一种与法律、政治和军事功能密不可分的占有权力。而在资本主义社会，所有权的控制意味着法律、政治和军事机构的直接控制不再必要，剥削不再与任何一种公共职能的履行绑定在一起。政治权力在国家与私有财产区别开来的形式下，当然是保护所有权体系、维持社会秩序和积累条件的重要手段，但是资本本身并不直接将这种权力作为压榨工人剩余劳动的手段。正如其他的剥削体系都存在着两个剥削"环节"：占有剩余劳动和维持占有的强制力。资本主义的特征在于唯有它的这两个"环节"是相互分离的。

资本主义以多种方式改造了政治领域。说资本主义的政治与经济相互分离并不只是说存在一个以前没有出现过的自主的经济领域，也是说存在一个独特的政治领域。资本主义"政治"的特征之一就是很多原来隶属于某种公共权力或公共机构的职能现在被赋予私有财产属性，转变为一个独立的经济领域。社会生活的很多方面被置于政治权力之外，服从于资本的经济支配；在现代"民主制"中，这意味着它们被转移到了民主责任制之外。一个重要的结论是，虽然占有阶级失去了公共意义上直接的政治权力，而且很多对生产阶级的生活进行个人控制的形式被置于生产过程之外，但生产组织以前所未有的方式直接掌握在了占有阶级手中。

换言之，自主的"经济"领域创造了新的支配方式。在资本主义社会，占有者和生产者都依赖市场为其提供自我再生产的基本条件，他们之间的关系也由市场调节。工人工作是为了生产出资本的利润，因为不生产资本的利润，他们就不能满足自身的需求。他们不出卖自己的劳动力以换取薪酬，就不能获得生活和自我再生产的资料甚至劳动的手段。所以，他们服从的支配根植于他们对市场的依赖。资本家也依赖市场（获得资本和劳动），服从于客观的市场法则——推动资本主义体系的竞争法则和积累法则，但这不是把资本和劳动置于同一水平。相反，市场法则强迫资本压榨工人更多的剩余价值以实现利润的最大化；资本在市场中的位置赋予了它支配工人的新手段。所以，两个阶级之间的市场关系不是削弱而是加强了支配的关系。这与资本操纵市场的能力是截然不同的。

资本帝国主义的纯经济剥削超越了国家边界。全球资本可以通过"经济"手段进行积累，因为这些经济体被卷入全球市场的轨道，服从于源自主要资本主义国家的经济压力。就这种剥削不需要帝国对殖民地进行直接的领土控制或政治支配来说，可以认为这不是任何一种真正意义上的"帝国主义"。我知道保留这个概念对直接的政治和领土支配中的剥削关系的意义，但是我倾向于认为，如果不使用帝国主义这个概念来描述资本主义创造的特殊的经济支配，我们在把资本与劳动的关系描述为阶级关系时就会遇到困难，因为它们区别于前资本主义的阶级剥削，就像资本帝国主义区别于早期帝国主义一样。在这些例子中，为了剥削性占有而进行的超经济形式的直接支配被以市场为中介的经济形式取代。由于缺乏一个更适合的概念，我将继续使用资本主义的特殊的经济帝国主义这一说法。

资本主义的经济和政治关系中最与众不同的地方不是资本需要政治力量的无限积累，而是经济力量使自身与直接的政治强制相分离的独特能力。资本主义的经济领域拥有自己的强制形式，它们使剥削和资本积累不需要直接依赖于超经济力量。从全球层面来看，在全球市场的竞技场中，这种经济领域可以扩张自身而无须拓展政治力量或帝国的领土范围。有时，资本主义国家会出于各种地缘政治的原因扩大自己的领土控制范围,但是全球资本主义经济力量的进程并不取决于政治支配的范围。这不仅意味着资本主义创造了一种新的支配形式,也意味着经济霸权可以远远超出直接的政治力量或领土控制的范围。事实上,资本不断自我扩张的能力取决于这种分离。这就是资本主义的独特之处,也是新矛盾的根源。

三、原始积累与"剥削性积累"

稍后我会再次讨论那些矛盾。首先,哈维的讨论中的另一个环节可以厘清我们之间的差异,即他关于"原始积累"的论述,这在他的现代帝国主义论中具有重要作用。哈维在这里又一次引用了阿伦特的观点,在阿伦特看来,"简单的掠夺的原罪,在几个世纪以前已经造成了'资本的原始积累'(马克思),并开启了更深层次的积累",之后却必须不断得到重复,"以免积累的动力突然衰竭"(Harvey 2003:142)。依据阿伦特的观点,这些过程构成了帝国主义资本积累的手段。哈维以"剥削性积累"的概念发展了阿伦特的观点。他以马克思"原始的"或"原初的"积累的概念为基础,但是认为马克思对这些过程的分析太少。尤其是,他认为马克思认同了古典政治经济学的最初假设,它

> 把建立在掠夺、欺诈和暴力基础上的积累归为"原始阶段",这一阶段与现在不再具有相关性,或者如卢森堡说的,是某种"资本主义之外"的封闭系统。(Harvey 2003:144)

哈维认为,这个"剥削性积累"的过程在资本主义时代构成了帝国主义的一部分,并在"新"帝国主义中以从属经济体的私有化形式再次占据核心地位。

表面上,我和哈维基本一致。但是,进一步考察表明,我和哈维对"原始积累"的理解存在着显著差异,这会影响我们如何理解"新帝国主义"。我看到哈维在讨论中多次提到,马克思的原始积累概念"追随了亚当·斯密"。毫无疑问,马克思是从斯密和其他古典政治经济学家那里发展出他关于资本主义起源条件的观点的。在我的印象中,哈维把原始积累的概念归于马克思或斯密没有什么本质区别。因为虽

然哈维反对把古典政治经济学关于这个过程的概念仅仅归属于资本主义前史,但他在根本上认同了斯密对这个过程的理解。

我的观点不一样。首先,对于我而言,"原始积累"的概念呈现了马克思与古典政治经济学之间一个最重要的决裂。他引用所谓的原始积累的古典概念不是没有原因的,其目的是使自己与斯密或其他人的概念区分开来。古典政治经济学认为,当大量财富积累起来并使投资成为可能时,资本主义或一个成熟的"商业社会"就产生了。相反,马克思认为,无论积累是来自直接的抢劫、帝国主义、正常的商业利润,还是来自剥削劳动的商业利润,积累本身不会构成资本或产生资本主义。如他定义的,资本主义不是任何一种财富,而是一种特定的社会关系。当然,资本的集中是必要的,但资本主义的基本前提是社会所有权关系的变革,进而推动特殊的竞争法则、利润最大化、强制性剩余再投资,以及发展生产力来提高劳动生产率。真正的"原始积累"(这个术语本身具有误导性)是剥削农业生产者,主要发生在16世纪的英国,地主从佃农的商业利润中榨取越来越多的地租,与此同时,很多小生产者因受剥削变成了雇佣劳动者。这种剥削是重要的,不仅因为它使财富集中于大所有者手中,使大所有者能够再投资,而且因为它创造了占有者与生产者之间的一种新的社会关系,在他们身上强加了新的法则和新的"再生产规则",包括强制性剩余再投资以实现利润最大化,尤其是通过提高劳动生产率实现的利润最大化。资本主义的起源不是根植于财富的集中,而是与强加的市场法则有关,这种强加常常通过强制手段和痛苦的社会变革来实现。

在这个问题上,即使马克思认为某种程度的财富是资本主义发展的前提条件,询问他多大程度的集中才能促进资本主义的产生也是合乎情理的。毕竟,他相信只有英国具有"古典形式"的、真正的"原始积累",而当时英国的财富相对于西班牙而言并不多。"原始积累"发生在英国而非其他地方不是源于财富的集中,而是社会所有权关系的变革,因为这推动了竞争和积累的新法则。因此,资本积累在马克思认为的特定意义上,是资本主义法则的结果而不是原因。

在我看来,哈维的"原始积累"概念更接近于斯密的而不是马克思的概念,尽管他对这个过程有着微妙的看法。在他的定义中,这个过程包括剥削直接生产者,但他强调的是财富的集中而不是社会所有权关系的变革。这也有助于理解他对马克思的批评。如果马克思只关注原始的"积累"而非之后的情况,那么他是在借用这个概念解释资本主义的起源及其特定的法则。这与古典观念有着很大差别,古典观念认为不需要解释资本主义法则的特殊性,只需要把积累的诉求看作理所当然,并把"商业社会"仅仅看作前量的增加。对于马克思而言,批判性任务是以前所未有的方式确认资本主义的特定动力,从而说明资本主义的积累如何区别于其他形式的积累并解释它所带来的历史断裂。

资本主义新的体系和历史动力解释了资本帝国主义的发展是一种特殊的形式。马克思在考察资本主义的特定动力时,或多或少把它抽象地看作一个自我封闭的系统。不过,尽管马克思没有系统地研究它对帝国主义扩张的影响,但他对资本主义动力的分析为其他人的工作打下了基础。重要的不是他把"基于掠夺、欺诈和暴力的积累"降低到"原始阶段",而是这种积累具有新的逻辑,它是资本主义特定动力的结果而不是原因,在某种程度上保留了资本帝国主义的基本特征,不仅是掠夺和财富集中的简单重复,而在本质上是市场法则持续的强制、维持和加强。当然,掠夺、欺诈和暴力还在继续,但使资本能够以特殊方式剥削全球经济体的是人类生活的更多领域依赖于市场及其法则。这就是资本主义剥削的本质。

这里我们遇到了马克思主义帝国主义论中的一个问题。马克思主义的帝国主义论旨在分析19世纪末20世纪初经典时代的"帝国"。哈维通过引用罗莎·卢森堡的观点引入了他对剥削性积累的讨论,概述了资本积累的"双重特征":

> 一方面,资本积累关注商品市场和剩余价值的生产地点——工厂、矿山和耕地。据此来看,积累是一个纯粹的经济过程,其最重要的阶段是资本家与雇佣工人之间的交易。(Harvey 2003:137)

卢森堡指出,这种剥削发生在形式上平等的个体之间:"敏锐的科学辩证法需要揭示出所有权如何在积累的过程中变成占有他人的财产,商品交易如何变成剥削,平等如何变成阶级统治。"

另一方面,资本积累"关注资本主义与非资本主义生产方式之间的关系"。在这里,支配和剥削的关系是显而易见的:"暴力、欺诈、压迫以及掠夺是公开进行的,没有任何遮掩,这就要求努力在混乱的政治暴力和权力斗争中发现严肃的经济规律。"

在"纯经济过程"的积累与暴力、欺诈等超经济手段的积累之间做出区分无疑是正确的。卢森堡表述中的问题是把帝国主义直接归属于积累的第二个方面,这种表述可能不会影响她对资本帝国主义的理解,但不可否认的是,马克思主义的经典帝国主义普遍更关注领土的帝国主义,而不是类似资本主义阶级剥削的"纯经济过程"的支配,后者与资本主义的阶级关系一样"关注商品市场"且缺乏前资本帝国主义的透明性。

当然也不用感到奇怪,因为它处在这样一个时期,帝国的关系是资本主义小中心和非资本主义大世界之间的互动;资本主义国家主要通过掠夺、暴力、压迫和欺诈来剥削非资本主义国家;帝国主义国家之间的斗争是瓜分和重新瓜分非资本主义世界。问题在于,当资本主义的经济法则以杰出的马克思主义的帝国主义理论家未曾预见的方式和程度包围了全球时,以资本积累的"双重特征"理论来分析这个世界会把我们带到哪里?

哈维的目标显然是通过改进卢森堡的理论来理解资本主义。一开始他就反对她把资本主义危机归因于消费不足,他认为,问题不是消费不足而是过度积累。卢森堡认为资本主义为了稳定自身,需要剥削"某种'外在于它'的存在",即非资本主义。哈维改进了她的这一观点。尽管他认为存在着"内外辩证法",但资本主义的确需要某种"外在于它"的存在以获得和吸收资本积累,但剥削既存的非资本主义社会并不是利用"他者"的唯一方法。资本主义可以反复"制造他者"以解决过度积累的问题,如它所做的,例如,当在无产阶级之外缺乏既存的劳动后备军尤其是农民时,资本主义可以反复创造未被雇佣的工人后备军,从而压低工资并"为资本的谋利创造新的机会"(Harvey 2003:141)。某种剥削形式可用各种不同的方法把"内外"辩证法和"他者"再生产出来。

同时,哈维的讨论是从卢森堡对资本积累的两个方面的区分发展起来的,一个是"经济"过程,另一个是依赖于"超经济"力量的过程。显然,我不反对这种区分本身,但是对我来说,哈维有时倾向于把社会所有权关系的变革省略为以暴力和欺诈为手段的财富集中,虽然他的分析囊括了从直接剥削到私有化形式的剥削等多种手段,但在我看来重要的是,这些过程不是被呈现为强加经济法则的手段,而是超经济过程,类似阿伦特说的"简单抢劫"。哈维认为,剥削性积累似乎与强制市场实行法则的社会所有权关系的创造和维系较少相关，而与以投资为目的的财产的重新分配更为相关——在其他文本中我使用的是"市场机会"而不是"市场法则"。

四、再论双重逻辑

为什么这很重要？在某种意义上，这不是因为哈维的经验分析没有反映出他的理论主张。无论如何，他已经分析了所有相关的过程。他的剥削性积累论包括暴力和欺诈的旧方式，也包括以私有化为剥削手段的新方式。哈维强调超经济强制的重要性，但也承认资本的大多数获利不是来自对殖民地的直接压迫，而是来自资本的持续开放。他认为，英国从开放而活跃的大西洋贸易中获得的好处比从对印度的殖民压迫中获得的要多；同样地，资本的开放和贸易的活跃也使美国最终取代了英国。我们可能会质疑，这里的例子似乎体现了政治权力比经济法则更重要，但活跃的贸易确实只有在特定的政治和领土制度下才能"开放"，进而置于欧洲"封闭的"帝国政治范围之外。毋庸置疑，某种政治权力对于强加市场法则和扩张其运作范围来说是必要的。

但是，也存在另外一种方式来阐述资本帝国主义的矛盾，它与哈维的观点可能一致也可能不一致，但无论如何我倾向于这一方式。首先，它要求我们承认资本主义的特殊性和占有方式，它区别于其他社会形态。这意味着我们也必须承认"政治"在系统中的特殊作用，在这个系统中所有权不是"政治构成的"，占有以"经济"手段来实现。资本帝国主义的特殊"政治"逻辑不是诉诸领土的扩张、领土的直接控制，以及掠夺、税收或贡赋等超经济手段占有剩余。超经济力量对于资本积累来说必不可少，但它的基本作用是强加、维持和巩固社会所有权关系以利于经济力量的发挥；它是一种可预见的管理社会秩序的创造，资本主义对这种秩序的诉求比其他社会形态要高；总的来说，它为积累提供了适宜的条件。两种权力"逻辑"之间的任何一种矛盾都不是两种有差别的帝国主义之间的张力，虽然这些矛盾产生于资本的经济权力与服务于资本的领土实体的政治权力之间的关系，但阿伦特的"无限的资本积累需要无限的政治权力的积累"的规则没有充分传达出这种关系。相反，这些矛盾源自资本使自身与政治权力相分离的独特能力。

　　我不重复我在别处关于这些矛盾的观点，只强调一两个与资本帝国主义相关的要点。如果资本主义国家的基本作用不是充当一种占有工具或者"政治构成的所有权"形式，而是创造和维系与政治权力相分离的积累的手段，或者是维持积累所必要的社会、法律和管理秩序的手段，那么国家的作用就不仅反映在国内经济中，也反映在资本帝国主义中。就像国内资本需要国家层面的秩序一样，资本的全球扩张也需要全球范围内的秩序与条件来维持。

　　这里产生了全新的问题，因为必要的秩序需要一定程度的管理，而这种管理与资本积累的全球性范围不相匹配。资本的经济范围也许是全球的，但一个可以为资本提供缜密而可靠的管理的真正的全球国家几乎是难以想象的。全球资本的确以多种方式从国家间经济的不均衡和劳动力流动的控制中受益，但这也意味着支持领土国家封闭和控制这些经济碎片。换言之，全球资本需要碎片化的政治空间。

　　也许我应该承认，与全球资本相匹配的全球国家的不可能性并非可以完全从理论上加以把握。在很大程度上，这个命题是一个较低层次的实际观察，是关于在较大地理空间内维持资本的严密管理与克服可预见的困难的问题。这就是说，资本的范围全球性与国家的领土限制之间产生矛盾的可能性是资本主义独有的，这一点可以在理论上加以把握。

　　无论如何，经济越是全球化，由领土国家和国家间关系所组织的经济运行就越多，资本就越是比以往更加依赖领土国家在全球范围内配置和强加的积累条件。例如，今天的全球资本依赖世界各国推行新自由主义策略。事实上，资本利用了新的跨国组织推动全球经济的运行，领土国家也不得不回应全球资本的这种需求。如果有什么不同的话，那么是资本主义的政治逻辑已经把碎片化的全球体系强化为领土实体，而不是创造某种全球国家。

　　所以资本主义的全球政治形式不是全球国家，而是诸领土国家的全球体系，这导致了它的独特矛盾。现在我们才开始考察它们的含义。政治权力和经济权力的劳动分工、资本和国家的劳动分工或多或少是可控的，只要经济霸权的范围或多或少与民族国家的范围一致。但是现在，资本的经济范围与政治权力的范围之间的距离日益扩大。虽然随着日益加强的区域化和地方化，设想当代领土边界的重新划分是可能的，但是我不能想象任何一种既存的或可构想的"全球治理"为资本提供其需要的秩序和规律。

这意味着代表全球资本利益的国家不仅必须组织国内的社会秩序，还要组织国家间的国际秩序。问题不再是掠夺这片或那片领土，控制这里或那里的属民，打败这个或那个帝国对手。新的帝国方案依赖管理全球体系和保证帝国的资本在整个全球体系中安全而有利可图地运行。但是，因为没有一个占支配地位的全球国家能够超越和控制所有国家实体，这里又出现了新的矛盾。

特别是，由于缺乏一个全球国家，领土国家就需要行使超经济权力来维持资本的全球秩序，反过来，也需要监督这些领土国家，以保证资本流动的国际秩序。但是，由于缺少一个全球政治权力来实现它，所以诸国家的组织主要是一个军事方案。主要资本主义国家的军事政策自二战结束后就建立在这样一个假设的基础上，即维持一个稳定而有序的全球体系需要一种占绝对支配地位的军事力量。至少在1940年代以后，以及小布什政府之前，为了保证美国军事力量不可动摇的支配地位，这一假设已经成为美国对外政策的主要原则，而这一原则已经普遍为发达资本主义国家的主要盟国所接受。

这是小布什政府执政的背景，那时美国经济力量的相对衰退使得军事霸权变得更为重要。如果小布什不像前辈那样动员军事力量，如果帝国方案超出了前辈的设想，那么他能够这样做只是因为前几任政府已经打好了物质和意识形态的基础，过程中肯定有中断，但也有基本的、潜在的延续性，这种延续性以资本帝国主义的基本矛盾为基础。

一个领土国家以军事手段为资本管理整个全球体系，从一开始就是一个矛盾的和危险的方案。最显著的一点就是，这个民族国家的特殊利益和它的国家资本必然优先于其他所有国家。但是，新帝国主义的军事主义最大的问题大概是军事目标在本质上是无限的。早期的帝国方案易于理解，因为它们的目的和范围相对而言是界定清楚的，无论是要掠夺领土、资源和奴隶，垄断贸易路线，还是仅仅要打败对手。在"新"帝国主义中，军事力量的目标不在于达到一个具体的结果，而是监督整个全球体系并宣称普遍的支配地位，所以看到缺乏清晰目的、范围或退出策略的军事冒险就没有什么好奇怪的了。因为霸权国家的领土限制意味着它的军事力量在同一时间不可能无处不在，"演示效应"就变得尤为重要。布什采取的无限战争的军事政策没有任何时间或地域上的限制，只是把内在于新帝国主义矛盾中的无限的军事主义逻辑发挥到了极致。

例如，不诉诸特殊的军事逻辑也许无法解释伊拉克战争的疯狂。石油并不足以解释伊拉克战争，就像很多评论者指出的，石油生产国对抑制其他国家购买它们的商品并没有兴趣，而美国进入中东石油市场的通道从未处于严重的危险中。尽管我们认为石油储备在不远的将来会变得非常有限，因而今天的（和未来的）主要国家正在寻求对战略产油区的控制，但海湾的战略地位或控制其他国家获取石油的能力并不要求美国入侵伊拉克或推翻萨达姆·侯赛因。入侵伊拉克导致的混乱可能使美国的情况更为糟糕。然而，在缺乏更精确的目标的情况下，甚至在有强有力的反对意见时，新帝国主义占支配地位的无限军事方案总能给战争找到理由。根据这一方案，如伊拉克战争一样，选择军事目标的原因不是它构成了一种威胁，相反，因为它不具有任何威胁，所以成了杀一儆百的候选人，这对入侵者而言风险相对较低。当战争的首要目的是"震惊和威慑"世界时，关于任一具体目标无法解释的东西就会被曲解，即使这种曲解和它导致的所有不稳定性可能是有违初衷的。

五、新帝国主义和对抗性斗争

我尝试指出哈维与我在方法上的差别，这必须讨论资本帝国主义中政治的作用。哈维坚持认为资本需要不断扩张的政治力量来支持无限的积累，这意味着资本主义必然不断地触发政治和领土扩张的非资本主义逻辑，以及资本积累不可避免的障碍。与此同时，资本的终极问题是无法积累足够的政治力量。对我来说，基于资本主义所有权关系的经济力量和超经济力量的具体劳动分工，资本具备使自身与政治力量和领土边界相分离的独特能力。不仅政治逻辑和积累逻辑的关系是资本主义独有的，新的政治逻辑本身也是资本主义独有的。

在我们的帝国主义分析中，这一差别是如何呈现的呢？如我之前说的，一个差别出现在我们对经典"帝国时代"特征的描述中。但除此之外，图景较为模糊。坦白地说，我不确定我的论述是否意味着我只是反对哈维得出结论的方法，而在结论上我们是基本一致的，或者是我们的结论本身不同，从而也需要一些解释。我不确定的另一个重要问题是，我们对国家在当今帝国主义中的作用是否持不同看法，以及这对于对抗性斗争而言的意义。

讨论我们关于二战后的帝国主义——本质上是指美帝国主义——的观点并不会马上展现出我们之间的重要差别。例如，我们都讨论了1970年代发生的变化，美国出于资本利益考量，从战后长期繁荣阶段推行的"发展"策略转变为衰退时期的新自由主义策略，我们都把私有化看作第二阶段的前沿领域。所以，我们之间的理论/历史的差别对于分析当代世界真的具有实质意义吗？

我不确定我可否果断地回答上述问题，但是让我在此努力探究哈维的两种权力逻辑与他关于剥削性积累的结论之间的联系，以便自己能够仔细地思考这一问题。从表面上看，它们的联系似乎相当简单明了：无限的积累需要一个无限扩张的政治力量来实现地理控制，以保证例如剥削的积累策略。但是只要我以这种方式阐述观点，就会发现很难区别新帝国主义与罗马帝国主义在扩张动力上的区别。杰出的古罗马历史学家恩斯特·贝迪安写道："历史上没有一个政府像罗马共和国末期那样为了统治阶级的私人利益竭尽全力地剥削臣民。"那就是帝国的扩张时期。扩张的过程显然是进行土地掠夺，以便超出罗马甚至意大利的边界来扩大统治阶级手中的所有权积累，这在古代历史上是前所未有的（Badian 1968：87）。这是剥削的过程，不仅剥削殖民地人民，也剥削国内农民。虽然其他古代帝国也曾运用政治和军事的超经济力量，通过税收和贡赋大规模压榨臣民的剩余，但没有一个像古罗马这样把私人所有权看作高于一切的存在，并运用军事力量来实现它。

当然，古罗马的所有权积累并不为资本积累的特殊法则所驱动，单是这一点就足以使它区别于资本帝国主义。但是，哈维的观点没有完全清楚地体现出那些特殊法则如何区别于其他任何一种积累私人财富的诉求，也没有完全清楚地体现出资本积累中政治力量和军事力量的作用如何区别于其在非资本主义获取形式中的作用。在这个问题上，因为古罗马统治阶级创建了帝国服务于他们的利益，最终把国家视为一个沉重的负担，所以这种张力如何区别于哈维所说的资本主义政治逻辑与经济逻辑之间的矛盾就不会明显地体现出来。

它们之间当然存在着差异及其带来的意义。在从小共和国到大帝国的转变过程中，古罗马的确是一个压倒其他所有国家的扩张主义国家，统治阶级的绝对贪婪和"占有性个人主义"使其在历史上鲜有对手。但是，不同于资本主义，古罗马的国家和统治阶级都不是由竞争的经济诉求、为满足经济诉求对"最大化"策略的需求、发展生产力和提高劳动生产率的强制性、资本自我扩张的持续动力驱动。所有这些法则都源自资本主义的社会所有权关系，它与经济手段的支配不具有可比性，经济手段的支配无须直接强制力就能实现积累。古罗马在它的扩张主义阶段拥有的是一个实际上包括了军阀的统治阶级，军阀是有产贵族的元老阶层，直接管理着国家和军事力量，可以为积累所有权而被动员起来。有产阶级的组织直接作为一种实现私人积累的政治和军事机器，在根本上使罗马帝国区别于任何一种资本主义帝国，后者首要的积累方式是"经济的"，由统治阶级操纵、不需要超经济力量的直接手段，并且当中的政治和军事力量与积累过程是保持距离的。

除其他方面的含义之外，这意味着在罗马帝国或资本主义帝国以外的任何背景中都无法依据定义理解新帝国主义中的私有化观念。这种剥削不同于所有权从原始占有者到强权手中的简单转移。在本质上，它是一种使所有权和公共权力相分离的方式，从而使公共权力完全服从于资本的纯经济力量，这也意味着超经济权力在维持这个过程中的作用必然会相应地有所不同。

我在这里的论述对于哈维而言并不是新观点。在这一点上，我一般倾向于认为我们的分歧与我们的结论关系不大，而与得出结论的方法更为相关。但让我犹豫的一个重要问题是，刚才我所说的可能会带来什么？所以让我对此做出简要的论述。我对哈维关于对抗性斗争的观察心存疑虑。我会更加强调在领土国家层面进行斗争的可能性和必要性，虽然我认为任何地方或国家的斗争视野必须超出它的狭窄边界，但相比哈维，我似乎对反全球化运动发起的跨国斗争的效果信心较少，那些反全球化运动的首要目标是资本的跨国机构，例如国际货币基金组织或八国集团（G8）。很难说这一差别（如果算是一种差别的话）是否必然来自我们理论的差异，但我可以冒险提出一个尝试性意见。

全球化的评论者，无论左翼还是右翼、支持者还是反对者，普遍认为如果全球经济没有废除民族国家，那么全球化程度与领土国家的重要性之间至少是一种反比关系。这种假定使人们认为跨国组织应该成为首要的反对目标，我们也许能够认为哈维关于经济力量与政治力量之间关系的观点是那一原则更为复杂和微妙的表述。这意味着全球资本趋向于一个全球国家，所以反对的焦点相应地应该是跨国的。可以肯定的是，他的论述完全不是任何一种机械的基础/上层建筑的模式。当然也不是说政治的上层建筑是对经济基础的某种机械的、有时是延迟的反作用。相反，他认为政治"逻辑"具有较强的独立性，这是资本帝国主义的基本矛盾的根源。但是，基本原则保留了下来：政治力量的范围必须适应资本的范围，资本在那个方向产生了强大的诉求。

我尝试为资本主义的经济逻辑与政治逻辑的关系提供一种替代性观点。如果政治力量的范围不能匹配积累的范围，并不是因为常常反对积累逻辑的、自主的政治或领土动力外在于资本。政治力量的代价当然对资本积累有着重大影响，但是政治力量与经济力量之间的具体劳动分工作为资本主义的本质意味着全球资本需要碎片化的政治空间。民族国家有利于全球资本，因为国家具有组织世界以维系全球经济运行的独特能力，而资本不具备这种能力。现在的世界不止是领土国家构建的体系，经济循环不止由这个以国家间关系作为中介的体系来组织。这里的矛盾不是政治逻辑相对于资本逻辑的自主性，而是资本自相矛盾的需求。

这种矛盾当然与资本的经济力量及它依赖的超经济力量的领土限制之间日益扩大的距离有关，但是这种矛盾不是来自一种自主的领土或政治动力，而是阻碍或反对资本积累的动力。矛盾在于资本的全球性范围使它依赖于超经济力量的局部集中，这不仅导致了国际的不稳定，也使得资本在面对国内的对抗性斗争时更加脆弱，正是这一点引起了我的兴趣。

尽管国家在形式上与经济力量相互分离而成为一种表面上中立的政治力量，但经济力量在诸多资本中的扩散导致了反资本主义斗争的困难，因为这使得反对的目标很难确认。那种认为资本主义社会没有权力集中的观点总是有利于资本而妨碍反对它的斗争。现在流行的观点认为，（用他们的话来说）全球化实际上意味着不再存在任何"权力的位置"，因而使得"反对的力量"也不再可能。如果人们不是简单地放弃反抗，那么他们倾向于从中读到的政治信息是，只有反对局部和特殊压迫的最局部和最特殊的斗争才是可能的，或者，面对全球资本唯一有效的途径是某种分散在跨国层面的斗争。这两种情况得出的结论是，我们不能从国家层面的政治组织中获得什么，尤其不能从努力变革国家的阶级组织中获得什么。

我的观点引出了不同的结论。对于我而言，类似哈特和奈格里的观点不能引发对抗性斗争,而是取消了斗争,因为他们剥夺了这些斗争的切实目标。无论如何,他们关于国家和国家斗争的观点在我看来是一种彻底的误解。全球经济的融合不仅使企业在应对地方、区域、国家的斗争中更为脆弱(Gindin 1999),对于资本而言,也使得领土国家以多种方式变得更加重要而不是更不重要。这意味着有组织的政治斗争在国家层面也更加重要,而不是更不重要(Wood 2002;2003)。

以欧盟最近的事件为例。法国和荷兰的全民公投把欧盟置于危机之中,这可能为把那些反对宪法的左翼人士组织起来创造了新的机会,如果不一定发生在反资本主义的明确基础上,也至少捍卫了一个"社会的"欧洲以抵御"盎格鲁-撒克逊"的资本主义模式。但是那些机会将会并且可能已经消失于有组织的左翼政治力量的匮乏之中,这种力量与每一个领土国家的国家力量做斗争,以可信的国家计划应对全球化的结果。这当然不是否定区域和跨国团结的重要性。但是,欧洲一体化的未来以及欧洲左翼在越出边界的反资本主义斗争中的作用较少地取决于G8峰会上的抗议活动,虽然这些抗议活动众多且组织成功,却较多地取决于法国如何解决当前左翼政党的混乱,或(这也不是不可能)德国甚至英国是否重组政治力量以建立一个拥有广泛民众基础的真正的社会主义政党。

坦白地说,我不知道哈维是否会反对这些观点,我清楚地意识到我可能极大地夸大了我们之间的差异。但是,的确有一些东西值得一谈。

参考文献

David Harvey. The New Imperialism. Oxford:Oxford University Press,2003.

Ellen Meiksins Wood. Empire of Capital. London:Verso,2003.

Ellen Meiksins Wood. Global Capital,National States//Mark Rupert,Hazel Smith. Historical Materialism and Globalization. London:Routledge,2002.

Ellen Meiksins Wood. Where Is the Power of Capital? Globalization and the State//Alfredo Saad-Filho. Anti-Capitalism:A Marxist Introduction. London:Pluto Press,2003.

Eric Hobsbawm. The Age of Empire,1875-1914. New York:

Vintage,1989.

Ernst Badian. Roman Imperialism in the Late Republic. Second Edition. Oxford: Blackwell, 1968.

Sam Gindin. Notes on Labor at the End of the Century: Starting Over//Ellen Meiksins Wood, Peter Meiksins, Michael Yates. Rising from the Ashes: Labor in the Age of "Global" Capitalism. New York: Monthly Review Press, 1999.

第3章 新帝国主义"新"在何处?*

[美]大卫·哈维 著 覃诗雅 译

一、概念重塑与经典的帝国主义理论

"新帝国主义"之新可以从两个不同的视角来理解。新事物之所以会产生，是因为物质条件发生了根本的变化，以至于过去合理和适当的理论已经过时，也是采用新的概念工具来解释一直以来所发生的变化的结果。这两种研究取向不是相互排斥的。那些采用第一种研究取向的人必须建构一套适应现代情况的新的概念工具，这常常引起人们对之前理论的重新评价；那些遵循第二种研究取向的人需要构建概念，以解释物质条件和帝国主义实践的根本变化。

虽然艾伦·梅克森斯·伍德和我都试图将这两种视角结合在一起，但是因为伍德的《资本的帝国》（Wood 2003）在根本上关注的是第一个视角，而我这些年从《资本的限度》（Harvey 1999）开始，经过分析资本主义的地缘政治和不均衡的地理发展，更关注与资本积累内在时空动力相关的帝国主义问题的概念重塑，差异就产生了。这是《新帝国主义》（Harvey 2003）的基本关注点。鉴于视角不同，我对我们之间存有的一致性感到惊讶。伍德的基本观点是：

---

* 原载：《国外理论动态》2017年第7期。文献来源：David Harvey. In What Ways Is "The New Imperialism" Really New?. Historical Materialism，2007，15（3）：57–70。

经典的帝国主义理论产生于这样一个时期,尽管资本主义在世界上的部分地区已经得到高度发展,但它还远未成为一个真正的全球经济体系。虽然资本帝国主义的力量已经覆盖了世界上的大部分地区,但它做到这一点主要不是依靠经济法则的普遍性,而是依靠那种同样总是决定着殖民宗主国与属地之间关系的强制力。

然而,现在我们生活在"一个资本主义或多或少已经普遍化的世界"(Wood 2003:127),这个世界是"最新发展形成的,其中资本主义法则是资本主义统治的一般工具"。但是,我们尚未看到伍德所说的"适用于这样一个世界的系统的帝国主义理论。在这个世界中,一切国际关系都存在于资本主义内部,并由资本主义法则支配"(Wood 2003:127)。

所以,我们无法从列宁、卢森堡、布哈林、考茨基等人的理论中获得一个适合我们时代的连贯的帝国主义理论。

我不认同伍德所描述的有关物质条件变化的大体框架,我认为,马克思主义经典作家没有为当代提供恰当的框架。长期以来,我一直在仔细思考将有关资本积累及其内在矛盾的空间理论与帝国主义的空间/地理理论结合起来所面临的重大困难,前者源自对马克思政治经济学的解读,后者来自民族国家间地缘政治和地缘经济的斗争。关于如何整合包括马克思在内的经典作家的著作,学术文献中存在着令人感兴趣的观点和线索。在《政治经济学批判大纲》中,马克思列出的研究清单包括了诸多主题,例如殖民地、劳动的国际分工和国际交换、出口和进口、汇率世界市场和危机等。我尽力挖掘马克思对应某些主题的著作碎片,并把它们融合到《资本的限度》一书的某种尝试性理论框架中。这让我认识到,研究帝国主义的经典作家们没有完成马克思的理论计划。他们忧心忡忡地要建构一套概念工具以应对与他们紧密相关的急剧恶化的国内和国际环境,从而形成了一批被时代打上深刻烙印的理论体系(如列宁的小册子)。但是,我认为他们创造的理论也不适用于他们的时代,列宁、卢森堡、布哈林和考茨基之间的大多数争论不仅反映出他们在"怎么办"的问题上根本不同的政治立场,也反映出他们在寻找方法处理时空动力问题上的理论失败,这种时空动力长久以来建构了一个全球帝国主义体系,并在20世纪创造了伍德所说的物质条件。

但是，从经典作家的争论中产生的见解不是完全没有当代意义，它们为马克思的研究清单另外增加了一系列主题，这些主题涉及民族主义和国家自决权（基于地界的忠诚）、领土问题上的阶级联盟（工会意识）、持续原始积累的重要性、垄断和金融资本的独特地位、与非资本主义社会形态的关系、农业/农民社会问题、资本积累的"内外"辩证法如何越过民族国家的边界发挥作用，以及如何深化我们对正在展开的资本主义不均衡地理发展中的危机、金融和城市转型的理解。但是，他们对这些问题的解答总是暂时的。自那时起（尤其在1970年代的和平时期），大多数马克思主义理论著作不幸退回到建构越来越复杂的源自马克思主义政治经济学的空间危机理论并引发了关于国家的相对自主性和城市化的争论，形成了大量关于资本帝国主义的文献。这些文献把帝国主义问题看作自1960年代以来资本主义的主要矛盾。

我提到这些是为了表明，任何人只要试图将"新帝国主义"概念化，就会陷入一堆不同意见，这些不同意见包含着大量过去的争论。但是，与经典时代做比较并非我们一时的兴趣，而是因为我们现在遇到了急切的问题，突出表现为入侵伊拉克和赞扬赤裸裸的帝国主义行为的右翼文献的重新出现。所有这些都需要我们给予及时的关注，伍德和我（还有很多其他人）不得不尽已所能地做出回应，甚至以小册子的形式来回应。她和我都运用了自己研究马克思思想长达30年以上的漫长经历，我们分析帝国主义问题的方式都被这些经历的性质打上了深刻的印记。至少在某些问题上，我们之间存在明显的趋同性，因为我们截然不同的轨迹可以被理解为相互强化而非相互矛盾，尽管在许多问题上我们之间存在着差异。我如果专注于这些差异，希望不会减损我们之间观点的趋同性。

二、剩余资本的吸收问题与时空修复

在《新帝国主义》中，我指出，存在各种形式的帝国，因而我们应该考虑有关这些帝国主义的各种思想观念（Harvey 2003：5）。伍德阐明了这一思想，并巧妙地把她的历史概述融合到一种形式类型学中，这种类型学对比了贸易和商业中的土地和官僚与特定形式的资本帝国主义之间的不同。我对她在所有这些问题上超凡的历史知识佩服得五体投地,认为她的类型学颇为有趣且信息丰富。我完全同意她关于 19 世纪英国的分析,该分析将传统的征服-服从这一附属体系(例如在印度)与在国外通过资本主义积累而实现的扩张(大西洋经济)(Harvey 2003:140)结合了起来。我认为,她对英帝国主义兴起(尤其是爱尔兰的作用)的分析富有启发性,她在分析英国时坚持把价值生产而不是价值交换视为最重要的环节,这是相当准确的。这意味着,把帝国概念转化为"不仅涉及建立帝国统治或商业霸权,而且也涉及扩展国内经济的逻辑和法则,并把其他经济体纳入它的轨道中"的表述是简洁的(在我看来是正确的)(Wood 2003:100)。

虽然这种类型学的研究方法具有指导意义和启发性,但是它遮蔽了一些十分重要的问题。例如,乔万尼·阿瑞吉在《漫长的 20 世纪》(Arrighi 1994)一书中讨论的可替代性方法。思考这个问题有助于我们更仔细地研究从帝国和霸权的一种形式到另一种形式的转变是如何发生的。就此来看,伍德拒绝把威尼斯、热那亚或荷兰称为"资本主义"是有问题的。阿瑞吉把威尼斯和热那亚的崛起以及随后发生的从荷兰到英国、再到美国的霸权转移,看作一个漫长的、连续的资本主义历史地理进程。阿瑞吉并不否认内部的转型,这种转型使资本主义从商业形式转变为工业形式,尽管一些环节在他看来是相当缓和的。但是,他也注意到了上述霸权转移中的金融化特点,并揭示了伴随每一次转型发生的地理上的根本变革。最后这一点至关重要,这一点是伍德的类型学所没有讨论的。虽然伍德在动力学的研究上比较薄弱,但其类型学研究方法还是揭示了内部结构的重要信息。一开始,我并不确定这种类型/结构的研究方法是表现流动性不断加强的资本主义进程的策略,还是伍德的基本方法。随着阅读的深入,我开始倾向于后者,这也是我们之间的根本差别。

伍德的类型学方法的固有缺陷妨碍了她诠释新的物质条件的真正重要性。例如,她把全球化看作一个问题,但她对全球化是什么或什么导致了全球化的分析即便不是过于简单化,也是非常含糊的。在这一点上,我可以对她的阐释进行补充。但是,首先我必须以一种更为动态的形式对她的解释进行重新表述。资本主义产生于过剩,这些剩余是 16 世纪以来当地商人通过肆意掠夺世界财富积累起来的(伍德巧妙地把这诠释为贸易和商业的帝国主义)。但是,无法有效地吸收这些剩余使欧洲发生了大规模的通货膨胀。18世纪，诞生于英国的资本主义农业和工业以有效的方式成功地吸收了这些剩余，与此同时，它们通过价值生产的内在化实现了剩余的扩大（再一次如伍德所强调的，这引起了社会关系的转型）。在雇佣劳动和工厂生产的基础上，生产剩余价值的能力被内在化、系统化和强化，这在某种程度上是由于资本主义世界的结构越来越清晰且日益围绕资本-劳动的社会关系形成的。这引起了技术变革力量的内在化，进而提高了生产力，从而可以创造更多的剩余。在哪里利用这些剩余会带来盈利？资本家遇到的一个永恒难题是寻找到盈利的方法，以应对他们生产出来的不断增加的剩余价值。"危机"指的就是无法被有效吸收的资本剩余遭遇大范围和系统性的贬值和破坏。

剩余资本可以多种形式出现：有时是市场的商品过剩（因此出现消费不足）；有时是资金过剩或者超额信贷（因此出现金融和货币危机、通货膨胀）；有时是缺乏盈利能力，因为生产成本（劳动力、原材料、中间产品、机器、物质基础设施）过于高昂而市场价格（有效需求）又过于疲软；或者是生产能力过剩（闲置的工厂和机器是货币贬值、通货紧缩阶段的特征）；也可以是投资在建成环境（房地产市场的崩溃）和其他资产（股票、债券和商品期货等的投机潮与崩溃）上的资本过剩；或者是国家财政危机（社会基础设施和国家福利功能的超额开支）。剩余资本采取的形式不是预先决定的，而是随着环境的出现而出现。

有多种方法可以为吸收剩余资本铺平道路。因为调配资金是最简单的方法，所以，诸如把过剩的物质基础设施或者原材料商品转化为对等的资金等方法就非常重要（因此金融化在过度积累的危机中十分重要）。而为了促成这一转化的发生，国家权力总是牵涉其中。除此之外，必须摧毁吸收剩余（资金）的所有障碍，必要的时候可以采用暴力手段（尤其在工人阶级或民众的抵制成为主要障碍的时候）。不过，地理扩张是吸收剩余资金最有效的路径，英国凭借新独立的美国及其门罗主义的推行所带来的巨大助力，通过建立开放的大西洋经济体实现了地理扩张。然而，这就要求资本主义找到消除所有空间障碍的途径，这一点可以部分地通过交通和通信方式上的技术变革（资本主义沉迷于技术变革）来实现，也可以通过消除人为的障碍（关税及其他国家或帝国设置的障碍）和文化障碍（例如大众对产品商品化和劳动力商品化的抵触情绪)来实现。私有财产法中正当的法律要求也可以巩固地理扩张实践的基础。在这一点上,我发现,伍德关于利用无主财产以合法正当地占有未开发和未产出的土地的讨论富有启发性(Wood 2003：94-99)。长期以来,我们一直诉诸这一原则,它也将继续发挥作用。正如伟大的自由主义者、民族自决权的支持者伍德罗·威尔逊在1919年所说：

> 因为贸易无视国家边界,制造商坚持把世界当作市场,所以其国家的旗帜必然跟随着他,那些对他紧闭的国家大门必然会被打开。金融家获得的特许权必然会得到国家大臣的保护,即使这些国家的主权在这个过程中会遭到侵犯。为了使世界上有用的角落都不被忽视或者闲置,占领或者建立殖民地也是必然的。(Chomsky 1990：14)

正如尼尔·史密斯在《全球化的残局》(Smith 2005)中指出的,威尔逊与小布什之间有着深刻的连续性,小布什也经常坦率地承认这种联系。给伊拉克强加一套宗教激进主义的自由市场的制度安排,试图在那里建立一个纯粹的新自由主义国家,这在现在具有重大的意义,而我在写作《新帝国主义》时没有充分意识到这一点。当时我认为,所有要把民主和自由带到中东的说辞都是夸夸其谈,但是现在我看到新保守主义是认真的。这一直是美帝国主义实践的基本原则。通过军事、经济、政治、颠覆或文化的手段打开其他国家紧闭的大门仍然是美帝国主义推行其全球行动并使之合法化的核心方式。

除此之外,还有剩余资本的时空问题。《资本的限度》的两个重要创新是把剩余的位置和时空转移视为吸收剩余的主要手段,《新帝国主义》对此有所呼应。时间转移(受信用体系和国债融资支出的影响)涉及长期的资本投资(比如英吉利海峡隧道);空间转移引起地理扩张——世界市场的形成、外国的直接投资和证券投资、资本输出和商品输出,更野蛮的是殖民主义、帝国主义和新殖民主义实践的加剧和扩张;时间转移与空间转移的结合(比如信贷融资的外国直接投资)为解决剩余资本吸收问题提供了基础广泛和影响深远的方法,即使从长远来看这种方法是暂时的。接着,不均衡的地理发展就会融入我们对资本主义历史地理学的理解中。这使得人们开始把基于本地的资本贬值(去工业化和金融危机)看作解决总剩余的吸收/贬值这一全球问题的方法。上述有些元素在伍德的解释中是模糊的，但对于我而言，把它们完全呈现出来会更加有意义。

剩余的吸收（过度积累）是一个核心问题。当吸收能力崩溃的时候，贬值的危机就会爆发。克服危机的趋势会消除所有剩余吸收的障碍。在《新自由主义简史》（Harvey 2005）中，我阐述了1970年代以来这种机制是如何在全球经济中运作的。第一，有组织的劳工力量被资本家视为眼中钉。1970年代，劳工联盟作为主要的障碍必须被消除，并在10年内被摧毁（比如智利的政变、撒切尔在英国对有组织的劳工运动的残酷镇压）。但是，对有组织的劳工力量和社会福利的打压意味着在民族国家内部对福利国家支出的压缩，这削弱了战后时期通过福利国家吸收剩余的能力（尽管这没有阻止罗纳德·里根和乔治·布什的军事凯恩斯主义成为稳定全球经济的关键——伍德在关于"永久战争"的讨论中暗示了这一点）。第二，所谓的"全球化"只不过是大规模诉诸地理转移和重建，系统化消除所有空间障碍以及打开顽固抵抗的民族国家关闭的大门。第三，国有企业的私有化浪潮以及新一轮的"圈占公地"（从英国社会住房的私有化，墨西哥农民土地村社体系的私有化，到诸如阿根廷和南非的供水系统等公共服务的私有化）为剩余的吸收打开了新空间。第四，剩余流入了1990年代的美国股市和2000年后的房地产市场，经由对冲基金演变成各种投机行为，并伴随着潜在的"泡沫形成"和"资产泡沫破裂"。第五，地方性而非整个系统的贬值日益严重。地方性财政危机已经蔓延到世界各地，常常引发毁灭性局部后果。去工业化已经毁掉了发达资本主义世界中一个又一个共同体，如同策划了一轮激烈的地理重构。在多数情况下，损失通过我所说的"剥削性积累"（采用卢森堡关于原始积累的观点）分摊开来，这种剥削性积累在某种程度上由（企业的和公共的）金融机构、国家权力、华尔街-财政部-华盛顿的联盟来实施。尽管它摇摇欲坠，但仍是当今帝国主义统治的核心。我们只需看看国际货币基金组织的结构性调整计划，就能在原则上理解这种帝国主义实践意味着什么。

三、全球资本与民族国家

伍德对这些事件的解释与我的理解既相互补充，也存在分歧。我猜想，伍德坚持国家在理解资本帝国主义机制上的重要性，在某种程度上是出于质疑迈克尔·哈特和安东尼奥·奈格里的帝国理论的迫切需要。伍德认为："帝国越是完全'经济化'，就越会催生出民族国家。"（Wood 2003：154）"国家仍在为全球资本的积累提供必不可少的环境，这不亚于它为地方企业提供的环境；最后的结论是，正是国家为全球资本创造了生存和驰骋世界的条件。"（Wood 2003：139）

但是，这也带来了危险，因为国家"受制于内部压力和反对力量，其强制力可能会落入不恰当的人手中，从而违背帝国资本的意愿"（Wood 2003：155）。因此，它比"地方政权对这些国家的统治及其统治方式具有更重要的意义"（Wood 2003：155）。

如果它们不能有效地进行自我管理，就需要借助一些外部力量，以便使顽固的"流氓国家"（美国的官方用语）步入正轨。但是，这里产生了一个悖论。伍德总结说，全球化"阻碍了一体化"（Wood 2003：136），同时它又像新自由主义思想家如托马斯·弗里德曼那样异想天开地创造了一个"扁平地球"。这是因为民族国家"必须在向全球资本开放边界与阻止一定程度的一体化之间保持微妙的平衡，这种一体化可能会过分拉平全世界工人的社会状况"（Wood 2003：136）。全球资本"受益于不均衡的发展……世界分裂为诸多彼此独立的经济体，每个经济体都具有各自的社会制度和劳动条件，并由不同程度的主权国家进行管理，这一现状对全球化的重要性不亚于资本的自由流动"（Wood 2003：136-137）。

《资本的帝国》的相关段落含糊不清。一方面，其对国家的解释读起来像是拥有无限权力的、没有地域限制的资本漫游在分化的、发展不均衡的民族国家嵌合体中，为了自己邪恶的目的任意地利用民族国家。另一方面，新帝国秩序的起源有着精确的时间和空间定位，即在第二次世界大战期间及不久之后，美国成为超级霸权并根据自身需求建立了布雷顿森林体系。"世界经济的具体规则"被迫与"美国资本的需求保持一致"（Wood 2003：131）。然而，西德和日本的崛起挑战了这种秩序，1970年代布雷顿森林体系的解体与之后积累危机的爆发重新提出了这样一个问题："如何在空间和时间中转移危机？"（Wood 2003：133）我可以认同诸如此类的表述，不过伍德没能考察这些转移的本质及其"解决方法"。但是，她告诉了我们，美国通过把负担转移到其他地区和缓和"过剩资本为了寻找获利机会疯狂地进行金融投机活动"(Wood 2003：133),"延迟了其国内资本的清算"(Wood 2003：133)。结论是：

> 美国对全球经济的这种控制,虽然不能消除"市场经济"的诸多矛盾,却可以通过操控债务、贸易规则、对外援助和整个金融系统,强迫其他经济体为帝国霸权的利益服务,以应对其国内资本波动的需求。(Wood 2003：134)

但是,所有的讨论都没有清楚地表明一般到底是美国(帝国霸权)、美国资本,还是资本在起主导作用。这种国家理论(除霸权理论外)是相当消极的,而且,以美国为中心的解释即使不是过于简单化,也是非常保守的。

在这种解释中存在一个问题,即如何理解国家。在这一点上,伍德和我都做得不好(我把它涵括在权力的领土逻辑这个术语中)。我们不仅需要一种新的帝国主义理论来揭示我们的时代环境,也需要一种新的资本主义国家理论。我们迫切地需要这种理论,因为国家制度的形式和权力以及蒂姆·米歇尔所说的"国家效应"已与30年前的情况完全不同了(Mitchell 1999)。在某种程度上,一个令人困扰的问题揭示了这种差别,阿瑞吉称它为地理范围的问题,我认为它是一个至关重要的问题。只需要看看欧盟、《北美自由贸易协定》、中国-东盟自由贸易区以及日本和韩国的非正式货币合作,就足以表明这种趋势重新定义了资本主义组织的空间范围。但是,都市企业主义兴起了,而且现在资本主义运行在规模化的等级结构中,其中的共同合作不一定容易达成。虽然我们通常说的国家(我认为如伍德那样在国家前面加上"民族"是有问题的)仍旧重要,但它现在嵌入制度安排的新等级结构中,这一制度安排与"新"帝国主义是如何建立的有着密切关系。坦率地说,国家也许是根本性的,但随着国家发挥作用的范围的变化,国家主权已经发生了改变。

所以,我并不认为"世界经济的具体规则已经发生了变化,与不断变化的美国资本的需求保持一致"(Wood 2003：129)的表述是准确的,因为我并不完全清楚"美国资本"这一范畴(相对于美国的领土实体而言)是否还有意义。这并不是说剩余资本堆积起来的领土空间和时间无关紧要,而是表明我所说的权力的领土逻辑与资本逻辑之间的辩证关系处于变化中,如果我们要更好地理解今天的帝国主义,就需要重新诠释国家与资本的关系。显然，在这里我不能具体地阐述这一点，但我认为，我在《新帝国主义》中追随阿瑞吉把这个问题表述为"权力的资本逻辑与领土逻辑的辩证关系"（Harvey 2003），可能是探讨这种重构的有益起点。

四、帝国主义实践的现代形式

伍德所说的新帝国主义的军事力量和永久战争到底是什么？我深感困惑。显然，她对国家重要性的坚持隐含着风险。如何应对伊朗、古巴和委内瑞拉等国家的新发展，对全球资本主义尤其对美国而言，是一个严肃的问题。首先，她似乎认为，"对全球经济和管理全球经济的诸国家的无限统治需要军事行动"（Wood 2003：144）。这巩固了永久战争的原则和具体实践，这似乎是伍德所说的新帝国主义的全部内涵。伍德提醒我们不要被"布什周围那些人怪异的非理性或极端主义政治"（Wood 2003：161）误导。接着，她认为持续战争"会对经济秩序产生破坏性影响"，然而"帝国资本需要这种战争的无限可能性来维持它对诸国家构建的全球体系的霸权"（Wood 2003：165）。我不清楚这里的"帝国资本"指的是什么，也不清楚当她说战争在某种程度上被嵌入更一般的"超经济原则，尤其是军事强制"（Wood 2003：164）时到底意味着什么。

战争、军事强制和颠覆活动（例如政变）一直是帝国实践的核心，很难确切地说伍德的表述有什么新意。她似乎混淆了近来美国行动的特殊性与更深层的原动力，这种原动力界定了新帝国主义意味着什么。当然，我完全认同她的这一观点：美国曾经拥有的经济统治地位已经被削弱，"美国日益诉诸军事力量来巩固霸权及其经济优势，例如控制石油"（Wood 2003：160）。

我在《新帝国主义》中坚持认为，这里的分歧是美国对欧洲和东亚的石油供应进行着同样的控制，而且长期以来美国试图通过控制中东来控制全球石油龙头，这使它对地缘政治斗争产生了路径依赖。这把我们拉回到新保守主义特有的政治学中，这种政治学未必会指出与适当管理吸收剩余资本的过程这一问题相一致的帝国主义实践的现代形式到底是什么。我们可以只思考这个问题，但潜在的替代性方案并不尽如人意。更确切地说，例如，当我说某种类似考茨基的集体帝国主义的存在一定程度上比当下美国"非霸权的统治"更加适宜、危险更少和更为有利的时候，我并不是以任何形式支持那种解决方案。我担心导致第二次世界大战的那种权力集团的地缘政治对抗会悄然复苏（美国应对中国问题的策略存在着大量这种地缘政治的迹象）。我的确认为，考茨基主义是当代资产阶级提出的更具世界主义色彩的方案，而全球南方在坎昆抵制对它们的资源的集体掠夺，则标志着其强烈反对这种解决方案。但是，这没有解决那个最重要的问题，即如何吸收剩余资本（部分剩余资本现在堆积在全球南方），又不用经历东亚、东南亚、俄罗斯和多数拉丁美洲国家近年来遭遇的灾难性崩溃和贬值。在我看来，这是核心问题，它导致了当代帝国主义的策略和政治。

《新帝国主义》和《新自由主义简史》涉及的主要论题都是1970年代后发生在全球资本主义世界的重大事件，如果我们要寻找"新"在何处，必须分析那个时期由新自由主义反革命引起并在1990年代中期由华盛顿共识加以巩固的转变。1970年后发展起来的新帝国主义，在欧洲、北美和日本的霸权之下，致力于摧毁所有吸收剩余资本的障碍。这些新帝国主义形式的兴起与新自由主义反革命之间的内在联系是至关重要的（《新帝国主义》并没有充分或恰当地阐述这点），后者被资本家恢复和重构权力的意图所操控。在这个方案中，力量的经典形式——军事力量、政治力量、文化力量和经济力量——以高度破坏性方式被自由调动。对所有这一切的偏离、扭转和彻底反对，发展出一种反帝国主义的政治。在新兴的全球政治运动中，反帝国主义和反自由主义的有机统一正在形成。

但是，我要强调辩证法和动力学，就要强调得到的"解决方案"是暂时的、不稳定的和矛盾的，也要强调全球经济的严重失衡和我们目睹的波动可能预示着帝国主义实践的另一个重要转变。我们生活在这样的世界中，吸收剩余的问题像以往一样严重，但是现在庞大的剩余主要堆积在东亚和东南亚。因此，现在我们面对的不是单一形式的帝国主义，而是一系列不同的帝国主义实践，这些实践由于剩余资本不均衡的地理分布而分散开来。如果我们要辨认新帝国主义"新"在何处，就需要坚持一个简单的黄金法则：追随剩余资本，寻找与它们的吸收或贬值相联系的基于领土和地理的实践！

参考文献

David Harvey. The Limits to Capital. London: Verso, 1999.

—— A Brief History of Neoliberalism. New York: Oxford University Press, 2005.

——The New Imperialism. Oxford: Oxford University Press, 2003.

Ellen Meiksins Wood. Empire of Capital. London: Verso, 2003.

George W. Bush. Both Our Nations Serve the Cause of Freedom. New York Times, November 20 2003: A14.

Giovanni Arrighi, Beverly J. Silver. Chaos and Governance in the Modern World System. Minneapolis: University of Minnesota Press, 1999.

Giovanni Arrighi. The Long Twentieth Century: Money Power and the Origins of Our Times. London: Verso, 1994.

Neil Smith. The Endgame of Globalization. New York: Routledge, 2005.

Noam Chomsky. On Power and Ideology: the Managua Lectures. Boston: South End Press, 1987.

Tim Mitchell. Society, Economy and the State Effect//George Steinmetz. State/Culture: State Formation after the Cultural Turn. Ithaca: Cornell University Press, 1999.

第4章 当代帝国主义[*]

［埃及］萨米尔·阿明 著　周德清 译

一、20世纪的教训

俄国的列宁、布哈林、斯大林、托洛茨基，以及中国的毛泽东、周恩来和邓小平，塑造了20世纪两次伟大的革命[1]。作为革命的共产党的领导人，后来又作为革命的国家的领导人，他们面临着诸多外围资本主义国家革命胜利后所面临的难题，并被迫"修正"（我特意使用这个被许多人认为是大不敬的用语）从第二国际的马克思主义继承下来的论断。列宁和布哈林在分析垄断资本主义和帝国主义时比霍布森和希法亭更进一步，得出了这样重大的政治结论：1914—1918年的帝国主义战争使无产阶级领导的革命成为必要和可能。他们即便不是唯一，也是少数几个预见到这一点的人。

作为后见之明，我将在此指出他们观点的局限性。列宁和布哈林认为帝国主义是与垄断发展有关的资本主义的一个新（"最高"）阶段。我质疑这一论断并主张历史上资本主义始终是帝国主义的，正是在此意义上，它自产生（16世纪）以来就导致了中心和外围的两极分化，这种两极分化只不过在此后的全球化发展过程中有所增强而已。19世纪的前垄断体系就是帝国主义的，而英国之所以能保持霸权，正是因

---

[*] 文献来源：Samir Amin. Contemporary Imperialism. Monthly Review, July-August, 2015：23-36。

为对印度的殖民统治。列宁和布哈林认为，革命始于俄国（"薄弱环节"），将在中心（特别是德国）得以继续。他们的愿景建立在低估帝国主义两极分化之影响的基础上，但这种两极分化破坏了中心地区的革命前景。

然而，列宁，更多的是布哈林，很快就接受了必要的历史教训。这场以社会主义（和共产主义）为名的革命实际上是另一回事：主要是一场农民革命。怎么办？农民如何与社会主义建设联系起来？通过向市场让步，尊重农民新获得的财产，从而缓慢地走向社会主义？新经济政策（NEP）实施了这一战略。

是的，但是……列宁、布哈林和斯大林也明白，帝国主义列强永远不会接受革命或者新经济政策。从 1920 年到 1990 年，热战的干预之后，是持续的冷战[2]。苏联虽然还远不能创建社会主义，但摆脱了帝国主义一直企图将占统治地位的世界体系强加于所有外围国家的束缚。实际上，苏联（与帝国主义）脱钩了。那现在该怎么办？通过必要的让步和避免在国际舞台进行过于积极的干预，试图推动和平共处吗？但与此同时，有必要武装起来，以面对新的、不可避免的攻击。这意味着迅速发展的工业化反过来与农民的利益发生冲突，从而有可能破坏作为革命国家基础的工农联盟。

因此，理解列宁、布哈林和斯大林的模棱两可还是可能的。从理论上讲，这里存在从一个极端到另一个极端的 U 形转折。有时是从早期马克思主义继承下来的决定论态度占主导地位，主张首先是资产阶级民主革命，然后是社会主义革命；有时是唯意志论为主（政治行动使跨越阶段成为可能）。最后，从 1930 年到 1933 年，斯大林选择了快速工业化和军事化（这一选择与法西斯主义的兴起并非没有关系），集体化就是这种选择的代价。在此，我们必须再次提防过快地做出判断：那个时期所有的社会主义者，甚至资本家，都赞同考茨基在这一点上的分析，并相信未来属于大农业[3]。放弃民主和转向专制的背后是这种选择所意味的工农联盟破裂。

在我看来，托洛茨基肯定不会做得更好。对喀琅施塔得水手叛乱的态度和后来的含糊其词表明，他与政府中其他的布尔什维克领导人并无不同。但是，1927 年之后，他流亡在外，不再对苏维埃国家的管理负责，才得以乐此不疲地重复社会主义的神圣原则。他变得像许多学院派马克思主义者那样，奢谈他们对原则的坚守，而不必顾忌在现实层面的改造效果[4]。

此后,中国共产党人出现在革命的舞台之上。毛泽东能够从布尔什维克的模棱两可中吸取教训。中国面临着与苏俄同样的难题:落后国家的革命、农民参与革命改造的必要性、帝国主义列强的敌视。但是,毛泽东比列宁、布哈林和斯大林看得更清晰。是的,中国革命是反帝国主义和农民性(反封建)的。但这不是资产阶级民主,而是大众的民主。这种区别是重要的:后一种革命需要长期保持工农联盟。因此,中国避免了强制集体化的致命错误,并创造了另外一种方式:使所有的农村土地成为国有财产,让农民平等地使用这些土地,并改造家庭农业[5]。

这两次革命很难实现稳定,因为它们被迫在支持社会主义观点和向资本主义让步之间做出调适。这两种趋势中哪一种会占上风?这些革命只有在托洛茨基所说的"热月事件"(Thermidor)之后才能实现稳定。但"热月事件"是指何时?是托洛茨基所说的 1930 年吗?或者 20 世纪 20 年代,与新经济政策一起?还是勃列日涅夫时代的严寒时期?

提及法国大革命的教训并非偶然。近代的三次伟大革命(法国、俄国和中国)之所以伟大,恰恰是因为它们期望超越当下的直接需要。在国民公会上,随着罗伯斯庇尔领导的"山岳派"的崛起,法国大革命实现了人民大众与资产阶级的联合,就像俄国和中国的革命一样,即使由于免遭失败的需要而没有被列入议程,但它仍竭尽全力走向共产主义,也保留了以后进一步发展的前景。"热月事件"不是复辟,后者在法国不是发生于拿破仑时期,而是始于 1815 年。但应该记住的是,复辟不能完全消除革命所引发的巨大的社会变革。在俄罗斯,复辟甚至发生在革命历史的后期,即戈尔巴乔夫和叶利钦时期。应当指出的是,这一复辟仍然脆弱,从普京所面临的挑战就可以看出这一点[6]。

二、垄断资本的新阶段

当代世界仍然面临着与 20 世纪革命相同的挑战。全球化资本主义传播的特点——中心/外围矛盾的不断加深,依然导致了同样的重大政治后果：世界的转型始于反帝国主义的、民族的、人民大众的革命和潜在的反资本主义的革命，在可预见的未来，这些是唯一出现在议程中的革命。但是，只有当中心的人民开始为共产主义而斗争的时候，这一转变才能超越第一步，走上社会主义的道路，而共产主义被认为是人类文明的更高阶段。中心资本主义的系统性危机为将这一可能性转化为现实提供了契机。

与此同时，南方人民和国家面临着双重挑战：（1）当代资本主义强加给体系外围国家的粗放式发展让世界上四分之三的人口一无所获，特别是导致亚洲和非洲的农业社会迅速瓦解，因此，对农民问题的解答将在很大程度上影响着未来变化的性质[7]；（2）帝国主义列强的侵略性地缘战略与处于边缘的国家和人民摆脱困境的努力是背道而驰的，它迫使人民大众卷入反对美国及从属于它的欧洲和日本盟友以军事力量控制世界的斗争。

第一次长时段的资本主义系统性危机始于19世纪70年代。我提及的历史上资本主义在大跨度上扩张的版本，代表着三个连续的时代：从中国的1000年到英国和法国的18世纪革命所经历的孵化期；一个短暂的兴盛繁荣的世纪（19世纪）；很可能是漫长的衰退期，它本身包括第一次长期危机（1875—1945年）和（始于1975年，至今仍在继续的）第二次危机。在这两次长期的危机中，资本以同样的三重方案应对挑战：资本的集中控制、全球化不均衡的深化、体制管理的金融化[8]。两位重要思想家（霍布森和希法亭）很快意识到资本主义向垄断资本主义转变是极其重要的。但正是列宁和布哈林从这一转变中得出了政治结论，即这一转变引发了资本主义的衰落，进而把社会主义革命提上议程[9]。

垄断资本主义的最初形成可以追溯到19世纪末，但在美国，它实际上是从20世纪20年代才真正确立为一个体系，以便应对接下来在第二次世界大战后处于"30年光辉岁月"的西欧和日本。1950—1960年代，巴兰和斯威齐提出的剩余概念使我们能够把握资本主义转型的本质。在其著作发表之时我就相信，它丰富了马克思主义的资本主义批判，因此，早在20世纪70年代，我就对其进行了重新阐发。在我看来，这需要将"最初的"（1920—1970年）垄断资本主义转变为普遍垄断资本主义，视其为资本主义本质上全新的阶段。

在以前生产相同使用价值的公司（数量庞大且彼此独立）之间的

竞争方式中，这些公司的资本持有人依据公认的、作为外部基准的市场价格来做决定。巴兰和斯威齐注意到，新的垄断企业的做法则不同：它们依据生产商品的品质和数量定价。因此，这虽与实际相反却依然是作为传统经济学理论核心的"公平和公开竞争"的终结。取消竞争（该词含义、功能和结果的根本转变）使价格体系及其基础即价值体系分离开来，从而掩盖了用来规定资本主义合理性的参照框架。虽然使用价值过去在很大程度上构成了自主的现实，但在垄断资本主义中，它们成为通过积极而特殊的营销策略（广告、品牌等）系统地生产实际商品的对象。在垄断资本主义中，仅仅通过《资本论》第二卷讨论过的两个部类的相互调整是不可能实现生产系统的连续性再生产的。因此，有必要考虑巴兰和斯威齐所构想的第三部类。这允许国家提倡对额外过剩——超出第一部类（私人投资）和第二部类（私人消费）而专门用于资本家消费的部分——的吸纳。第三部类花费的典型例子是军费开支。然而，第三部类概念可以拓展至由普遍垄断资本主义推动的更广泛的社会性非生产支出[10]。

　　实际上，赘生的第三部类反过来支持消解马克思在（剩余价值的）生产性劳动与非生产性劳动之间所做的区分。所有形式的雇佣劳动都可以（而且必定）成为可能的利润来源。理发师将其服务出售给一个用收入付款的顾客。但是，如果理发师成为美容院的雇员，其业务就必须为美容院所有者赚取利润。如果讨论中的国家将1 000万雇佣劳动者投入到第一部类、第二部类和第三部类，提供相当于1 200万的年抽象劳动；如果这些工人获得的工资允许他们购买仅需600万的年抽象劳动的商品和服务，那么所有这些工人的剥削率，无论是生产性的还是非生产性的，都是100%。但是，工人得不到的600万的年抽象劳动不可能全部投入购买用于扩大第一部类和第二部类的生产资料，其中一部分将会用于扩大第三部类。

三、普遍垄断资本主义（1975年以来）

　　为了应对资本主义衰退的第二次长期危机，从最初的垄断资本主义过渡到目前的形式（普遍垄断资本主义）是短时间内（1975年至2000年）完成的。二十五年中，垄断权力的集中及其对整个生产体系的控制力达到了前所未有的顶峰。

我对普遍垄断资本主义的第一次论述可以追溯到1978年,当时我对资本应对其长期系统性危机(始于1971—1975年)的挑战做出了解释。在此解释中,我强调了这种才刚刚出现苗头的预期应对的三个方面:通过垄断加强对经济的集中控制,深化全球化(并将制造业外包给外围国家)以及金融化。我和安德烈·甘德·弗兰克在1978年一起发表的著作没有引发学界关注,可能是因为我们的论文超前于时代。但今天,这三大特点对每个人的影响都是显而易见的[11]。

垄断资本主义的这一新阶段必须有一个名称。形容词"普遍的"具体说明了什么是新的:垄断自此以后有能力将所有(或几乎所有)经济活动降低到分包商的地位。资本主义中心的家庭农业就是最好的例证。这些农民在上游被提供投入和资金的垄断企业控制,而在下游又被销售链控制,这种价格结构迫使他们虽然劳动却毫无所获。农民只能靠纳税人支付的公共补贴才能生存下来。因此,这种抽剥是垄断企业利润的源泉!正如在银行倒闭问题上所观察到的那样,经济管理的新原则用一句话来概括:垄断企业利润的私有化,其损失的社会化!继续谈论"公平和公开的竞争"和"市场揭示的价格真相"是一场闹剧。

专属于资产阶级家庭的分散化的、具体的经济权力让位于垄断企业的董事及其薪酬服务人员所行使的集中权力。因为普遍垄断资本主义不涉及财产的集中,相反,财产比以往任何时候都更加分散,而涉及管理财产的权力。这就是为什么把形容词"继承的"与当代资本主义联系起来具有欺骗性的原因。从表面上看,是"股东"制定规则,而事实上一手遮天的垄断企业的顶层管理者以他们的名义决定一切。此外,该系统全球化的深化摧毁了国家系统的整体(即经济、政治和社会同步)逻辑,但并没有以任何全球逻辑取而代之。这就是"混乱的帝国"(我的一部作品的标题,发表于1991年,后来被其他人接受):事实上,国际政治暴力取代了经济竞争[12]。

四、积累金融化

经济生活的新金融化将这一转型推向资本权力的顶峰。由资本所有权的管理者制定的战略取代了由分散资本的真正所有者制定的战略,俗称的虚拟资本（所有权证的估值）只不过是这种置换，是虚拟世界和现实世界脱节的表现。

从本质上讲，资本主义积累一直是无序的同义词。马克思认为该词意味着一种从不平衡到不平衡（由阶级斗争和列强间的冲突驱动）的制度，从来没有趋向过平衡。但是，通过国家控制实施的信用制度管控，由分散化资本之间的竞争造成的无序得以保持在合理的限度之内。随着当代金融化和全球化资本主义的发展，这些边界消失；从不平衡到不平衡运动的暴力得到加强。无序紧接着的就是混乱。

普遍垄断资本的统治是货币和金融市场的全球一体化，以灵活汇率原则为基础，放弃国家对资本流动的控制，而在世界范围内行使。然而，这种统治地位在不同程度上受到新兴国家政策的质疑。这后一种政策与三方集团（The Triad's）集体帝国主义的战略目标相冲突的事实，可能再次成为控诉普遍垄断资本主义的核心内容之一[13]。

五、民主的衰落

在体系中心，普遍垄断资本主义带来了工资形式的普泛化。此后，高级管理者就是不参与剩余价值形成的员工，他们已经成为剩余价值的消费者。在社会的另一极，工资形式所展现的普遍无产阶级化伴随着劳动力分割形式的多样化。换句话说，"无产阶级"（如过去所知的形式）恰恰在无产阶级化成为普遍的那一刻消失了。在外围国家，普遍垄断资本的支配效应同样明显。在由地方统治阶级、臣属阶级和上层集团组成的业已分化的社会结构之上，存在一个在全球化进程中崛起的占支配地位的超级阶级。这个超级阶级有时是"新买办内部人士"，有时是当权的政治阶级（或执政党），或者是两者的混合体。

"市场"和"民主"远非同义词，相反，它们是反义词。在这些中心国家，一种与去政治化同义的新政治共识文化（也许只是表面上的，但实际上是积极的）取代了以"右""左"对抗为基础的旧政治文化，这种对抗过去曾在其框架内赋予资产阶级民主和阶级斗争以意义；在外围国家，由占主导地位的地方超级阶级夺取的权力垄断同样涉及对民主的否定，政治伊斯兰教的兴起就是这种倒退的例证。

六、当代帝国主义咄咄逼人的地缘战略
（三方集团集体帝国主义；当代资本主义中的国家）

20世纪70年代，我和斯威齐、马格多夫已经提出了这个论题，在我和弗兰克于1978年发表的一篇文章中详细阐述过。我们认为，垄断资本主义正在进入一个新时代，其特征是国家生产体系的逐步（但迅速地）解体。越来越多的市场商品的生产不能再用"法国制造"（或苏联制造或美国制造）的标签来定义，而是变成了"世界制造"，因为它的制造现在被分成许多部分，分布在世界各地。

认识到这一事实（现在已是司空见惯）并不意味着对相关变化的主要原因只有一种解释。就我而言，我用垄断企业对资本控制的集中程度的飞跃来解释这一点，将其描述为从垄断资本主义向普遍垄断资本主义的转变。除其他因素外，信息革命提供了使管理这种全球分散的生产系统成为可能的手段。但对我来说，这些手段的实施只是应对资本集中控制的飞速发展所创造的新的客观需要。

这种全球性生产体系的出现消解了连贯的"国家发展"政策（产生多样化和不平等的效果），但它并没有用新的一致性即全球化体系的一致性取而代之。原因在于没有全球化的资产阶级和全球化的国家，这一点我将在后面讨论。因此，全球化的生产系统本质上是非连贯的。

当代资本主义这种质变的另一个重要后果是三方集团集体帝国主义的出现。它取代了历史上（美国、英国、日本、德国、法国和其他一些国家）的国家帝国主义，存在的理由是三方集团国家的资产阶级意识到他们必须共同管理世界，特别是管理已经从属和将要从属的外围社会。

有人从全球化生产制度的出现这一论断中得出两个相关的结论：全球化资产阶级的出现和全球化国家的出现，这两者都将在这一新的生产制度中找到客观基础。我对当前变化和危机的解释使我拒绝接受这二者的相关性。

在全球化生产制度形成的过程中，无论是在世界范围内，还是在帝国主义三方集团国家，都没有全球化的资产阶级（或统治阶级）。我要强调的是，对垄断资本的集中控制发生在三方集团国家（美国、欧

盟各成员国、日本）内部，而不是三方集团国家之间甚至欧盟成员国之间的关系中。资产阶级（或寡头垄断集团）处于国家内部（至少在一定程度上是民族国家管理这种竞争）和民族之间的竞争之中。因此，德国寡头（和德国政府）领导欧洲事务，并不是为了每个人平等的利益，而首先是为了自己的利益。在三方集团的层面上，显然是美国的资产阶级领导了联盟，其利益再一次得到了不平等的分配。客观上，全球化生产体系的出现必然导致全球化统治阶级的出现，这一想法基于一种基本假设，即该制度必须是一致的。在实践过程中，它有可能不一致。事实上，它就是不一致的。因此，这个混沌系统是不可行的。

在外围地区，生产制度的全球化伴随着新买办资产阶级为主导的新霸权主义集团取代了早期的霸权主义集团。它不是全球化资产阶级的构成要素，而只是占主导地位的三方集团资产阶级的从属同盟。在全球化生产制度形成过程中就像没有全球化的资产阶级出现一样，也没有全球化的国家出现。造成这种情况的主要原因是目前的全球化制度并没有削弱，但实际上加剧了三方集团社会与世界其他地区社会之间（显在或潜在）的冲突。我确实指的是社会之间的冲突，因此也是国家之间的潜在冲突。三方集团国家的支配地位（帝国主义的租金）所产生的优势使围绕着普遍垄断形成的霸权主义集团受益于一种合法性，而这种合法性又表现为所有主要的参选党派（左派或右派）趋于一致，以及它们对新自由主义经济政策的平等承诺和对外围地区事务的持续干预。另外，外围国家的新买办资产阶级在本国人民看来既不合法，也不可信（因为他们提供的政策不可能"迎头赶上"，而且往往导致粗放式发展的困境）。在这种背景下，现任政府的不稳定因此成为一种规律。

正如在三方集团或欧盟层面上没有全球化的资产阶级，在这些层面上也没有全球化的国家。相反，只有一个国家联盟。这些国家反过来愿意接受让这种联盟发挥作用的等级制度：一般的领导角色由美国担任，欧洲的领导角色由柏林担任。民族国家仍然是为全球化服务的。

在后现代主义思潮中流行一种观点，即当代资本主义不再需要国家来管理世界经济，因此国家体系正在衰落，市民社会将更可能出现。我不想再重复我在其他地方提出的反驳这一幼稚论调的观点，这一论调是由占统治地位的政府和为其服务的媒体、牧师们所宣扬的。没有国家就没有资本主义。没有美国武装部队的干预和美元的管控，资本主义全球化是不可能实现的。显然,军队和金钱是国家的工具,而非市场的。

但是,由于没有一个世界国家,美国打算履行这一职能。三方集团认为这项职能是合法的,而其他团体则不这么认为。但这又能怎样呢?自称"国际共同体"的七国集团(G7)加上肯定已成为民主共和国的沙特阿拉伯,并不承认85%的世界人口的意见是合法的!

因此,在处于支配地位的帝国主义中心国家与那些被支配或尚未受支配的外围国家之间,国家职能是不对称的。买办化的外围国家本质上是不稳定的,因而,(对中心国家来说)当它还不是敌人时,则是潜在的敌人。

有些敌人是帝国主义列强被迫与之共存的,至少到目前为止是这样。中国的情况就是如此,因为中国拒绝了(到目前为止)新买办的选择,并在推行其独立自主的国家一体化和协调发展工程。当普京拒绝在政治上与三方集团结盟,并想阻止后者在乌克兰的扩张主义野心时,俄罗斯就成了敌人,即便它没有打算(或者现在还没有?)离开经济自由主义的轨道。绝大多数南方买办国家(即为买办资产阶级服务的国家)都是盟友,而不是敌人,只要每个买办国家都展现出执掌国家的表象。但华盛顿、伦敦、柏林和巴黎的领导人都知道,这些国家是脆弱的。一旦一场民众反抗运动威胁到其中一个国家,无论有没有可行的替代战略,三方集团联盟都会傲慢地宣称其有权干预,甚至考虑摧毁这些国家和有关的社会。这一战略目前正在伊拉克、叙利亚和其他地方发挥作用。美国领导的三方集团对世界进行军事控制的战略理由完全就在于这一"现实主义"愿景,而这与(奈格里的)一个全球化国家正在形成的幼稚观点直接对立[14]。

七、南方人民和国家的反应

美欧日集体帝国主义从两个方面对南方各国人民展开持续攻势:经济方面——全球化的新自由主义被强行作为唯一可能的经济政策;政治方面——包括对拒绝帝国主义干预的人进行先发制人的持续战争干涉。一些南方国家,例如金砖国家,至多只在一个方面加以回应:拒绝了帝国主义的地缘政治,但接受了经济新自由主义。由于这个缘故，南方国家仍然是脆弱的，就像目前俄罗斯的情况[15]。是的，它们必须理解"贸易即战争"，一如亚什·坦登写的那样[16]。

世界上在三方集团之外的所有国家都是敌人或潜在敌人，但那些完全服从其经济和政治战略的国家除外。在这个框架内，俄罗斯是"一个敌人"[17]。不管我们对俄罗斯的评价是什么，三方集团之所以反对它，仅仅因为它企图独立于占统治地位的资本主义/帝国主义而发展。苏联解体后，一些人（特别是俄罗斯人）认为"西方"不会与"资本主义俄罗斯"为敌，就像德国和日本"输了战争但赢得和平"一样。他们忘记了西方列强支持前法西斯国家的重建，正是为了应对苏联独立政策的挑战。现在，这个挑战消失了，三方集团的目标是摧毁俄罗斯的抵抗能力，使其完全臣服。乌克兰的悲剧证明了三方集团战略目标的现实性。三方集团在基辅组织了"欧元/纳粹政变"。西方媒体声称的三方集团政策旨在促进民主的言论，只不过是一个谎言。东欧已"融入"欧盟，不是作为平等的伙伴，而是作为西欧和中欧主要资本主义/帝国主义列强的"半殖民地"。在欧洲体系中，西方与东欧的关系在某种程度上类似于美国与拉丁美洲的关系。

因此，必须支持俄罗斯抵制乌克兰殖民计划的政策。但是，如果得不到俄罗斯人民的支持，俄罗斯这一积极的"国际政策"必将失败。而这种支持不可能在"民族主义"这一排他性基础上赢得。只有国内经济和社会政策寻求促进大多数劳动人民的利益，才能赢得支持。因此，以人民为导向的政策意味着要尽可能地远离"自由主义"处方和与之相关的选举伪装，后者声称使倒退的社会政策具有合法性。我建议在这里建立一个社会维度的（我说的是社会的，而不是社会主义的）新的国家资本主义。这一制度将为最终走向经济管理社会化开辟道路，从而为走向民主创新以应对现代经济的挑战开辟真正的新道路。

俄罗斯的国家权力仍然严格限定在新自由主义的范围之内，这将毁掉独立外交政策取得成功的机会，以及成为一个真正的新兴国家、扮演重要国际角色的机会。新自由主义只会为俄罗斯带来一种悲剧性的经济和社会衰退，一种"粗放式发展"模式，以及在全球帝国主义秩序中日益加强的从属地位。俄罗斯将向三方集团提供石油、天然气和其他一些自然资源；为了西方金融垄断企业的利益，俄罗斯的工业将降低到分包者的地位。在这样一个与当今俄罗斯在全球体系中相去不远的位置上，国际领域内独立行动的企图仍将极其脆弱，受到"制裁"的威胁将会加强执政的经济寡头与三方集团国家中占统治地位的垄断集团的灾难性结盟。目前与乌克兰危机有关的"俄罗斯资本"外流就说明了这一风险的存在，重新建立国家对资本流动的控制是应对这一风险的唯一有效办法。

中国正在实施发展现代工业的国家工程和革新家庭农业，而中国之外的其他所谓南方新兴国家（金砖国家）仍然只是一条腿走路：它们反对军事化的全球掠夺，但仍然被囚禁在新自由主义的束缚之中[18]。

注释

[1] 本文仅限于考察俄国和中国的经验，并非有意忽视其他国家（朝鲜、越南、古巴）在 20 世纪的社会主义革命。

[2] 在第二次世界大战之前，斯大林曾拼命寻求与西方民主国家结盟以对抗纳粹主义，但没有成功。战后，美国选择了冷战，而斯大林则试图与西方列强建立友谊，但没有成功。参见 Geoffrey Roberts. Stalin's Wars：From World War to Cold War, 1939-1953. New Haven, CT：Yale University Press，2007，以及法语版：Annie Lacroix Riz. Les guerres de Staline：De la guerre mondiale à la guerre froide. Paris：Éditions Delga，2014。

[3] 亦可参见卡尔·考茨基的论文：Karl Kautsky. The Agrarian Question：in Two Volumes. London：Zwan Publications，1988；first edition，1899。

[4] 在马克思主义知识分子中也有令人欣慰的例外，他们没有在革命党中承担领导责任，更没有在革命国家中承担领导责任，但仍然注意到国家社会主义所面临的挑战（我在这里想到的是巴兰、斯威齐、霍布斯鲍姆等人）。

[5] 参见 Samir Amin. China 2013. Monthly Review，2013，64 (10)：14-33，特别是关于毛泽东对农业问题的分析。

[6] 参见 Eric J. Hobsbawn. Echoes of the Marseillaise：Two Centuries Look Back on the French Revolution. London：Verso，1990；另请参阅弗洛伦斯·高蒂尔的著作。这些作者并没有像托洛茨基主义者那样简单地将热月事件等同于复辟。

[7] 关于目前正在发生的对亚洲和非洲农民的诋毁，参见 Samir Amin. Contemporary Imperialism and the Agrarian Question. Agrari-

an South: Journal of Political Economy, 2012, 1 (1): 11-26. http://ags.sagepub.com。

[8] 我在这里只讨论向普遍垄断（金融化、民主衰落）转变的一些主要后果。至于生态问题，我参考了约翰·贝拉米·福斯特的出色著作。

[9] Nicolai Bukharin. Imperialism and the World Economy. New York: Monthly Review Press, 1973, written in 1915; Vladimir Ilyich Lenin. Imperialism, The Highest Stage of Capitalism. New York: International Publishers, 1969, written in 1916.

[10] 关于第三部类的分析及巴兰和斯威齐提出的剩余概念的进一步讨论，参见 Samir Amin. Three Essays on Marx's Value Theory. New York: Monthly Review Press, 2013: 67-76; John Bellamy Foster. Marxian Crisis Theory and the State//John Bellamy Foster, Henryk Szlajfer. The Faltering Economy. New York: Monthly Review Press, 1984: 325-349。

[11] Andre Gunder Frank, Samir Amin. Let's Not Wait for 1984//Andre Gunder Frank. Reflections on the World Economic Crisis. New York: Monthly Review Press, 1981.

[12] Samir Amin. Empire of Chaos. New York: Monthly Review Press, 1992.

[13] 关于金融全球化面临的挑战，参见 Samir Amin. From Bandung (1955) to 2015: New and Old Challenges for the Peoples and States of the South. World Social Forum. Tunis, March 2015。

[14] Samir Amin. Contra Hardt and Negri. Monthly Review, 2014, 66 (6): 25-36.

[15] 选择脱钩是不可避免的。在世界范围内极端集中的剩余以帝国主义租金的形式被帝国主义列强垄断，这是所有外围社会都无法忍受的。我认为有必要解构这一制度，并在今后以另一种与共产主义兼容的全球化形式对其进行改造，而将共产主义理解为一个更先进的普遍文明阶段。在这一语境下，我建议与为封建分权开辟道路的罗马帝国中央集权的必然灭亡进行比较。

[16] Yash Tandon. Trade is War. New York: OR Books, forthcoming.

[17] Samir Amin. Russia in the World System//Global History: A View from the South. London: Pambazuka Press, 2010; The Return of Fascism in Contemporary Capitalism, Monthly Review, 2014, 66 (4): 1-12.

[18] 关于印度和巴西回应不够充分的问题，参见 Samir Amin. The Implosion of Capitalism. New York: Monthly Review Press, 2013: chapter 2; Samir Amin, Shane Mage. Latin America Confronts the Challenge of Globalization. Monthly Review, 2014, 66 (7): 1-6。

第二编 新帝国主义与全球化

第5章 帝国主义视域中的全球化*

[荷] 罗伯特·温特 著 周德清 译

引　言[1]

经济全球化的主导方面是全球推动自由贸易和资本自由流动的结合。这看似意味着回到类似第一次世界大战前的国际体制，而当人们对当今经济日益在国际范围内相互联系的社会、政治和经济后果及其背后的驱动力展开激烈的论辩后发现，20世纪初的情形亦是如此。马克思主义者和其他学者从帝国主义的视角探讨了资本主义发展的原因、动力及未来可能的发展方向。本文将阐述此前的资本主义与现今资本主义全球化的异同。

一、全球化：神话抑或现实？

在有关全球化的文献中，我们可以概略地区分出三种不同的观点。对美国前劳工部长赖克（Reich 1992）和日本商业大师大田（Ohmae 1995）等作者而言，全球化是一种正在改变一切的确定趋势，民族国

---

* 文献来源：Robert Went. Globalization in the Perspective of Imperialism. Science & Society, 2002/2003, 66 (4): 473-497。

家或工会对此无能为力。相应地，像克莱因克内希特（Kleinknecht 1998）和伍德（Wood 1997）这样的作者则强烈质疑全球化的重要性、新颖度和影响力。此外，这些作者们强调，公司并非真正的"无拘无束"，即无论何时何地都可以自由地在世界各地自由行动，或者说，至少世界经济在19世纪末与今天一样国际化。他们认为，全球化一词被赋予了许多不同的含义，并已成为意识形态。

但也有第三种立场可以概括为：全球化被夸大了（如Boyer，Drache 1996；Hirst，Thompson 1996；Kitson，Michie 2000）。持这一立场的作者称，有些值得关注的变化正在对世界经济的组织、运行产生重大影响。但同时他们解释说，我们（依然？）远非真正的全球化经济（Frankel 2000；Rodrik 2000）；不存在线性发展；全球化鼓吹者的许多主张是站不住脚的。本文的观点可归属于这一类：全球化往往被夸大，但并非神话。因为我们无法否认在过去的20年中，世界经济的运行和组织发生了重大变化。尽管过于简短和图式化，但列出四个要点或许还是有用的：

（1）产品和贸易特别是金融领域，真正一体化的全球市场数量的增加。

（2）撇开大公司如今不受限制的不实之词[2]，不可否认的是，跨国公司在全球经济中的分量越来越大，它们更愿意在全球范围内而非单一地区或双边地区，尝试规划和组织其产品和服务的设计、生产和分销，这对它们的结构产生了重要影响[3]。

（3）面对全球层面治理和监管问题的增长，由于民族国家（使自己）变得无能为力，超国家组织［七国集团、国际货币基金组织、世贸组织、国际清算银行、经济合作与发展组织（OECD，后又简称"经合组织"）等］和区域性组织（欧盟、北美自由贸易协定、南方共同市场等）发挥着越来越大的作用。

（4）宏观经济政策的全球化。自1970年代末出现经济学反革命以来，货币主义和新古典范式在国际机构和政治主流中几乎没有受到挑战。相同政策的变种（出口导向式增长、更少的社会政策和小规模的公共部门、自由贸易和资本自由流动、放松管制、灵活化、私有化以及价格稳定的优先性）在世界各地被遵从或强行被通过（在国际组织和金融市场的帮助下）。

对经济全球化的所有这些方面来说，重要的是今天自由贸易和资本自由流动的强势组合。事实上，自由贸易和国际资本自由流动并非总是结合在一起。例如，在第二次世界大战后的"资本主义黄金时代"，跨境资金流动受到严格监管（Eatwell, Taylor 2000）。正如联合国贸易和发展会议（UNCTAD）研究员菲利克斯（Felix 1995：1）提出的：

> 自由的国际资本流动是否与自由贸易和稳定的汇率兼容？布雷顿森林体系的缔造者们的回答是坚决否定的，他们通过当时蓬勃发展的凯恩斯主义理论范式过滤了两次大战之间的经验。现存通过新古典宏观经济学范式过滤二战后经验的主要布雷顿森林机构即国际货币基金组织和七国集团目前的答案是肯定的。它们稳定动荡的国际货币体系的努力，是以自由的国际资本流动与稳定的汇率和自由贸易之间的兼容性（其实是一种希求）为前提的。

菲利克斯引用凯恩斯的话，将"在不限制国际资本流动的情况下，稳定汇率和促进自由贸易的提议"描述为"求圆面积的练习"[4]，这并非偶然。凯恩斯是1944年布雷顿森林协定的主要制定者之一[5]。正如巴顿（Boughton 1997：10）所指出的：

> 事实是，创立者们完全看好资本管制……在布雷顿森林会议上草拟的第六条第1款（A）项内容如下："成员不得净使用基金会的资源以应付大量或持续外流的资本，基金会可要求成员实行控制以防止如此使用基金会的资源。如果在收到这种要求后，某一成员未能行使适当的控制，基金会可宣布该成员没有资格使用基金会的资源。"

第二次世界大战后，资本管制被广泛认为是必要的，使各国政府对国民经济有一定的控制权，以便能够执行国家政策目标（Eichengreen 1996）。其背景是国家基本宏观经济政策的"三难困境"，即一国只能拥有以下三个特征中的两个：固定汇率、充分资本流动性和货币政策独立性（Wyplosz 1998：4）。这意味着，将多多少少固定（或确定）的汇率与资本自由流动相结合的国家——这在今天很常见，在第一次世界大战之前的金本位制下也很常见[6]——被迫放弃对国内宏观经济目标的控制，例如西欧的充分就业，在发展中国家要么引导资本形成，要么抑制通货膨胀（Bruton 1998：907）[7]。

奥布斯菲尔德（Obstfeld 1998：8）指出，"19世纪世界资本市场的基本走势和周期是对基本政策三难困境的不断变化的反应"。人们普遍认为，国际资本流动水平周期显示出U形模式：

> 第一次世界大战前，国际金融交易缺乏控制，国际资本流动达至高位。在两次世界大战期间，这一制度崩溃，资本管制被广泛实施，国际资本流动减少。第二次世界大战后的四分之一世纪，管制逐步放松，国际资本流动逐渐恢复。从上世纪70年代开始的最近一个时期，又是资本高度流动的时期。（Eichengreen 1996：3；Bordo，Schwartz 1997）

虽然今天各国经济的相互联系日益密切，但那种视资本管制为保障经济不成为金融市场玩物的基本（尽管不够）政策工具的想法现已基本不复存在。英国《金融时报》在（1998年4月18日）一篇代表性社论中解释说，每个人都应该明白，现在"在国家层面，新兴的全球标准包括自由贸易和开放的金融市场"。这一"全球标准"是经国际组织、游说团体、国家商业精英、跨国公司和金融市场上的贸易商长期倡导、推动和讹诈到世界各地的。因此，美国财政部长鲁宾最近"敦促非洲各国政府开放商品和金融市场，即使面临政治麻烦的风险，也要拥抱全球化"（英国《金融时报》，1998年7月15日），也就不足为怪了。

这些和其他一些情况反映了主要国际组织的政策取向发生了真正的变化。在撰写国际货币基金组织史时，巴顿（Boughton 1997：8）注意到，1994年，"关于资本管制是否明智的长期争论已经完全过时了"。作为对人们耳熟能详的关于技术发展没有选择余地这一观点的回应，他推断说，"任何国家都不能分享国际贸易的利益，除非它允许资本自由流动为这种贸易提供充足的资金，而现代金融市场的复杂和开放程度使资本交易不再被划分为与贸易有关或投机性的"。国际货币基金组织就是这一变化已经跨出多远的最好例证之一。虽然其执行董事会在1956年重申成员有权实行资本管制，但基金临时委员会在1997年4月一致决定修改基金条款，以便只在特殊情况下暂时允许资本管制（《国际货币基金组织调查》，1997年5月12日）。国际货币基金组织并非唯一朝此方向推进的强大的国际组织。经过艰苦的谈判和对犹豫不决的政府施压之后，1997年12月，一百多个国家在世界贸易组织的主持下签署了一项使银行、保险和其他金融服务贸易自由化的协定。经合组织为制定一项多边投资协定（MAI）展开了秘密谈判，目的是使资本自由进出国家的权利在全球制度化，但由于非政府组织设法在世界各地动员对这种协定予以广泛抵制，加之一些经合组织成员，特别是法国，甚至对这样一项影响深远的条约表示怀疑，目前这一谈判暂时失败了。

总之，全球化作为一种新现象的理由往往被夸大，但似乎有一些资本主义的新特征需要加以考虑。经济全球化的一个重要方面是今天对自由贸易和资本自由流动相结合的强调，这看似意味着回到类似第一次世界大战前的国际体制。今天，各国经济日益相互联系的社会、政治和经济后果及其背后的驱动力引发了激烈的争论，20世纪初的情况也是如此。下一节将回溯这场争论。

二、帝国主义

像今天一样，20世纪初，人们就资本主义的特征和功能所发生的重大变化展开了广泛的讨论。大企业集团和垄断企业的出现、金融资本比重的增加、资本出口作为国际贸易之外的一种提高利润率的手段之重要性，以及各国被帝国主义政策驱动的不可避免性，均得到了世界不同地区极为不同的群体的承认。本节提供当时所讨论问题的总体印象。

英国社会学家和经济学家约翰·霍布森是最早将帝国主义与早已存在的殖民主义区别开来的人之一，他于1902年发表了对帝国主义的广泛研究。对霍布森（Hobson 1902：94-109）而言，帝国主义"意味着私人利益（主要是资本家）利用政府机制，确保其在本国以外的经济利益"。帝国主义的经济根源是"强大而有组织的工业和金融利益集团希望利用公共开支和公共力量来保障和发展私人市场的剩余货物和剩余资本。战争、军国主义和'积极的外交政策'是实现这一目标的必要手段"。

列宁在他的经典著述《帝国主义是资本主义的最高阶段》（后文简称《帝国主义论》——编者注）中广泛运用了霍布森的不朽著作。列宁对帝国主义做了以下（现在非常著名的）定义：

如果不忘记所有定义都只具有有条件的、相对的意义,永远也不能包括充分发展的现象一切方面的联系,就应当给帝国主义下这样一个定义,其中要包括帝国主义的如下五个基本特征:

(1) 生产和资本的集中发展到这样高的程度,以致造成了在经济生活中起决定作用的垄断组织;(2) 银行资本与工业资本已经融合起来,在这个"金融资本"的基础上形成了金融寡头;(3) 和商品输出不同的资本输出具有特别重要的意义;(4) 瓜分世界的资本家国际垄断同盟已经形成;(5) 最大资本主义大国已把世界上的领土瓜分完毕。帝国主义是发展到垄断组织和金融资本的统治已经确立、资本输出具有突出意义、国际托拉斯开始瓜分世界、一些最大的资本主义国家已把世界全部领土瓜分完毕这一阶段的资本主义。(Lenin 1917: 83)①

对列宁来说,大资本家垄断同盟的统治是帝国主义的基本特征[8]。列宁指出,帝国主义就其经济实质而言,是"垄断资本主义",垄断具有四种主要表现形式:

第一,垄断是从发展到很高阶段的生产集中生长起来的……第二,垄断导致加紧抢占最重要的原料产地……第三,垄断是从银行中生长起来的……在任何一个最先进的资本主义国家中,为数不过三五家的最大银行实行工业资本和银行资本的"人事结合"……金融寡头给现代资产阶级社会中所有一切经济机构和政治机构罩上了一层依附关系的密网,——这就是这种垄断的最突出的表现。第四,垄断是从殖民政策中生长起来的。在殖民政策的无数"旧的"动机以外,金融资本又增加了争夺原料产地、争夺资本输出、争夺"势力范围"(即进行有利的交易、取得、租让、取得垄断利润等等的范围),直到争夺一般经济领土的动机。②

列宁对金融资本重要性和影响力的强调表明,他严重依赖希法亭于1910年首次发表的著名研究。在希法亭看来,产业对银行资本依赖程度的提高,意味着金融资本家日益集中于"通过对银行资本的控制

---

① 列宁. 列宁专题文集(论资本主义). 北京: 人民出版社, 2009: 175-176. ——译者注. 本书脚注均为译者注,以下不一一注明。尾注为原作者注。

② 同①208-209.

来支配整个国家资本"。资本输出第一次使"克服保护性关税对利润率的不利影响"成为可能,而新兴市场不再是简单的商品输出,而是资本投资的领域,这一事实使资本输出国的政治行为发生了变化,对资本投资地区的直接控制变得更为重要。因此,所有在外国有利益的资本家都呼吁建立一个强大的国家来保护他们在世界各地的利益,并在世界各地悬挂国旗,以便在任何地方都可以插上贸易的旗帜。不管怎样,当自己的国家完全控制新领土时,输出资本感到最舒适,因为其他国家的资本输出被排斥在外,它享有特权地位,其利润多少受到国家的保护。因此,资本输出也鼓励帝国主义政策(Hilferding 1910:322)。

希法亭和列宁均认为,在金融资本的带领下,资本通过扩张政策将新的国外市场开拓为殖民地的方式,已经成为世界的征服者。他们的主要反对者之一是卡尔·考茨基。同列宁一样,考茨基最初认为战争、军国主义、帝国主义和资本主义密切相关,但到了1912年,他的立场彻底改变了(Geary 1987:53)。由于考茨基认为帝国主义扩张与前工业精英和高级金融阶层的利益有关,他开始捍卫金融资本在资本主义的帝国主义阶段仅起次要作用的观点。对考茨基来说,它最重要的部分是工业资本,并且他认为除了农业区域的殖民化和战争之外,还有其他选择可以保障工业从农业腹地获得原材料和食品(Salvadori 1976:187)。后来考茨基得出结论,资本的利益最好通过自由贸易和加强交流,从而和平实现。考虑到这一共同利益可能得到各资本主义国家的认可,他在1914年设想了一个和平的"超帝国主义"的可能性,其中,资本将协同组织其在世界范围内的统治[9]。

> 从纯粹经济的观点来看……不排除资本主义可能再经历一个新的阶段,即把卡特尔政策应用到对外政策的超帝国主义阶段。当然,我们必须像反对帝国主义那样大力反对这个阶段。其危险将在不同的方向发生,而不是军备竞赛和对世界和平的威胁。(Kautsky 1915:90)

考茨基(Kautsky 1915:90-91)坚持认为,帝国主义是一种"政治制度",既不是"经济阶段",也不是"较高阶段的发达资本主义",而是"一种特殊的资本主义政策,就像它取而代之的曼彻斯特主义一样"[10]。

这一立场受到列宁(Lenin 1917:85-86)的严厉批评,他认为

"考茨基将帝国主义的政治与经济分离开来",并且不理解帝国主义"不仅试图吞并农业区域,而且包括极度工业化的地区",因为与他所称的相反,"帝国主义的特征不是工业资本,而是金融资本"。有趣的是,不仅仅马克思主义者做出了这种分析。例如,列宁引用了在19至20世纪之交率队在南部非洲殖民探险的英国金融巨头塞西尔·罗兹的话。当然,罗兹并不是唯一的帝国主义的亲资本主义拥护者,俾斯麦和法国政治家费里等帝国主义扩张的保守派和自由派倡导者也强调了它的经济必要性(Geary 1987:47)。

这类见解也不仅限于欧洲。帕里尼和斯克拉(Parrini, Sklar 1993)认为,"霍布森-列宁帝国主义理论"具有"亲资本主义的美国渊源",他们的思想在1896年至1901年期间已经被"一些被忽视的世纪之交的美国经济学家发表和落实,这些人曾影响或参与了美国外交政策的制定"。耶鲁大学的阿瑟·特宁·哈德利、康奈尔大学的杰利米·W.詹克斯和记者查尔斯·A.科南特"在美国思想家中,率先为打破竞争市场的经典模式奠定了理论基础",并在早期阶段就认识到垄断和国际投资的作用。他们提出,"适合各国企业投资的环境就是它在国际投资体系中的全球化",而这种国际体系的经济、政治、社会和文化需求"构成现代资本主义的帝国主义之核心,其根源在于高度发达的工业社会的剩余资本"。依照帕里尼和斯克拉的观点,科南特看到,"在外交事务中为了国际投资体系和帝国主义的利益",国家干预是必要的,他"直白地宣称"帝国主义与世界非工业社会的联系"是必要的、不可避免的、符合国家利益的,是发展和'文明'的,是开明进步的"。

这些观念对美国政府的政策产生了重大影响。科南特和詹克斯是罗斯福总统于1903年成立的由三人组成的国际交易委员会(CIE)的成员,该委员会旨在制定计划,将中国和其他银本位的非工业国家纳入金本位国际投资体系,在制定所谓的"门户开放政策"(该政策由麦金利-罗斯福及其继任者实施)方面发挥了重要作用。针对寻求资本投资却未能找到划算的盈利率的情形,国际交易委员会认为,从某些方面来说,为这一资本寻找出路"比增加制造业国家的年出口量更为重要"。因此,人们认为有必要建立一个被认为关涉"所有人的共同利益"的国际货币和投资体系,但前提是"美国经济的稳定、增长和繁荣取决于它有能力自由地参与国际经济,并在国际经济中发挥控制作用"。

总之，20世纪初，以大企业集团和垄断企业的出现、金融资本比重的增加以及民族国家的帝国政策为重要特征的资本主义的演变问题得到了广泛的讨论。金融资本被普遍认为是帝国主义国家政策背后的主要推动力，但该部分在整个资本中的分量却存在重大分歧。与此问题相关，人们就没有军国主义和战争的资本主义发展的可能性展开了辩论，涉及诸如超帝国主义（考茨基）或指向经济和教育机会的实质平等（霍布森）等概念。最后一节将这些分析与当代关于全球化性质和动力的争论进行了比较。

三、当今资本主义

对帝国主义的支持者和反对者来说，自由贸易和资本自由流动是20世纪初世界资本主义稳定和扩展的基本策略。自那时以来，全球经济的结构和组织发生了许多变化，但经过长期的曲折，这些政策如今再次占据主导地位，并得到重要的国际组织、大学和智库人士以及经合组织成员的大力倡导。与此相异的政策几乎没有存在的空间。而且，正如最近在亚洲再次证明的那样，不情愿或犹豫不决的政府被迫遵循由全球化的金融市场、国际货币基金组织和具有类似思想的组织以及国家商业精英们所主导的流行范式（Bello 1998；Bullard 1998；Wade 1998；Wade, Veneroso 1998）。对这些政策的辩护也让人想起了早先时代。今天，自由贸易和资本自由流动理应导致资本、货物和服务的最优配置，并因此为每个人带来更好的生活。同样，密尔、托伦斯和韦克菲尔德等古典经济学家曾主张"根据自由贸易和资源自由流动的经典原则"实行殖民化，以此作为"确保国内和殖民地所有人民的生活水平持续提高"的手段（Hodgart 1977：3-4）。正如我们在前一节中所看到的，20世纪初帝国主义政策（作为保证资本主义稳定和发展的基本手段）的拥护者也提出了他们的政策是有益于所有人的，是文明的，甚至是进步的。

但大量的经验性研究表明，这种政策对世界上大多数人根本没有益处（Galbraith, Darity, Lu 1998；Pritchett 1996；UNDP 1997）。正如联合国贸易和发展会议秘书长鲁本斯·里库佩罗在《1997年贸易和发展报告》（UNCTAD 1997：2-10）综述中所证明的那样：

> 20世纪80年代初以来，世界经济的大事件就是市场力量的释放……如今，"看不见的手"在全球范围内运作。数十年来，来自政府的反补贴压力越来越少……自1980年代初以来，世界经济的特点是不平等加剧和增长缓慢。北方国家和南方国家之间的收入差距继续扩大……国家之间的两极分化伴随着国家内部收入不平等的加剧……在几乎所有迅速实行贸易自由化的发展中国家，工资不平等现象均有所加剧。

他指出，这些事实直接与那些对全球竞争会带来更快增长、收入和生活水平趋同的前景持乐观态度的评论家们的观点冲突：

> 这些趋势源自快速自由化释放出的一组共同力量，这种力量有利于某些收入群体而非其他群体，从而造成更大的不平等……与劳动力相比，资本得利、利润份额在各地都增加了……北方主要工业国家的利润显著上升……随着国际资本流动的大规模扩张和利率的提高，世界范围内出现了一个新的食利阶层。(UNCTAD 1997：6)

那么，该如何解释持自由贸易与资本自由流动不相容这一主流观点的这种变化呢？不仅经验论据，而且（至少可以说）从自由贸易和资本自由流动中获益的理论论据都极其薄弱，也没有理由认为凯恩斯和其他人在理论和实践上的反对理由不再有效[11]。与之相对，相反的论据是压倒性的。卡尔沃和门多萨（Calvo, Mendoza 1997：27-28）得出的结论是，"全球化的经济天生比资本不流动性受限的世界经济更不稳定"，而这种"全球市场波动可能导致巨大的社会成本"。维普罗茨（Wyplosz 1998：2）认为，"金融市场自由化是货币危机的最佳预测因素，1980年代的拉丁美洲、1990年代初的欧洲和1997年的亚洲都是如此。"关于社会影响，研究表明，"已经实施自由化和全球化的发展中国家在不平等方面的波动比没有实行自由化的国家更大。在大多数情况下，明显的自由化总是与工资不平等现象的加剧相伴而生"（Galbraith, Darity, Lu 1998：6）。菲利克斯（Felix 1998：209）解释，这其中一个原因是，"国际资本流动的自由化使得宏观经济政策主要是对来自金融而非就业市场的信号做出反应……为了捍卫金融市场自由化和全球化已经改善了经济福利的立场，经济学家们现在不再关注不利的实际经济趋势"。虽然奥布斯菲尔德（Obstfeld 1998：1）指出，"区域金融危机似乎变得更加频繁，全球金融发展对国内的影响也越来越大，许多公民、民选官员甚至经济学家都对此感到震惊"。

这些经济学家中有一位是自由贸易的捍卫者巴格瓦蒂（Bhagwati 1998），他称那种认为资本充分流动是无法避免和可取的观念是一个神话："关于资本自由流动带来巨大利益的说法没有说服力"，"资本自由流动的支持者中没有人预估过他们期望实现收益的规模，甚至忽略了可能会随之发生的危机所造成的损失"。关贸总协定总干事的前经济政策顾问也提醒我们，不同的国家，例如中国、日本和西欧，在没有资本项目可兑换的情况下，均有取得最大增长率的记录。同样，主流经济学家罗德里克（Rodrik 1998）根据1975年至1989年间近100个国家的数据发现，资本自由流动对各国经济财富没有重大影响。他总结道："我对推崇资本项目可兑换的最大担忧是，它会让典型的'新兴市场'国家的经济政策受制于伦敦、法兰克福和纽约的少数国家分析人士的奇思怪想。"

今天，大力促进自由贸易和资本自由流动的结合，不能归功于其已被证实的经济优势。根据大型跨国银行编写的书面评论和分析，以及对这些机构和其他私营部门金融机构一些主要决策者的访谈，鲁德（Rude 1998：4）以例证显示，自东亚金融危机以来，即便是金融市场的参与者也倾向于同意：

> 东亚金融内爆的严重性促使许多市场参与者对当今全球化金融体系的稳定性提出质疑。因此，市场参与者不仅对持续强劲增长的前景丧失了信心，而且对金融市场自由化和全球化的好处也丧失了信心，事实上，对自由、不受管制的国际资本市场的生存能力也失去了信心。

就像以前货币制度的变化一样，这种转变不得不被理解为政治变迁的产物。艾格林（Eichengreen 1996：42-43）解释说，在第一次世界大战之前，金本位制之所以可以维持，是因为：

> 货币管理当局所享有的独立性使他们能够致力于维护黄金的可兑换性……选举权的扩大和代表工人阶级的政党的出现，使挑战货币管理当局专心把可兑换性摆在首位的做法成为可能。失业意识和内外平衡协调意识的提高，使货币政策政治化。[12]

他的论点是基于卡尔·波兰尼提出的一项建议。波兰尼认为：

> 市场机构在整个19世纪的扩张引发了协会和游说团体的政治反应，最终破坏了市场体系的稳定性。他让金本位在自由放任制度中占据了突出位置，而上述政治反应正是对自由放任制度的回应。同样，所描述的变化，如整个欧洲货币联盟的建立，也可以被解释为减少民主对经济的影响所做的成功尝试。

此次的主要因素可以概括为自1970年代末起，资本与劳动力之间的权力关系发生了全球性变化。自战后长期扩张结束以来，经合组织成员失业率增加，充分就业作为政策目标消失了；民族主义和社会主义运动以及第三世界各国的长期目标出现了挫折和失败[13]；加上东欧巨变、苏联解体，均对资本有利。这导致的后果是：资本在世界各地收入中所占的份额大幅度增加，早些时候所描述的世界经济结构和运作的变化，以及政治、社会和经济议程越来越多地被资本利益支配。例如，巴格瓦蒂（Bhagwati 1998）认为，目前关于资本自由流动带来巨大好处的神话是"华尔街-财政部综合体，追随曾对军工综合体发出警告的艾森豪威尔总统的脚步"所创造的。

因此，正如上个世纪初一样，第一世界各国的资本利益可以被确定为目前在全球争取自由贸易和资本不受限制流动的动力。这一次带来了更严重的后果："花旗集团前首席执行官沃尔特·怀斯顿抱怨说，全球化的金融市场现在对宏观经济政策的控制比金本位制更为严格"（Felix 1998：209）。这与第二次世界大战后前30年的政策不同，反映了资本与劳动之间的权力关系发生了根本性变化[14]。同上世纪初一样，今天自由贸易和资本自由流动是帝国主义的两大重要经济武器，但没有证据证明当代全球化只是对前一时期资本主义的重复。虽然列宁的帝国主义定义的大部分要素在今天仍然存在，但我认为必须考虑三个重要的变化[15]。

首先，尽管列宁和希法亭已经指出资本从一些帝国主义国家流向其他帝国主义国家[16]，但这种资本互渗在当时只是一种小趋势，而主要趋势是国家层面的资本积聚，"把成千上万分散的经济变成一个统一的全国性的资本主义经济，并进而变成世界性的资本主义经济"①

---

① 列宁. 列宁专题文集（论资本主义）. 北京：人民出版社，2009：123-124.

(Lenin 1917：32)。普遍的共识是，由于金融资本家"越来越多地通过支配银行资本集中控制整个国家资本"，代表各自资本的国家之间的斗争"通过卷入吞并外国领土的殖民政策而将世界市场的一部分纳入国内市场"（Hilferding 1910：225，325）正在加强。但从那时起，世界经济结构发生了很大的变化，经合组织之间的投资变得更为重要。马格多夫（Magdoff 1969：62）指出，"今天大公司资本的国际化比50年前列宁写关于帝国主义的著作时要高得多"。曼德尔（Mandel 1972：64）在战后经济繁荣结束之前就已经注意到，新兴产业在大都会国家的兴起和对第三世界解放运动的恐惧导致了"长期资本输出模式的突变。与1880年至1940年相比，资本现在不再主要从中心资本主义国家转移到欠发达国家。相反，它主要从一些中心资本主义国家转移到其他帝国主义国家"。自那时以来的几十年里，这一趋势才有所增加，除其他因素外，这从1980年代初以来的区域贸易集团和关税同盟的激增中可以看出来，其中最引人注目的是欧盟。这一变化是全球化批评者认为区域化（或三方集团化）是描述世界经济主流趋势的一个更好术语的重要原因，因为它能够表述贸易和资本流动的最大份额在哪里（Kleinknecht，Ter Wengel 1998；Ruigrok，van Tulder 1995；Went 2000b）。

我们现在看到的不是上个世纪初为瓜分世界市场而竞争的国际卡特尔，而是跨国公司在发达国家和发展中国家进行竞争与合作的各种国际投资、联盟和策略。与此同时，协调和管理经济政策的国际组织和论坛的数目急剧增加。大国在这些组织中进行合作，目标之一便是开放发展中国家的贸易和资本。这一切并不意味着帝国主义国家之间不再有竞争，而是这种竞争在经济层面而非军事层面展开[17]。这一点也可从世界主要帝国主义国家——美国不再认真准备可能同日本或欧洲进行的战争中看出来（Achcar 1998）。

与前者相关的第二个区别涉及金融资本的作用和结构。希法亭和列宁在他们那个时代所见到的以国家银行为主导的金融体系已经让位于一个更加一体化的全球金融体系。其中，全球盈利能力的规范已经确立[18]。由于资本管制的消失，全球化的金融市场逐渐增强了对投资者和政府的约束。国家间的差异正日趋弱化。正如普伦德（Plender 1997：97）所说：

在一个业已废除外汇管制的世界中,德国和日本的储户和投资者的交叉补贴在未来不太可能持续下去。如果一个国家试图人为地降低存款人和投资者应得的金融回报,那么它就将冒一些过于简单化的风险,因为随着国内和国际资本涌入其他地方追逐更高的回报,长期来看,该国的汇率将会崩溃。各国政府和央行将采取行动防止汇率崩溃带来的通胀后果。在正常情况下,它们将提高利率,从而使各产业的货币成本回归国际标准。

这超出了本文的范围,但这一差异是人们为什么能够说,自20世纪80年代初以来,资本主义已经进入一个不同的阶段的主要原因[19]。

第三个是政治特征的不同。占主导地位的国家不再动用武力殖民世界各地,而是倡导民主与市场经济相结合。事实上,按照罗宾逊(Robinson 1996a)的说法,正在建立的是多元政体,而不是民主:"鼓吹多元政体和促进新自由主义重组已成为美国外交政策中的独特程序。"[20]罗宾逊解释说,"随着全球化进程的展开,威权主义越来越被证明是一种站不住脚的统治模式,也是一种不可预测的用来维持国内和国家之间不对称的方式"。他强有力地指出,这只是手段的转变,而非政策目的转变,其目的仍然是"在一个高度分层的世界体系中捍卫北方精英和南方精英的特权"。

正如我在其他地方更广泛地讨论过的那样(Went 2001-2),所有这一切并不意味着民族国家将会消失。虽然资本日益国际化,但目前基本的国家职能既不由民族国家履行,也不由国际机构和国家合作履行。职责和任务在国家和国际两级之间转换和重组的长期试错是最有可能的远景,但利益不同且没有预设的结果会导致各种冲突。在可预见的未来,民族国家肯定不会消失:"在历史的这一时刻,民族国家的衰落是一种谬论"(Castells 1997:307)。但现状也不会永远持续下去:"我们不是在见证'民族国家的死亡',而是它的转变"(Robinson 1996b:19)。突变的压力很大,未来或已在进行的区域和全球重组,如欧盟经济一体化的加强,将对各国的组织产生重大影响。

当代全球化在现阶段绝不能被解释为证明考茨基是正确的。对布尔巴赫和罗宾逊(Burbach,Robinson 1999:27)来说,全球化的"开放和未完成"进程到现在已经演变成这样一种格局,"历史上第一次……我们可以说资本的跨国化,一个市场真正全球化和一体化的世界。随着世界各地的股东或金融机构可以将其所持股份进出许多公司和国家，龙头企业的资本所有权也国际化了"。当他们认为正在生成"跨国阶级形式"和"跨国资产阶级"（TCC）时，他们走得更远。罗宾逊和哈里斯（Robinson，Harris 2000：21）总结了这一论点的逻辑，认为国际货币基金组织、世界银行、世贸组织、七国集团和经合组织等经济论坛构成了"跨国机构（TNS）的雏形"。由于它们也展现出金融资本的主导地位，他们的观点极易让人联想起考茨基的超帝国主义。他们各自提出了对跨国资产阶级和跨国机构的看法，认为这不过是一种趋势，并指出大量的矛盾和利益冲突可能会阻碍这一正在创建中的全球国家（global-state-in-the-making）的未来演变。但他们的确显得对全球经济发展态势相当确定，将其他可能的国际架构明确（超级帝国主义，在当前条件下意味着美国的主导地位）或隐晦（美国、欧盟和日本之间持续的竞争）地予以排除。笔者认为，做出这种选择为时尚早，另外两种模式不仅没有被排除在外，而且还很有争议。

归纳与总结

今天，经济全球化的一个关键方面是强调自由贸易和资本自由流动政策的结合，这表面上意味着回到第一次世界大战前类似的国际体制。然而，尽管有许多相似之处，经济全球化并不仅仅是对前一时期资本主义的重复。第一次世界大战前帝国主义时期的政策是由银行主导的金融资本控制下的国家集中资本的利益驱动，并导致了众所周知的将外国领土作为本国商品和资本输出市场的国家帝国政策。第一世界各国的资本利益也是当前经济全球化的驱动力。

但是，当今世界经济的特点是各国资本之间的跨境联系越来越多，资本国际化程度更高，金融体系一体化，国际组织和论坛在协调和规范经济政策方面的作用更大。然而，民族国家因此在可预见的未来将消失的想法是错误的：国家不是在消亡，而是在变化。存在着持久的利益冲突，但这些冲突主要表现在经济上，而根本不是表现在主要资本主义大国之间的军事对抗上。这将给我们带来无法预先确定的未来：三种模式（跨国性国家、美国主导和集团间持续竞争）目前存在相等的可能性（不可能性）。

注释

[1] 感谢玛丽·摩根、格特·鲁登、三位匿名评阅人，以及 1998 年 11 月 5 日至 8 日在里斯本举行的欧洲演化政治经济学协会（EA-EPE）会议上提出宝贵意见和建议的讨论者。

[2] 对这种说法持怀疑态度是有合理性的（Ruigrok，Van Tulder 1996；Doremus Keller，Pauley，et al. 1998）。

[3] 联合国贸易和发展会议在其《1998 年世界投资报告》中估计，世界上至少有 53 000 家跨国公司，至少（很有可能更多）有 448 000 家外国子公司。1996 年，前 100 名跨国公司中有 85 家总部设在美、日、欧，1990 年则有 86 家，仅美国、英国、法国和德国就占了四分之三。自 1990 年以来，无论从公司数量、国外资产、国外销售还是国外就业来看，它们的主导地位基本保持不变。

[4] 朗沃思引述凯恩斯的著名论断——"因此，我赞同那些尽量淡化而非强化国家间经济纠葛的人。思想、知识、艺术、热情好客、旅游，这些本质上都应该是国际性的。但无论何时，只要是合理的并具有便利的可能，就让商品成为本土之物。更重要的是，让金融首先成为国家的。"——并解释说，凯恩斯将冷眼看待战后经济的结果，即"全球金融市场和自由贸易神学"（Longworth 1998：47）。

[5] 在谈判过程中，美国代表怀特承诺"尊重英国人对充分就业的优先考虑"，尽管对国际资本流动的控制"违背了怀特早期关于建立一个没有贸易和金融流动管制的世界的愿景"（Eichengreen 1996：96-98）。显然，美国并不认同"凯恩斯主义者对金融市场行为的更模糊的看法，在这种观点中，波动很大程度上是内生的，因为金融资产的过度竞价和羊群式倾销是不确定情况下的理性个人造成的"（Felix 1998：196）。

[6] 金本位制有一定的历史背景和实施条件（Bordo，Schwartz 1997；Eichengreen 1996）。随着越来越多的国家采用同样的货币标准，贸易和对外借款得以简化，在 19 世纪最后几年，这一体系延伸到亚洲（俄罗斯、日本、印度、锡兰）和拉丁美洲（阿根廷、墨西哥、秘鲁、乌拉圭），而白银仅在中国和一些中美洲国家仍然是货币标准（另见 Eichengreen，Flandreau 1996）。然而，不应忘记的是，金本位制主要是在以经济大国英国和德国为首的中北欧发挥作用，而"外围国家的

问题并不会威胁到系统稳定,这使得欧洲央行不太倾向于援助比如拉丁美洲的某个国家"。

[7] 艾格林认为,资本管制"放松了国内外经济政策之间的联系,为政府实现其他目标,如维持充分就业,提供了空间……通过限制市场用来对抗汇率挂钩的资源,资本管制限制了各国政府不得不采取的自卫措施。在第二次世界大战后的几十年里,资本管制取代了作为抵御市场压力之源的民主的限制手段"(Eichengreen 1996:5)。

[8] 列宁把帝国主义交替地描述为资本主义的"最高"、"特殊"或"最新"阶段,正如麦克唐纳(McDonough 1995)所指出的那样,列宁的理论可以看作后来资本主义阶段理论(如积累的社会结构理论和资本主义发展的长波理论)的直接祖先。

[9] 这种主张工人运动与资产阶级进步力量进行合作的和平帝国主义理论在第二国际中得到了广泛的支持,这是考茨基和其他许多人在1914年8月战争爆发时没有准备好的原因之一(Geary 1987)。

[10] 这与霍布森的立场有着明显的相似之处,霍布森也认为帝国扩张并非必然为发展中的工业创造必要的出路,并从对消费不足的分析中论证了另一种选择(Hobson 1902:86-87)。

[11] 今天人们经常忘记李嘉图曾经讨论过的,资本的非流动性是其比较优势定理起作用的必要条件(Went 2000a)。1942年,凯恩斯(Keynes 1980:149)写信给哈罗德说:资本自由流动是旧自由放任制度的本质部分,它假定在世界各地实行利率均等化是正确而可取的,也就是说,如果英国促进充分就业的利率低于澳大利亚的相应利率,就没有理由不允许全英国的储蓄全部投资于澳大利亚(只受不同风险评估的影响)的情形发生,直至澳大利亚的平均利率降至英国的水平。在我看来,国内经济的整体管理水平的高低取决于是否有恰当的利率,而无须参考世界其他地方的利率。资本管制是其必然结果。关于资本自由流动,参见巴格瓦蒂和罗德里克的论文(Bhagwati 1998;Rodrik 1998);关于进口替代政策和"出口拜物教",参见布鲁顿的文章(Bruton 1998)。

[12] 其他人称之为"货币放任"。

[13] 1980年代拉丁美洲的债务危机被用来压制进口替代战略,并使债务国向国际资本开放。"用海曼·明斯基的术语来说,沃尔克的货币政策把墨西哥变成了庞氏金融机构。这引发了墨西哥的债务危机,

以及随后美国政府、布雷顿森林机构及其在跨国银行和公司中的私营部门盟友提出了墨西哥实施自由市场重组计划的要求。自由市场重组计划的两个主要原则是国家将其大部分资产出售给私营部门，并大幅度减少对资本流入和外国直接投资的管制"（Pollin 1998：225-226）。请注意这一内容与处于危机的亚洲国家同国际货币基金组织的协议内容的相似之处。

［14］自由贸易和资本自由流动的结合使第一世界国家与布雷顿森林体系断裂，而以自由贸易和出口主导型增长为定向，则导致了第三世界国家（与进口替代战略）的断裂。

［15］以下我的一些见解部分归功于詹姆斯·迪文在"进步主义经济学家网络清单"（Pen-L）上的一封电子邮件。

［16］例如，希法亭指出，"美国一边向南美洲输出大量的产业资本，一边从英国、荷兰、法国等国以证券和债券的形式输入借贷资本，作为其自身产业的运营资本"（Hilferding 1910：326）。

［17］东欧巨变、苏联解体推动了这一变化，但在第二次世界大战之后已经采取了这方面的措施，正如马格多夫（Magdoff 1969：40-41）所解释的那样，虽然帝国主义列强并不乐意轻易放弃殖民地，但殖民主义的主要目的在新的政权独立之前已经达到，即殖民地与世界资本主义市场交织在一起；其资源、经济和社会已经适应了大都会中心的需要。帝国主义目前的任务是尽可能地保持这些前殖民地的经济和金融利益。当然，这意味着这些国家的经济和金融依赖于大都会中心。在俄国革命之后的时期和我们这个时代，扩大和（或）保卫帝国主义边界的中心目标并不意味着消灭帝国主义列强之间的竞争。然而，第二次世界大战结束以来，这一中心目标一直占据主导地位，因为帝国主义制度受到了越来越大的威胁，而且在美国的主导下列强之间更加团结。

［18］"今天，在考虑到风险后，资本成本将趋于均衡。这意味着，德国和日本的公司现在必须满足全球利润标准。如果不这样做，其股票市场最终会下跌，从而增加股本成本。因此，他们已经被迫采取更灵活的劳动力市场政策，包括盎格鲁-撒克逊的裁员做法"（Plender 1997：57）。后果参见库特罗的著作（Coutrot 1998）。

［19］为此立场辩护的众多研究者之一是法国马克思主义经济学家弗朗索瓦·切斯奈斯："我暂时会以'金融主导的全球积累机制'或

'金融化的全球积累制度'这一有点复杂的名称来命名,以强调其非常明显的食利者特征……诞生于'辉煌 30 年'的长期积累所导致的困境中……这种模式建立在'工资关系'的转变和剥削率急剧上升的基础之上……但它的运作主要取决于比以往任何资本主义时期更为集中的金融资本运作。"(Chesnais 1997:62-63)另参见切斯奈斯的其他著作(Chesnais 1994;1996a)。

[20]"美国政策制定者所说的'推进民主'是指推进多元政体,这个概念是在二战后的美国学术界中发展起来的,它与美国的政策制定紧密地联系在一起……多元政体指的是一种制度,其中,一个小集团实际上把控着决策,而大众参与决策的范围仅由竞选精英精心管控的候选领导人选择……民主仅限于政治领域,在'领导人'选择的过程、方法和程序上兜圈子。这是民主的制度定义……一个附加说明应当强调:美国对多元政体的偏爱是冷战后外交政策的一般指导方针,而不是万能药方。政策制定者经常评估认为,在建立多元政体作为一项不现实、高风险或不必要的任务的情况下,最好还是保留威权制度安排。"

参考文献

Alan Hodgart. The Economics of European Imperialism. London: Edward Arnold, 1977.

Alfred Kleinknecht, Jan ter Wengel. The Myth of Economic Globalization. Cambridge Journal of Economics, 1998, 22 (5): 637-647.

Allan Freeman. GATT and the World Trade Organisation. Labour Focus on Eastern Europe, 1998, 59 (Spring): 74-93.

Barry Eichengreen, Marc Flandreau. The Geography of the Gold Standard//Jorge Braga de Macedo, Barry Eichengreen, Jaime Reis, et al. Currency Convertibility: The Gold Standard and Beyond. New York: Routledge, 1996.

Barry Eichengreen. Globalizing Capital: A History of the International Monetary System. Princeton, New Jersey: Princeton University Press, 1996.

Bernard Semmel. The Rise of Free Trade Imperialism: Classical Political Economy, the Empire of Free Trade and Imperialism 1750-

1850. Cambridge, England: Cambridge University Press, 1970.

Carl Parrini, Martin Sklar. New Thinking About the Market, 1896-1904: Some American Economists on Investment and the Theory of Surplus Capital. Journal of Economic History, 1993, XLIII (3) (September): 559-578.

Charles Oman. Technological Change, Globalisation of Production and the Role of Multinationals. Innovations, Cahiers d'économie de l'innovation, 1997: 5.

Charles Wyplosz. Globalized Financial Markets and Financial Crises. Paper presented at a conference organized by the Forum on Debt and Development in Amsterdam, March 16-17, 1998.

Christopher Rude. The 1997-98 East Asian Financial Crisis: A New York Marketinformed View. Paper for Expert Group meeting of the United Nations Department of Economic and Social Affairs, in conjunction with the Regional Commission of the United Nations, 1998 (July).

Dani Rodrik. Who Needs Capital-Account Convertibility?. Princeton Essays in International Finance, 1998, 207 (May): 55-65.

David Felix. Financial Globalization versus Free Trade: The Case for the Tobin Tax. UNCTAD Discussion Papers, 1995, 108 (November).

David Harvey. Globalization in Question. Rethinking Marxism, 1995, 8 (4) (Winter): 1-17.

David Ricardo. On the Pnnciples of Political Economy and Taxation//Piero Sraffa. The Works and Correspondence of David Ricardo, Vol. 1. Cambridge, England: Cambridge University Press, 1970 [1817].

Dick Geary. Karl Kautsky. Manchester, England: Manchester University Press, 1987.

Ellen Meiksins Wood. "Globalization" or "Globaloney". Monthly Review, 1997, 48 (9) (February): 21-32.

Ernest Mandel. Late Capitalism. London: Verso, 1975 [1972].

François Chesnais. La Mondialisation du capital. Paris: Syros,

1994.

François Chesnais. La mondialisation financière: Genèse, coût er enjeux. Paris: Syros, 1996a.

——Game, Set and Match for Mr. Ricardo? The Surprising Comeback of Protectionism in the Era of Globalized Free Trade. Journal of Economic Issues, 2000a, XXXIV (3): 655-677.

Gilbert Achcar. The Strategic Triad: The United States, Russia and China. New Left Review, 1998, 228 (March/April): 91-127.

——Globalisation: Nine Theses on Our Epoch. Race & Class, 1996b, 38 (2): 13-31.

——Globalization: Neoliberal Challenge, Radical Responses. London: Pluto Press, 2000b.

——Globalization: Towards a Transnational State? A Skeptical Note. Science & Society, 2001-2, 65 (4) (Winter): 484-491.

Guillermo Calvo, Enrique Mendoza. Rational Herd Behavior and the Globalization of Securities Markets. Institute for Empirical Macroeconomics, Federal Reserve Bank of Minneapolis, Discussion Paper, 1997: 120.

Harry Magdoff. The Age of Imperialism. New York and London: Monthly Review Press, 1969.

Henry Bruton. A Reconsideration of Import Substitution. Journal of Economic Literature, 1998, XXXVI (2) (June): 903-936.

——How Far Will International Economic Integration Go?. Journal of Economic Perspectives, 2000, 14 (1): 177-186.

——International Capital Markets: Developments, Prospects, and Key Policy Issues. Washington: IMF, 1997b.

International Monetary Fund. World Economic Outlook. Washington: IMF, 1997a.

Jagdish Bhagwati. The Capital Myth. Foreign Affairs, 1998, 77 (3) (May/June): 7-12.

James Boughton. From Suez to Tequila: The IMF as Crisis Manager. IMF Working Paper: WP/97/90, 1997 (July).

Jeffrey Frankel. Globalization of the Economy. NBER Working

Paper: 7858, 2000 (August).

John Eatwell, Lance Taylor. Global Finance at Risk, the Case for International Regulation. New York: The New Press, 2000.

John Hobson. Imperialism. Ann Arbor, Michigan: Ann Arbor Paperbacks, 1965 [1902].

John Kenneth Galbraith, William Darity, Lu Jiaqing. Measuring the Evolution of Inequality in the Global Economy. Working Paper, Center for Economic Policy Analysis, 1998, Ⅲ: 4.

John M. Keynes, Activities 1940-1944. Shaping the Post-War World: The Charing Union//Collected Writings, Donald Moggridge ed. Vol. XXV. London and Basingstoke: Macmillan Press, 1980.

John Plender. A Stake in the Future: The Stakeholding Solution. London: Nicholas Brealey Publishing, 1997.

John Willoughby. Evaluating the Leninist Theory of Imperialism. Science & Society, 1995, 59 (3): 320-338.

Jonathan Grieve Smith. Devising a Strategy for Pay//Jonathan Michie, Jonathan Grieve Smith. Employment and Economic Performance: Jobs, Inflation and Growth. Oxford, England: Oxford University Press, 1997.

Jonathan Perraton, David Goldblatt, David Held, et al. The Globalisation of Economic Activity. New Political Economy, 1997, 2 (2), 257-277.

Karl Kautsky. The Necessity of Imperialism//Selected Political Writtings. Patrick Goode, ed. and trans. London and Basingstoke: Macmillan Press, 1983 [1915].

Kenneth Ohmae. The End of the Nation State. New York: Free Press, 1995.

Lant Pritchett. Forget Convergence: Divergence Past, Present and Future. Finance and Development, 1996 (June): 40-43.

Leonard Leiderman, Aharon Razin. Capital Mobility: The Impact on Consumption, Investment and Growth. Cambridge, England: Cambridge University Press, 1994.

——L'Émergence d'un régime d'accumulation mondial à dominante financière. La Pensée, 1997, 309: 61-86.

Manuel Castells. The Information Age: Economy. Society and Culture, Volume II: The Power of Identity. Boston, Massachusetts and Oxford, England: Blackwell, 1997.

Massimo Salvadori. Karl Kautsky and the Socialist Revolution 1880-1938. London: New Left Books, 1976.

Maurice Obstfeld. The Global Capital Market: Benefactor or Menace?. NBER Working Paper: 6559, 1998.

Michael Bordo, Anna Schwartz. Monetary Policy Regimes and Economic Performance: The Historical Record. NBER Working Paper: 6201, 1997.

Michael Kitson, Jonathan Michie. The Political Economy of Competitiveness. London: Routledge, 2000.

——Mondialisation du capital et régime d'accumulation à dominante financière. Agone: Philosophie, Critique & Littérature, 1996b: 16.

Nicholas Bullard. Taming the Tigers: The IMF and the Asian Crisis. London: CAFOD, 1998.

——On Drawing General Policy Lessons from Recent Latin American Currency Crises. Journal of Keynesian Economics, 1998, 20 (2): 191-221.

Paul Doremus, William Keller, Louis Pauly: et al. The Myth of the Global Corporation. Princeton, New Jersey: Princeton University Press, 1998.

Paul Hirst, Graham Thompson. Globalization in Question. Cambridge, England: Polity Press, 1996.

Richard Longworth. Global Squeeze: The Coming Cnsis for First-World Nations. Lincolnwood, Illinois: Contemporary Books, 1998.

Robert Boyer, Daniel Drache. States against Markets. London: Routledge, 1996.

Robert Pollin. Theory and Policy in Response to "Leaden Age" Financial Instability: Comment on Felix. Journal of Post Keynesian Economics, 1998, 20 (2): 223-233.

Robert Reich. The Work of Nations. New York: Vintage Books, 1992.

Robert Rowthorn, Richard Kozul-Wright. Globalization and Economic Convergence: An Assessment. UNCTAD Discussion Papers, 1998, 131 (February).

Robert Wade, Frank Veneroso. The Asian Crisis: The High Debt Model Versus the Wall Street-Treasury-IMF Complex. New Left Review, 1998, 228 (March-April): 3-23.

Robert Wade. From Miracle to Meltdown: Vulnerabilities, Moral Hazard, Panic and Debt Deflation in the Asian Crisis. Draft paper, Russell Sage Foundation, 1998. http://epn.org/sage/asiac3a.html.

Robert Went. Globalization: Myths, Reality and Ideology. International Journal of Political Economy, 1996, 26 (3): 39-59.

Roger Burbach, William Robinson. The Fin de Siècle Debate: Globalization as Epochal Shift. Science & Society, 1999, 63 (1): 10-39.

Rosa Luxemburg, Nikolai Bukharin. Imperialism and the Accumulation of Capital. London: Allen Lane/Penguin Press, 1972.

Rudolf Hilferding. Finance Capital: A Study of the Latest Phase of Capitalist Development. London, Boston, Melbourne and Henley: Routledge & Kegan Paul, 1981 [1910].

Terry McDonough. Lenin, Imperialism and the Stages of Capitalist Development. Science & Society, 1995, 59 (3) (Fall): 339-367.

——The Liberal Ideal and the Demons of Empire: Theories of Imperialism from Adam Smith to Lenin. Baltimore, Maryland and London: Johns Hopkins University Press, 1993.

Thomas Coutrot. l'Entreprise néo-libérale, nouvelle utopie capitaliste?. Paris: Éditions la Découverte, 1998.

United Nations Conference on Trade and Development (UNCTAD). Trade and Development Report 1997. New York and Geneva, Switzerland: UNCTAD, 1997.

United Nations Development Programme (UNDP). Human Development Report 1997. New York and Oxford, England: Oxford

University Press, 1997.

Vladimir Ilyich Lenin. Imperialism, the Highest Stage of Capitalism: A Popular Outline. Moscow: Progress Publishers, 1975 [1917].

Walden Bello. The End of the Asian Miracle. The Nation, 1998, 266 (2): 16-21.

William Robinson, Jerry Harris. Towards a Global Ruling Class? Globalization and the Transnational Capitalist Class. Science & Society, 2000, 64 (1): 11-54.

William Robinson. Promoting Polyarchy: Globalization, US Intervention and Hegemony. Cambridge, England: Cambridge University Press, 1996a.

Winfried Ruigrok, Rob van Tulder. The Logic of International Restructuring. London: Routledge, 1995.

——World Investment Report 1998: Trends and Determinants. New York, Geneva and Switzerland: UNCTAD, 1998.

第6章 "新"帝国主义?
——全球化与民族国家*

[印度] 普罗森吉特·博斯 著　李见顺 译

一

当美国领导的联盟军队入侵阿富汗和伊拉克并激起全世界人民的愤怒之际，出版一部关于帝国主义的理论著作是一个再好不过的时机。现在许多研究反全球化运动与反战运动的著作已经出版，这使得战争期间在伦敦、柏林、纽约及其他地方的街道上进行大规模动员成为可能。尽管反战运动的热情在伊拉克最终被占领后大大减弱，但人们对无法忍受的、由美国以卑劣行径操控的现存世界秩序的质疑无疑增加了。因此，向日益增加的质疑者全面揭露帝国主义整体的非民主政治、掠夺性经济及反人民意识形态面貌，是至关重要的。艾伦·梅克森斯·伍德的《资本的帝国》不仅是朝着那个方向做出的努力，而且肯定会引起对关键问题的争论，而这些关键问题将在理论上丰富全球反帝国主义运动。

尽管涵盖了各个历史时期，与埃里克·霍布斯鲍姆的系列名著相比，伍德的这本书显得并不冗长。在重点关注当代帝国主义的同时，她选择对古罗马到现代英国、美国这一长时段的前资本主义帝国与资

---

* 文献来源：Prasenjit Bose. "New" Imperialism? On Globalisation and Nation-States. Historical Materialism，2007，15（3）：95—120。

本主义帝国进行比较历史分析。这本书并没有自命为帝国主义史，之所以在导言中阐述其涉足帝国历史，是为了"将资本帝国主义与其他形式的帝国主义加以对照，从而揭示资本帝国主义的特殊性"（Wood 2003：6）。她进而指出，该书也不是资本帝国主义的通史，其目的在于"对资本帝国主义的本质加以定性，以便更好地理解它在今天是如何运作的"（Wood 2003：6）。这种研究方法让人想起哈里·马格多夫的警告，即如果人们只关注列宁强调的新特征，就不能真正理解西方殖民统治的世界与新殖民主义的产生。伍德背离了以列宁或罗莎·卢森堡的理论为切入点的马克思主义者对帝国主义的批判；为了确定资本帝国主义和"资本权力"的特征或本质，她的历史分析不仅超越了资本主义的"垄断阶段"，而且超越了资本主义本身。

在概括主要理论内容的导论和第二章中，伍德对自己的核心观点做了如下阐述。与前资本主义相反，资本主义攫取剩余的方式建立在市场调节的经济强制的基础之上。资本主义国家在维护市场化剩余占有所需的财产关系方面发挥着核心作用，但对占有剩余本身并没有施加直接的"超经济"强制，因而使资本主义的阶级剥削具有模糊性。同样，伍德认为，为了将财富从弱国转移到强国，资本帝国主义本质上经由市场法则而不是"超经济"强制来操作，但却依赖"超经济"强制。资本主义的独特之处就在于"将经济力量与超经济力量分离开来"的能力，其经济强制或基于市场占有剩余的操作远远超出国家权力的"掌控"范围；"在资本家的剥削权力与国家的强制力量之间或多或少存在着明晰的分工"（Wood 2003：9）。然而，如果没有资本主义国家提供的超经济力量的支撑，这种经济强制是不可能存在的。一方面，与国家施加的"超经济"强制相反，"经济法则"辩证法是资本主义体系中剩余获取与再生产的主要方式；另一方面，国家的"超经济"强制作用对于资本主义的存在与维持是"必不可少"的。这在伍德的分析框架中居于中心位置。

这还被进一步建构起来以便论证"旧的殖民帝国凭借'超经济'强制、军事征服以及直接的政治统治来控制领土并令人民臣服。而资本帝国主义则凭借经济手段，通过操纵包括债务武器在内的市场力量实施统治"（Wood 2003：11）。从历史上看，资本主义的发展表现为，通过市场运作的资本力量与民族国家行使的力量之间日趋显著的分离，"资本的经济霸权"拓展的空间"远远超出了直接的政治控制范围"。

在目前的全球化阶段,"资本的力量似乎变得更加分散,找出并挑战资本主义的力量中心显然更加困难"(Wood 2003:12)。谈到这一点,伍德并不认同下述主张,即全球化意味着民族国家的权力正在衰落。无论是左翼阵营还是主流学界及政界,确实流行着一种论调,认为全球化资本已经摆脱了领土国家的控制,变得无能为力和无关紧要,取而代之的是一种"无处不在,却又处处不在的新的无国界'主权'形式"。与此相反,伍德提出了似乎是其中心论点的主张:

> 没有哪家跨国机构已经接近于取代民族国家在维护所有制关系和社会秩序方面所发挥的不可替代的作用,尤其是支撑其他作用的强制功能……事实上,当今世界实际比以往任何一个时候都更加是一个民族国家的世界。再者,全球化的政治形式不是一个全球国家,而是一个多元化的地区国家的全球体系,一种统治与服从的复杂关系的建构。(Wood 2003:17)①

大都市国家及其附属地区民族国家最重要的职能被指认为把市场法则强加于全世界并通过"超经济"强制维持这种法则,伍德声称的帝国主义大都市国家从不鼓励附属经济体发展资本主义的事实正好证明了这一点。它们并没有像马克思所说的那样"按照自己的面貌为自己创造出一个世界",反而通过强加市场法则和操纵市场迫使附属经济体开放市场并重构其社会与生产条件,以此建立帝国主义的统治。在此过程中,民族国家在历史上一直并将继续发挥至关重要的作用。

伍德阐述了全球化的主要矛盾,即资本主义的地理影响日益扩大,超出了民族国家的领土管辖范围,而资本对民族国家实行这套游戏规则的依赖仍然至关重要。

> 一方面,资本扩张成为可能,完全是因为它能够从超经济力量中分离出来……另一方面,这一"分离"本身又使资本的经济霸权受到领土国家的支持不仅成为可能,而且成为必须。随着资本的经济影响与领土国家的超经济影响之间的距离越来越大,帝国列强,特别是美国,进行了数种新型超经济力量的试验以解决

---

① 埃伦·M. 伍德. 资本的帝国. 王恒杰,宋兴无,译. 上海:上海译文出版社,2006:13.

这一矛盾。(Wood 2003：21)①

根据伍德的论点判断，这是全球化的"核心"矛盾，因为她着重指出了这一矛盾在资本主义之中的独特性，并试图根据这种"距离"的扩大——意味着该矛盾的加剧——来解释帝国主义列强"特别是美国"所采用的"新型超经济力量"。

二

这个主张产生了诸多问题。正如伍德自己在若干地方所解释的那样，资本主义具有自我扩张的内在倾向。资本积累，即在日趋扩大的规模上对剩余的获取、实现与再投资，本质是一个不断扩大其经营范围的过程。从历史上看，资本向地理位置遥远的空间流动与其原生国家的资本主义发展相伴相随。

现代民族国家的起源也与资本主义发展的需求错综复杂地交织在一起，与此相适应，民族国家对资本主义的进一步发展与扩张，无论在领土边界内还是边界外，都起着至关重要的作用。列宁对资本主义垄断阶段的分析也是以垄断资本国家联盟对市场、原材料、投资机会和全球"势力范围"的需求及帝国主义民族国家之间为满足这些需求而展开的瓜分与重新瓜分世界的竞争为前提的。在资本主义的早期历史阶段，"资本的经济因素与政治因素之间的分离"似乎并不是一个矛盾。资本主义民族国家孕育于资本主义需求之中，并在资本积累、领土扩张与帝国统治的历史进程中发挥了关键作用。

辩称这一矛盾产生于全球化之中，从逻辑上讲，要对两件事情中的一件进行论证。要么证明资本积累过程本身已经发生了变化，这就提出了陈旧过时的资本主义民族国家形式所不能满足的新要求；要么证明由于全球化引起民族国家自身性质的某些变化，资本主义民族国家的正常职能在今天没有得到充分发挥。事实上，也可以说两者都发生过。但人们并没有在伍德的著作中发现这些观点。除了声称"资本

---

① 埃伦·M. 伍德. 资本的帝国. 王恒杰，宋兴无，译. 上海：上海译文出版社，2006：13.

的经济影响与领土国家的超经济影响之间的距离越来越大",伍德的著作没有说明全球化下资本主义的性质是否已经发生了任何变化。尽管伍德论述了全球化下一种新型帝国形式的演变("资本帝国主义新体系"),然而除了表明现阶段资本的地理范围得到拓展外,她对全球化下资本帝国主义性质的新变化未做过任何分析。即便如此,也没有可以援引的特殊理由能够解释为什么会这样。阅读伍德的著作,人们得到的印象是,在围绕全球化展开的关于连续性与变革的辩论中,她支持这样的观点,即变革仅仅体现在与资本的全球影响不断扩张相关的某些数量方面,而性质方面则保持不变。

　　这种印象因为伍德的著作缺乏对资本主义民族国家经济职能的系统分析而得以强化。虽然伍德的整个论述都反复强调国家"超经济"强制力量的存在就是为了施加、维持资本主义财产关系以及维护社会秩序,但与资本近在咫尺,她却并没有尽力探究国家在资本主义体系之中所履行的一整套经济职能。伍德在第二章中确实提到了民族国家承担的某些职能。然而很容易看出,她所提到的职能在本质上都是资本积累与市场运作过程的外在支持,而不是其内在的重要组成部分。换言之,可以把它们组合成为"超经济"职能,因为伍德使用"经济"范畴来指称内在于资本积累过程的东西。这么说并非否认这些"超经济"职能的重要性,而是强调民族国家拥有的至少两个内在于资本积累过程的重要"经济"职能明显缺位。

　　首先,市场虽然是区分资本主义与非资本主义体系的关键因素,但如果离开了国家总需求管理的稳定作用,或者说,离开了国家在避免普遍生产过剩方面的作用,就无法运作。罗莎·卢森堡对外部市场在维持资本积累中的作用的强调建立在这样的前提之上:鉴于投资决策的无计划性与无政府性,资本主义市场难以保障剩余的可持续性。巴兰和斯威齐在《垄断资本》中对同一主题进行了详细阐述,他们认为国家的财政赤字或军事支出是实现剩余的主要方式。国家内在于资本积累之中,在这种意义上,前者并没有与后者"分离",比如,国家的"超经济"职能就在维持着资本所有权关系。

　　其次,现代资本主义市场的运行离不开发挥价值储存功能的稳定的交换媒介。在资本主义体系中扮演这一角色的货币,必须得到国家的支持,以便让财富持有者产生信心,从而成为一种价值储存手段。在一个不同经济体都拥有本国货币的世界里,民族国家在支持本国货币方面所起的作用也成为资本积累过程的内在因素。

伍德的论述没有提及国家具有的这两项"经济"职能。可以说，她在书中设定了自己的话语边界，对国家的经济职能置之不理却转而赞赏国家的"超经济"职能与政治职能，以便达致某种特定的分析目的。我认为，这一分析目的既没有得到明确阐述，也不可能离开国家的经济作用孤立地分析当代资本主义。这是因为全球化对前面提及的民族国家的两项经济职能产生了令人瞩目的重大影响。在全球化背景下，资本主义自身性质的变化导致了民族国家作用的变化，这里应该强调的是，这些变化不仅仅是资本主义地理影响的扩大。

伍德的分析存在的另一个问题是，她将资本主义经由阶级剥削实现的剩余占有与帝国主义对从属经济体的剥削等量齐观。这与她只关注"超经济"政治力量与市场"经济"力量之间的区别一脉相承。虽然不能否认在当代环境下，资本帝国主义一般不通过直接的殖民统治来运作，但假定它以一种类似于在封闭的资本主义抽象模式下通过强加市场法则进行阶级剥削的方式来运作，是一种理论上的过度简化。大都市帝国主义列强与边缘附属国家之间在整体上的不平等依存关系构成了现代帝国主义，这种关系存在着复杂的动力，它既持续影响帝国与附属国家的国内阶级斗争，又受到这种斗争的深刻影响。虽然伍德曾论及"附属经济体变得非常脆弱，容易遭受资本主义市场的支配"（Wood 2003：17），但除少数几处提到附属经济体的市场开放及被迫发展出口导向型农业之外，她对脆弱性和支配性问题几乎没有进行深入剖析。

在这一语境下，她曾用来界定国内阶级剥削的"市场法则"，就变得难以把握复杂的帝国主义剥削关系。帝国主义背后的不平等依赖关系导致财富和资源以各种方式从附属经济体转移到大都市国家，国际分工的延续只是其表象之一。此外，伍德以出口农业为例谈到了帝国主义国家强加的"市场法则"。在此情况下，从属经济体的农民被迫在世界市场上与大都市国家的高补贴农业相竞争，但正是这种情况，国家通过提供补贴、关税政策与进口管制保护大都市国家的国内农业。因此，有必要区分帝国主义国家强迫附属经济体发展出口农业的"超经济"职能与通过补贴和进口关税保护本国农业的经济职能吗？关于当代帝国主义的进一步讨论，见后面关于伍德的书最后两章的论述。这里只需提到，伍德在讨论当代帝国主义大都市国家发挥的"超经济"

作用时，没有充分重视其经济职能的重要性。

　　说到这里，我应该表示对书中与实践有关的一个重要论点的赞同。伍德在第二章指出："本书的中心主题是，国家在当今全球资本主义环境下是资本主义力量最集中的体现，并且资本帝国依赖的正是一个多元国家体系。"①（Wood 2003：12）这一论断非常重要，因为正如伍德所准确阐述的那样，反对全球资本主义的民众抗议活动仍然不清楚全球化的负面影响究竟因为它是"全球的"，还是因为它是资本主义的。全球化使民族国家作为资本主义或帝国力量之来源的形象变得模糊不清，因而很难被当作"主要的抵抗目标"或"潜在的反对工具"。因此，很有必要把民族国家在稳定全球资本主义中持续发挥的作用放在突出位置，并迫使民族国家对其所有不正当结果承担责任。认为民族国家在全球化面前无能为力的观点得到了国家最为强烈的支持，并被视为方便资本主义在全球范围内进行日益猖獗的掠夺而推行的体制变革以及从旨在为劳动大众提供某些救济的行动中退出的一种辩解。在反驳这一论点时，重要的是注意和分析全球化背景下资本主义的性质以及民族国家职能所发生的变化。无论是否同意伍德对这些变化所做的分析，她作品的政治目的仍然是至关重要的。

三

　　在完成理论分析之后，伍德接着在第三章和第四章中研究了两类前资本主义帝国，一类建立在私有财产制度基础之上，另一类建立在商业基础之上，这些选择的依据是私有财产和商业通常都与资本主义联系在一起。伍德表示，私有财产和商业都是早期帝国的核心，而这些帝国还不是资本主义帝国。在她看来，区别前资本主义帝国与资本主义帝国的是：市场法则的不存在。与资本主义不同的是，在这些帝国中，经济力量的运用不能超出国家强制力量的范围。因此，"经济"与"政治"分离的缺失正是前资本主义帝国的标志；"一种情况的透明和另一种情况的不透明告诉我们，资本主义帝国与非资本主义帝国之

---

　　① 埃伦·M. 伍德. 资本的帝国. 王恒杰，宋兴无，译. 上海：上海译文出版社，2006：4.

间存在着巨大的差异"（Wood 2003：22）。

在讨论古代中国、罗马帝国以及西班牙帝国时，伍德指出它们是建立在一个复杂的财产制度基础之上的。尽管如此，古代中国与罗马帝国就财产关系在帝国扩张中所起的作用而言，却形成了鲜明的对比。古代中国是一个以官僚国家对农民征税为主要手段攫取剩余的帝国，国家为了维护绝对霸权，有意识地抑制强大土地贵族的发展。伍德指出，这种做法限制了帝国的领土范围。而罗马人更少依赖基于国家的占有，更多依赖"在罗马殖民者与殖民地官员的帮助下建立的一个广泛的地方土地贵族联盟"（Wood 2003：24）。伍德发现罗马帝国辽阔的疆域合乎"渴望土地的私有财产贵族"的逻辑，而与古代中国"渴望税收的官僚"的逻辑不相符。这也被认为是罗马帝国最终分裂和内部瓦解的原因所在。

"后封建"西班牙帝国的扩张也表现出了同样的趋势，它将土地财产而不是直接的国家占有作为帝国扩张的基础。军事征服、寻找金银以及从殖民地进口金银来增加国内财富，都建立在帝国主义国家对殖民地本土地主政权的依赖之上。伍德指出，无论罗马帝国还是西班牙帝国，"帝国的经济影响已经超出了它的政治影响。然而，对不可或缺的超经济力量的依赖……意味着帝国的经济影响力总是受到其超经济力量控制能力的制约"（Wood 2003：27）。

因此，我们碰到了伍德在第二章中提及的矛盾：一个帝国的"经济"影响超出了国家的管辖范围，但为了维持自身的生存又必须依赖国家。在其著作的第四章，伍德力图在"商业帝国"中为这一矛盾进行定位。在这里，"经济"力量被定位为通过贸易与商业占有剩余。与之相反，"财产帝国"则被定位为通过土地所有权占有剩余。阿拉伯帝国、威尼斯帝国与荷兰帝国建立在地理位置分散的广泛贸易网络的基础之上，"商业帝国的联系渠道首先是由商贩和贸易商建立起来的"（Wood 2003：40）。在揭示商业帝国的本质时，伍德说：

> 获取利润遵循着古老的商业惯例：贱买贵卖……与资本主义剩余价值的生产不同，它不依赖竞争性生产的优势，而依赖各种超经济优势：从把不利交换条件强加给生产者的政治权力或宗教权威到由军事力量保障的广泛商业网络以及对贸易路线的控制。（Wood 2003：43）

在分析前资本主义帝国时,对"经济"与"超经济"两个范畴所做的区分似乎是有问题的。如果把从政治权力那里获得的用于"对生产施加不利交换条件"的优势指认为"超经济",那么商业帝国的"经济"是由什么构成的呢?这一点还远未明朗。只有一个模糊的暗示,即国家直接征税是"超经济"而建立一个土地贵族联盟则不是;除此之外,也不清楚"经济"在"财产帝国"中意味着什么。从占有剩余的角度来看,实际甚至不可能从概念上对商业利润和封建租金之中的"经济"与"超经济"做出区分。因此,在前资本主义帝国中谈论"经济"力量的影响超越了"超经济"力量的影响是不具意义的。问题源于仅仅用"经济"与"超经济"两个范畴来解释资本主义帝国与前资本主义帝国之间的差异,而伍德并没有在前资本主义语境下清晰地界定这两个范畴,即便只是点明前资本主义帝国更依赖国家的直接、强制作用来占有剩余,与资本主义帝国具有显著差别。尽管这一观点并不新颖,但也是一种很好的尝试。伍德试图从不同形态的帝国主义中出现的占有剩余的"经济"形式的扩张与国家"超经济"力量的有限影响之间的矛盾角度,进行更加深入的诠释,但结果并不令人十分兴奋。

在讨论荷兰经济尽管高度商业化却并非资本主义经济的原因时,她说:"荷兰共和国在许多根本方面仍然按照熟悉的非资本主义原则运作,尤其是它对占有剩余的超经济力量的依赖。"(Wood 2003:54)

她后来在同一语境下谈道:

> 与竞争性生产不同,依赖高水平的商业技能对荷兰经济来说一直是必不可少的。主导经济的商业利益总是……与生产保持半独立状态并随时准备把投资转移到其他领域,经常是非生产领域。他们的信念是……流通而非生产,利润就是通过那种方式产生的。(Wood 2003:56)

虽然"经济"/"超经济"的区别不在下一个话题探讨的范围之内,但商业利润与投资于竞争性生产领域获取的利润之间的区别却是显而易见的,断言前者——非资本原则——"优于"后者是没有道理的。此外,伍德指认的矛盾并没有系统地显示在她所分析的各个帝国的衰落中发挥了核心作用。

在伍德的书中,关于不同帝国意识形态的讨论,而非追溯前资本主义帝国的经济/超经济辩证法，才是真正具有启发意义的研究。如果这些探讨能在书中得到更多更明确的关注，那就更好了。伍德求助于帝国意识形态，主要是宗教与法律两个方面，以便为和帝国扩张联系在一起的残酷的军事征服与统治提供正当性辩护。她简明扼要地讨论了基督教从激进的犹太教义向鼓励服从帝国权威的普世性教义的转变、罗马帝国扩张的需要，以及基督教神学内部关于在西班牙殖民扩张背景下战争与征服的合法性的辩论。甚至伊斯兰教的起源和发展与阿拉伯商业帝国之间的联系问题也得到了简单明了的回应。对于雨果·格劳秀斯关于17世纪商业帝国主义条件下正义与非正义战争理论的详细论述，伍德在讨论帝国主义意识形态方面展现了令人印象深刻的理论飞跃。在格劳秀斯的理论所处的时代，法律、道德、个人权利和国家，以及正义与非正义战争的观念已经在某种程度上独立于宗教。从与宗教联姻的帝国主义意识形态向独立于宗教、以法律为基础的意识形态的转变，是留待进一步考察的问题。

四

伍德在其著作的第五章中，讨论英国资本主义的兴起与爱尔兰的殖民地化时，力图对"经济法则"进行更为清晰的界定。在论述农业资本主义的发展、土地集中及圈地运动后小生产者被驱逐时，她特意提到：

> 当地主的超经济力量被日益集权的国家剥夺……他们的财富越来越依赖租户生产效率的提高和商业成功……即使没有被强制驱逐，传统土地使用权也越来越为经济租赁和竞争性租金所取代。成功的资本主义农场主与按旧原则行事的传统佃户之间的两极分化，通过纯粹的经济手段加速了那些收取固定租金且既没有手段也没有动机进行竞争性生产的小生产者的被取代。（Wood 2003：67）

虽然伍德没有深入介入关于这一转变的争论，但生产力的优越性是她理解资本主义的关键因素。因此，"经济法则"可以从竞争引起的生产力增长来理解。正如伍德自己所指出的那样，这些法则是资本主义独有的，在资本主义中，正是生产本身而非交换，成为创造与占有剩余的核心。因此，寻找前资本主义条件下的这些经济法则并不是一项卓有成效的工作。伍德所谓的经济法则是独特的资本主义法则，在没有资本主义生产关系的情况下是不适用的。

爱尔兰殖民地化被当作在英国发展起来的农业资本主义进行海外扩张的第一个案例，它产生了新的帝国主义原则。伍德相当详细地论述了托马斯·莫尔、约翰·戴维斯与威廉·配第为移民殖民主义所做的理论辩护，认为资本主义殖民扩张的实质就是为强制推行资本主义农业而掠夺土地，而资本主义生产力意义上的土地价值概念的发展，是通过这些人的著作来追溯的。对这一理论的最好解释是由约翰·洛克提供的：

> 洛克确实援引了一种"正义战争"的理论来为奴隶制辩护……然而，他的殖民理论不是战争理论或国际法理论，而是私有财产理论……他以一种新的、本质上是资本主义的财产概念为殖民扩张进行辩护。在他的财产理论中，我们可以看到帝国主义变成了一种直接的经济关系，即使这种关系需要野蛮的力量来植入和维持。这种关系的正当性不在于统治的权利，甚或仅仅是占有的权利，而是创造交换价值的权利，实际上是义务。（Wood 2003：87）

这是伍德关于殖民主义的经典案例，包含了"扩展国内经济的逻辑与法则，进而将其他国家纳入其轨道"（Wood 2003：88）。然而，她为分析资本主义殖民主义而提出的"经济法则海外扩张"的总体方案至少在两个方面遇到了问题。伍德从一个"资本主义在其发展的某些阶段如何适应甚至强化非资本主义剥削模式的典型例子"的角度讨论了英国殖民地奴隶制的发展。她追溯种族主义意识形态的起源是为了证明这种"非资本主义剥削模式"的正当性，这种模式与资本主义剥削的"纯经济"手段相伴而生，普遍自由与平等的意识形态就是从这里诞生的。这种非资本主义剥削对资本主义工业化做出的贡献也被承认。但她没有试图解释为什么尽管资本主义是一种基于"经济法则"的制度，却要依赖这些非资本主义的剥削方式。这里需要强调的是，作为伍德研究框架的核心，国家的"超经济"作用不是这里的重要议题。以棉纺织品为基础的英国工业化对殖民地奴隶生产的棉花或由奴隶贸易本身产生的剩余的依赖，不同于其在施行资本主义财产关系时对英国国家强制力量的依赖。在这种情况下，非资本主义剥削具有明显的"经济"作用。伍德的分析将资本原始积累或资本主义与前资本主义区域之间的持续经济互动排除在研究范围之外，而这些即便在今天对资本主义而言也是必不可少的。资本主义是一种以生产为基础的占有剩余的制度，除此之外，历史上也通过非资本主义手段占有剩余。尽管在概念上是可能的，但要将这两种剥削模式区分开来使之归属于不同历史时期是很困难的。

第二个问题与伍德所指认的帝国地理范围的扩张与帝国主义国家的有限范围之间的矛盾有关。在讨论英国殖民主义在美国的崩溃时，伍德的分析几乎与其对罗马帝国衰落的分析是一致的：

> 在如此遥远的地方，由于农业或多或少自给自足，而且殖民地市场近在咫尺，殖民地不太容易被控制在帝国权力的经济版图内；国家直接的政治控制更难以维持……自身有着坚实根基的殖民地经济，由拥有自己独特利益并且享有相当程度自治权的当地精英掌控，迟早会切断与帝国主义的联系。(Wood 2003：95)

在谈到大英帝国在印度的不同之处时，伍德指出，帝国政权"吸取了一些教训"，因此建立了一个"非资本主义"帝国，在这个帝国中，资本主义法则不像爱尔兰和美国的殖民地那样被移植过来。从东印度公司建立贸易垄断，到公司通过税收与贡品将自己转变为一种榨取剩余的工具，再到领土帝国的最终建立，这些阶段被视为帝国主义统治中的一种极为矛盾的操作。其中，"以资本主义方式实现经济与政治某种程度的分离"的努力，与"由一个无所不包的军事力量来管理，旨在使公司和国家获取收入的非资本主义控制逻辑"的运行之间存在着持续的紧张关系（Wood 2003：100）。最后，有人认为"印度的情况"使天平偏向一个"帝国主义军事国家"和一个"非资本主义的税收帝国"。然而，伍德认为这是对她关于资本主义条件下的殖民主义扩展了资本主义财产关系与生产关系看法的辩护，而不是反驳，因为这种操作"注定失败"，正如美国案例所证明的那样。

由此产生的一个严重后果是，扩散到殖民地并超出帝国主义国家支配范围的资本主义矛盾，通过前资本帝国主义统治形式得到了解决。伍德没有论及其论断所导致的这一严重后果，她更倾向于对印度的大英帝国做一个清晰的考察，但难免陷入"两头落空的境地"。她的论述限制了帝国主义大都市实现资本主义工业化的可能性，因为它们共存且依赖于榨取剩余的非资本主义殖民剥削，并与之共同构成资本主义整体。虽然没有明确说，但她对英国殖民主义的"成本"大于"收益"的论点表示赞同，从而排除了为资本主义自身发展做出贡献的殖民转移的可能性，这是她的分析存在的一个主要弱点。

伍德接着重新界定了资本帝国主义，即：

> 只有当经济法则自身变得足够强大，超出任何可以想象的超经济力量的范围，并且离开帝国主义国家的日常管理和强制也能施加影响的时候，资本帝国主义才会形成。（Wood 2003：102）

这种经济法则已经变得"足够强大"的资本帝国主义，据说只存在于20世纪。如果是这样的话，那么19世纪殖民主义的英国，正如其在印度殖民统治中所经历的那样，就不具备资本主义资格。在我看来，这在理论上是错误的。这一错误也是源于为了对资本主义加以定性而过分专注于"经济"与"超经济"占有剩余的分离，尽管这两者在历史上是融合在一起的。

五

在伍德书中的倒数第二章，她把经济法则的观点扩展到了对当代帝国主义的分析之中。有人认为，英国的欧洲竞争对手法国和德国内部的资本主义，是在帝国主义之间的竞争与战争的压迫下自上而下强加的。因此，尽管资本主义在相互竞争的帝国主义列强内部发展，但并没有"用经济竞争取代地缘政治与军事竞争的效果"。伍德认为，"帝国主义的经典时代"见证了帝国主义之间的激烈竞争，在这个时代，资本主义在世界某些地区发展得很好，但并没有成为"真正的全球经济体系"。列宁和罗莎·卢森堡的理论之所以被认为过时，是因为都属于资本主义远未"普遍化"的时代，也因为相信资本主义会"在非资本主义受害者……最终完全被吞没之前终结"。关于这方面的明确声明如下：

> 在这些帝国主义理论中，界定资本主义时假设了一个非资本主义的环境。事实上，资本主义的生存不仅取决于这些非资本主

义形态的存在，从根本上来说还取决于前资本主义的"超经济"力量、军事与地缘政治胁迫手段，以及传统的国家间竞争、殖民战争和领土扩张……我们还没有看到一个系统的帝国主义理论，为一个所有国际关系都内在于资本主义之中并且受资本主义法则支配的世界而设计。至少在某种程度上，这是因为一个或多或少具有普遍性的资本主义世界是一个非常新的发展，在这个世界之中，资本主义法则是帝国统治的普遍工具。(Wood 2003：110-111)

这比其他任何事情都更能概括伍德对当今世界形势的基本理解，而这正是我与她意见不一的地方。从那时起，她所提出的许多颇有争议的表述，都源自一种基本认识，即帝国主义已经采取了一种"新"的形式，它以普遍化的资本主义为基础，依靠"'市场'的经济法则来完成大部分帝国主义的工作"(Wood 2003：133)。

与其逐条反驳伍德的论点，我倒不如探讨她在其框架内曾分析的两个重要问题和提出的不同见解。第一个问题涉及对全球化的理解。伍德把"新"帝国主义秩序的开端追溯到第二次世界大战后的时期。美国的经济霸权是通过国际货币基金组织、世界银行以及后来的关贸总协定等机构来建立的，而这些机构的最终目的被理解为开放世界各地的市场与资源，供大都会国家尤其是美国进行资本开发。我们被告知，战后美国经济的蓬勃发展，使帝国主义政权开始关注"第三世界的某种'发展'与'现代化'，以此作为扩大自身市场的一种手段"(Wood 2003：115)。然而，长期繁荣在1970年代结束了，"美国经济进入了一个长期停滞与盈利能力下降的时期，这是一场典型且独特的产能过剩与生产过剩的资本主义危机，尤其当它的前军事对手日本和德国已经变成极为高效的经济竞争对手"(Wood 2003：115)。伍德赞同罗伯特·布伦纳对1970年代美国经济停滞的分析。

她认为，全球化是一种在空间上将这场危机转移到美国以外国家的努力。全球化的基本进程，"资本国际化、自由快速流动以及全球最具掠夺性的金融投机活动"，被解释为努力"推迟其（美国）国内资本的清算日，使其能够将负担转移给其他地方，使过剩资本自由流动，以在金融投机的狂潮中在任何可以发现利润的地方全力追逐利润"(Wood 2003：116)。她的论点实质在于全球化是对美国和大都会资本面临的停滞与危机的一种回应，这种停滞与危机是由大都会国家投资收益率下降导致的。全球化的主要目的是通过为全球投资提供可盈利的渠道为大都市过剩资本寻找出路。

罗伯特·布伦纳的命题是错误的。第一，他错误地认为投资取决于边际利润而不是利润率。这种边际利润与利润率之间的理论混淆并不是布伦纳所独有的，许多试图解释经济停滞的人都成了它的受害者，包括被布伦纳在论文中批驳为"供给学派"的理论家们。不幸的是，他自己也犯了同样的错误。尽管这个错误在理论上是站不住脚的，但即使忽略它，仅仅探究他论述的整个逻辑结构，也存在第二个问题。如果如布伦纳所说，定价的寡头公司之间抑或资本国家集团之间的资本主义经济竞争，导致了持续降低成本的创新或货币贬值，逐步降低了加成定价或边际利润，那么，按照他的论述，资本主义将很快面临加成定价为零的局面，投资将彻底崩溃。寡头合谋的基本目的是防止这种破坏性竞争对边际利润的逐步挤压。在资本主义正常运行的情况下，竞争主要是以获取更大的市场份额与设置准入壁垒为基础的非价格竞争，价格战或竞争性货币贬值确实偶尔发生，但更多是一种例外而不是一种惯常的操作。

垄断资本主义的边际利润往往稳定在最低水平，如果不是随着"垄断程度"或资本集中程度的上升而上升的话。另外，盈利能力取决于剩余的再投资水平，而这又取决于市场的规模与增长幅度。列宁的帝国主义理论聚焦于垄断资本主义的资本集中，强调资本因日趋集中需要寻找一个更大的运营舞台。在列宁的理论中，资本输出并不是帝国主义经济内部盈利能力的下降所导致的，而是与更高的边际利润及垄断力量在行业中的日益集中有关。帝国主义之间的竞争是对市场、原材料及更有利的投资渠道的竞争。

这并不是要否认美国在 1970 年代的确出现过的经济停滞。事实上，经济停滞不仅发生在美国，而且涵盖了整个发达资本主义世界。这推翻了布伦纳关于经济停滞发生在一个国家，因为它已经被其他国家劳动生产率的增长打败的论断。那种停滞与资本积累率长期下降的趋势从那时一直持续到今天，其原因在其他方面。战后大都市国家在经济上取得成功的突出因素是国家广泛干预国民经济内部的需求管理，以保持充分就业并限制投机资本的跨境流动。这两项措施都是经历了大萧条之后实施的，当时整个资本主义世界陷入了一场巨大的危机之中。1970 年代，这两座资本主义繁荣的堡垒都遭到了严重破坏。

我们大可不必被布雷顿森林体系崩溃的原因困在这里。美国不断增加的经常账目赤字无疑是一个原因，此外还包括油价震荡与普遍的通胀担忧。伴随布雷顿森林体系崩溃发生的最重要的事情是破坏了战后国家干预需求管理与控制投机资本的体系。事实上，两者并非毫无关联。1970年代，金融资本在大都市经济体中实现了前所未有的增长。虽然这是由资本更加集中引起的，但金融资本在两个重要方面与列宁的范畴截然不同。它既不与工业关联，也不以民族国家为基础。这种新形式的金融资本，即在金融市场上流通的大量热钱，独立于工业活动或贸易流动从事投机活动，在国内及国际金融市场高速流转。它的流动性源于日趋提高的集中程度及日渐强大的力量，并通过逐步取消发达国家与发展中国家内部及其之间的资本管制而得到加强。不仅因为必然限制金融资本的自由，也因为会引发通货膨胀，所以国家干预不得不屈服于金融的压力而逐渐减弱。更有甚者，私人投资也受到损害，因为金融的增长给整个企业部门带来了短期投机偏好，而这增加了长期资本投资的保守倾向。简而言之，投机性金融资本的增长为经济衰退创造了条件，因为这些条件对其顺利操作而言是必不可少的。如果不了解这些操作方式，就无法对1970年代的停滞与此后的衰退进行分析。

全球化的核心是国际金融资本的运作，今天已经达到了前所未有的规模，金融市场每天的交易额高达数万亿美元。虽然它的增长可以追溯到布雷顿森林体系的崩溃及美元汇率的波动，但1980年代全球金融市场的持续自由化使它得以在全球范围内扩张。1990年代，苏联和东欧社会主义国家的解体巩固了国际金融资本霸权。伍德正确地指出，商品市场或劳动力市场并没有在全球化条件下一体化，"全球化促进了一体化，但同样抑制了一体化"。这是因为金融全球化既可以独立于日益增加的商品流动或资本输出，又可以通过创造通货紧缩状况来阻碍它们的发展。跨国公司通常被等同于全球化。的确，它们对发展中世界一些选定地区的资本投资有所增加。如果不进行任何详细分析，可以肯定地说，此类生产性投资的规模在过去十年进出各国的热钱流量中所占比例微乎其微，这些热钱流量往往会引发货币危机。此外，跨国公司本身也大量从事金融业务及投机活动，这常常使人们很难辨认投资于生产领域的生产性资本和在其掩护下流动以寻求投机收益的金融性资本。跨国公司在全球金融实体的支持下进行的跨国并购以及安然等美国巨型公司牵涉的接二连三的金融丑闻显然暴露了这种联系。

全球化确实是一个非常矛盾的过程，但矛盾在于金融资本法则的普遍化，这种普遍化会导致经济衰退，削弱盈利能力，从而扰乱实际生产部门的资本积累。伍德的因果关系似乎从挤压利润导致的停滞开始，到"过剩资本"的积累，再到"金融投机"的狂飙突进。我认为，这种为过剩资本找出路的理论是错误的。依据这种理论，全球化主要意指国内经济停滞导致的资本输出。全球化就是确立国际金融资本的支配地位，这不仅在国内而且在全球范围内都会导致经济停滞。然而，说到这一点，必须声明，它并没有使列宁的帝国主义理论过时、失效。我不赞同伍德对全球化世界的理解，她认为全球化世界与"帝国主义的经典时代"不同，是因为资本主义已经变得更加普遍。不幸的是，她似乎形成了一种错误的印象，即资本主义正在从大都市国家向发展中世界大规模扩散。然而事实远非如此，帝国主义剥削的基本结构，即大都市国家先进的工业资本主义与边缘地区陷入前资本主义关系泥沼之中的落后资本主义的二元结构，在很大程度上仍然是完好无损的。尽管在全球化的庇护下，东南亚国家和印度存在着资本主义有限扩散的实例，但扩散的规模受到了太多的制约，以致无法通过克服其经济体固有的两重性使这些国家既在空间上也在产业部门上完成向工业化资本主义国家的转型。如果把亚洲、非洲、拉丁美洲（包括墨西哥和中美洲）与东欧发展中国家放在一起考察，则更加明显的是全球化背景下边缘地区国家的两重性正在扩大，而不是正在"赶超"工业化大都市国家。然而，伴随国际金融资本支配地位的确立，最重大的变化就是列宁时代帝国主义之间竞争性质的改变。

这引出了吸引伍德大部分注意力的第二个关键问题，即全球化背景下民族国家的作用。如前所述，现代资本主义民族国家除为资本主义的生存提供"超经济"基础外，还发挥着必不可少的经济作用。尽管这个问题很重要，但伍德在讨论英国或后来的法国与德国资本主义的发展时，对这些作用避而不谈。在这里，我们有必要仔细斟酌前文第二部分提到的两个重要职能。正如已经讨论过的那样，金融资本的支配地位削弱了国家对经济的干预。这并不意味着可以把民族国家看作是无关紧要的，但它只能以金融规则允许的某些方式行事。一个国家干预经济活动的能力取决于其以超过财政收入的公共支出发挥扩张性作用的程度，这种需求刺激能力反过来又取决于国家以本国货币承担债务的能力。在封闭的经济环境下,这种能力所具有的弹性是无穷大的,因为国债也是国家发行的,其价值由国家保障。但是,一旦国际金融资本迫使自己进入经济领域,开放货币与金融市场,情况就会彻底改变。国家既不能按照自己的喜好维持自己的货币价值,也不可能为了支出而随心所欲地借贷。国家的任何扩张性举动都被视为引发通货膨胀的因素,同时也会引起对一个可能实施资本管制的积极政府的担忧,因此,资本就会从实施独立经济刺激计划的经济体大量流出。在一个开放的经济体中,本币的价值由主导货币(美元)维持,但在遭遇突然的、大规模的资本外流之后,本币的价值会崩溃,从而引发经济危机。这并不是说只有当一个国家实施经济刺激计划时,资本才会流出。资本也可以在没有任何国家干预的情况下流出,这取决于它自己的投机逻辑。但经济刺激计划总是会加速这种可能性。因此,国家被投机性融资的动向左右,其职能受确保融资留在经济领域的需要制约。现代资本主义民族国家的许多传统职能,无论是创造就业、进行公共投资、提供社会服务还是实施福利计划,都以民族国家通过举债承担公共支出的能力为前提。在金融的支配之下,民族国家的这种职能已然遭到破坏,取而代之的是推行通货紧缩政策,以确保尽可能低的通货膨胀率,并保持有利于融资的条件,例如维持高利率。

然而,民族国家自主权的削弱并不是整齐划一的。帝国主义列强的领导者,其国家货币是主导货币,所有其他货币都由它来估价,因而在许多方面可以免受资本外流的威胁。事实上,全世界精英的大部分财富都是以美元形式持有的,美元也得到了一个超级军事强国的保障,这个国家确保所有商品(尤其是石油)的价值不会相对于美元上涨,这赋予了美国很高程度的自主权。然而,这种自主权并不是绝对的,因为它既不能为了公共支出在国内无限度地举债,也不能以资本流入为商品进口融资方式从世界其他地区无休止地借款。此外,作为美元的母国,美国不可能采取与金融资本希望每个民族国家遵循的方向相反的政策立场。作为次等帝国主义列强的民族国家采取的通货紧缩姿态取决于以本国货币相对于美元的价值为基础的国际金融信用水平。日本或欧洲帝国主义列强享有的自由度远低于美国,尽管欧元的创立是为了提高这种自由度,但这种创立本身并不意味着欧元已经等同于美元或欧盟已经等同于美国。例如,欧盟(或其任何成员国,如法国或德国)或日本既不能单方面制定扩大就业的经济刺激计划,尽管其国内失业率居高不下，也不能像布什政府在美国所做的那样，通过减税来扩大财政赤字。在过去的十年里，欧盟及日本的金融体系被改造，蓄意模仿投机友好型盎格鲁-撒克逊模式，以便获得更高的金融信用等级，这说明金融掌控次等帝国主义列强的权威。金融的权威也意味着在帝国民族国家之间展开的帝国主义内部竞争已经被赢得金融信任的需求取代，这并不意味着帝国主义国家之间对市场及投资机会的争夺已经成为历史。但所有这些竞争都是在帝国主义统一体更广泛的范围内进行的，也是由国际金融法则强加的。

第三世界国家是最严重的受害者，因为它们的货币不被认为是国际金融持有财富的可靠媒介，并且经常因国际金融的掠夺而崩溃，从而给其自身造成严重的信誉危机。然而，韩国、俄罗斯、阿根廷或土耳其等国家的精英持有的财富大部分都是以美元计价的，因此，他们非但没有失去财富，反而从这样的灾难中获益。那些精英的利益是民族国家生存的根基，但与金融结盟最符合他们的利益，而受害者是人民。此外，全球化下的第三世界经济体除开放金融外，还经历了大规模的私有化、贸易自由化及放松对外国投资的管制，这使它们与世界帝国主义体系进一步融合，从而再生产出多种多样的落后形式。第三世界一些资本主义民族国家在追求自主发展道路上所取得的有限经济增长已然倒退，他们的经济跌入了国际货币基金组织-世界银行附加条件的泥淖之中。随着世界市场持续低迷及国内奉行通货紧缩政策，整个第三世界经济体越来越多地见证了国内去工业化、农业出口背景下农民陷入困境以及向国内和跨国垄断资本廉价出售国有资产。

在此背景下，让我们审视一下伍德的看法："全球化的本质是由多种多样的国家与地方政权组成的全球体系管理的全球经济，其结构是一种复杂的支配与从属关系"（Wood 2003：123）。毫无疑问，全球经济正由多个国家管理，这些国家都在为国际金融资本的利益服务。相对于金融的支配权，这些民族国家或多或少都是主权国家，这取决于它是美国、次等帝国主义国家还是第三世界民族国家，从而拥有依次递减的自治程度。金融资本的法则叠加在大都市国家与边缘国家不平等依存的基本结构上，使得支配与从属的关系更加复杂。

我早些时候曾表示同意伍德提出的一个重要议题，即民族国家作为"抵抗的目标"和"反对的工具"的重要性。在重申这一观点的同时，我需要补充的是，任何改变当前世界形势的尝试都必须抑制投机性金融的支配地位。虽然从国际金融资本的霸权中拯救民族国家必须成为反全球化抵抗运动的焦点,但任何成功控制国际金融的努力都必然需要民族国家在全球范围内进行政策协调。

六

伍德书中的最后一章讨论当今美国政府的军事霸权主义。由于一些未明确说明的原因,伍德将帝国主义的当前阶段称为"剩余帝国主义",提出了"无限战争"军事法则。她之前将"新"帝国主义定义为资本主义的普遍化,认为这种全球资本主义在通过经济法则扩张帝国的同时,很大程度上依赖民族国家施加和维持。她认为,尽管对民族国家的依赖有所增加,但"资本的全球经济范围"与"地方力量"之间的"鸿沟"已经扩大,而美国的军事法则旨在将美国确立为"监护人的监护人"来填平这一鸿沟。一旦她的观点得到详细的阐述,问题就显而易见了。她在一个地方写道:

> 这是新帝国主义的典范。这是第一个其军事力量的目的既不是征服领土,也不是打败对手的帝国主义。这是不求领土扩张或实际支配贸易路线的帝国主义。然而,它已经产生了巨大的、不成比例的军事能力,并且具有前所未有的全球影响力。或许正是因为这种帝国主义没有清晰明确的目标,才需要如此庞大的军事力量。(Wood 2003:123-124)

后来,她认为:

> 在中东,我们已经看到了向早期帝国主义回归的某些迹象,其意图相当明显,就是重构该地区以便更直接地为美国资本的利益服务。新帝国主义可能在这里回到老样子。就像在印度的英国人一样,当商业帝国主义让位于直接的帝国统治时,美国可能会发现帝国创造了自己的领土法则。(Wood 2003:145)

这种自相矛盾的做法源于一种错误的观念,即一种"新"形式的帝国主义出现于第二次世界大战后,奠基于普遍化的都市资本主义"经济法则"之上。实际上,除了变得日渐庞大的军事机器,美帝国主义并没有什么"新奇"之处。对伊拉克的侵略，在最明显的层面上，意在为美国及愿意与之结盟的国家夺取伊拉克的国有石油产业。因此，美帝国主义的目的并非模糊不清，也不是向以"超经济"力量为基础的早期帝国主义的某些形态回归。这是在社会主义力量缺乏对抗性的情况下，帝国主义基本趋势最具侵略性的表现。

从对越南的公开侵略到在智利的秘密行动，战后美国的军事干预如此之多，以至于伍德的"新"帝国主义很难在历史上加以定位。需要解释的是被贴上"反恐战争"标签的新无限战争法则出现的时机。简而言之，这是在美国经济衰退中发展起来的。正如伍德在美国过去的外交政策战略中追溯布什主义的根源所指出的那样，绝对统治世界的法则在美国国内并不是一个新法则。与近10年美国的经济衰退有着错综复杂联系的，正是它的实施时机。伍德正确地识别出了军工综合体，这肯定是一个重要因素，但除此之外还有其他原因。在所谓的信息与通信技术的繁荣逐渐减弱及股票价格暴跌之后，1990年代由消费支出引发的美国经济扩张周期宣告结束。因此，资本主义世界面临着普遍衰退的危险。面对这种情况，考虑到需要大量资本流入来维持庞大的经常账目赤字，美国希望阻止对美元经济霸权地位的任何挑战。一个重要的方法是控制石油的供应。这种控制不仅为了确保石油巨头的超额利润，或者勒索其他经济竞争对手，对美国在一个以投机金融为主的世界经济中保持美元的价值也很重要。美国通过确保石油交易的绝大部分以美元计价和结算，使美元需求不会下滑，然后再回投石油以便持有美元计价的资产。伍德提出了一个有趣的观点，即美国军事法则的目标是控制中国或欧盟等潜在竞争对手。这种主导地位对美国的重要性可以从以下事实得到确证：如果欧佩克像伊拉克入侵科威特之前所做的那样将石油交易标准从美元改为欧元，那么包括美国在内的所有石油进口国都不得不将大宗资产结算货币从美元改为欧元，美元相对于欧元的优势地位于是将遭到削弱。如果来自美国的资本外流发生在经常账目赤字已经很高的时候，那么无论对其自身还是对全球经济都将产生极其严重的不利后果。因此，除了军工综合体，"华尔街-财政部共同体"的需求也在塑造"反恐战争"方面发挥了决定性作用。美国新军事法则的重要性就在于此。这显然是美国为了在帝国主义间的竞争无论以多大规模再度出现之前，建立起对其他帝国主义列强先发制人的霸权。美国与前北约盟国法国及德国在伊拉克问题上的意见分歧（产生于利益），是多年来帝国主义之间矛盾激化的一个征兆。然而，这种矛盾并没有发展到帝国主义之间进行公开竞争的程度，而这种竞争本来会对世界形势产生影响，因为欧盟或日本等次等帝国主义列强的经济命运与美国的关系过于错综复杂，以至于无法获得国家自主权。

  伍德试图寻找"经济法则"与国家"超经济"力量之间的矛盾，但没有抓住要点。为了对一些共同的根本矛盾加以定位，她对古今帝国进行的历史比较是非常有问题的，因为跨越不同历史时期的帝国虽然表现出各种相似性，但却由完全不同的经济进程驱动。在我看来，用更为传统的分析工具来剖析资本帝国主义、全球化与战争，她本可以做得更好。

  在没有社会主义挑战的情况下，帝国主义之间的矛盾在塑造世界形势方面具有更大的重要性。过去几十年来，国际金融的支配地位抑制了帝国主义之间的竞争，而且受其支配的帝国主义国家在美国的领导下更加紧密地联合在一起。但投机金融的控制及由此产生的通货紧缩，却可能加速全球经济衰退。为了进行大规模军事支出和维持美元的霸权，美国正试图通过奉行侵略性单边主义的无限战争军事政策，去阻止这种环境下产生的任何潜在竞争。然而，在美国对世界其他国家负债日益增加的背景下，美元霸权的脆弱性限制了其维持如此高水平的军事支出及由债务支撑的消费支出的能力。美国经济衰退状况的再度出现极有可能引发帝国主义之间以及帝国主义与第三世界之间的冲突，并可能导致当代世界秩序的崩溃。这些冲突是演变成帝国主义之间的激烈竞争，还是消失在国际金融资本的法则之中，是我们这个时代面临的重大问题。

参考文献

Ellen Meiksins Wood. Empire of Capital. London：Verso，2003.

第 7 章　全球化时代的帝国主义[*]

[印度] 乌特萨·帕特奈克　普拉巴特·帕特奈克 著
周德清 译

    资本主义是一种特别的货币安排制度，其中很大一部分财富要么以货币形式持有，要么以货币计价的资产，即金融资产持有。为了使这一制度发挥作用，至关重要的是，货币相对于商品不应持续贬值，否则人们将不再持有货币，它作为一种财富形式，甚至一种流通媒介的功能将会终止。

    因此，资本主义寻求多种方式确保货币价值的稳定，其中之一就是不仅在中心资本主义国家，而且在第三世界，维持一支庞大的产业后备军。这支"遥远"的后备军不仅压低了当地的货币工资，进而压低了当地生产的原材料价格，而且压低了中心资本主义国家工人的货币工资。如果他们坚持提高工资，就会因资本外流到第三世界而面临失业的威胁。

    然而，仅靠这些中心和外围的后备军是不够的。即便由于这些后备军的存在，原材料价格和货币工资不会自动上涨，但某些稀缺商品仍然会随着资本积累需求增加进而出现价格上涨。这种对货币价值构成的威胁也必须加以规避，做法是通过压缩大众购买力（即实施"收入紧缩"）来限制核心资本部门以外的消费者对此类商品的需求。

    从历史上看，这种收入紧缩的两种典型手段是，在没有任何补偿的情况下，抽走外围国家生产的剩余（印度反殖民经济学家称其为

---

[*] 文献来源：Utsa Patnaik, Prabhat Patnaik. Imperialism in the Era of Globalization. Monthly Review, July-August, 2015：68-81。

"财富流失"），同时通过从资本主义中心国家进口（上述经济学家将其称为"去工业化"）来破坏那里的小规模生产——这一过程首先造就了"遥远"的后备军。这整个安排，包括资本主义本身之外的世界，构成了"帝国主义"。它不以殖民主义结束，相反，当货币价值的稳定成为一个更重要的问题时（当前对通胀目标的痴迷由此产生），其重要性随着金融化而增加。

然而，帝国主义作为一种安排，在很大程度上仍然是经济学学科所视而不见的，哪怕是其最好的实践者抑或在殖民时期也是如此。约翰·梅纳德·凯恩斯在其经典著作《和平的经济后果》中谈到了战前欧洲所代表的"经济乐园"（Economic Eldorado），但没有提到这个"经济乐园"是建立在帝国主义精心设计的框架之上。欧洲从"新世界"获得粮食，这是"经济乐园"的一个重要方面，而如果英国不通过一项复杂的安排，用免费占有的殖民地和半殖民地的剩余（财富流失）及以牺牲当地生产者利益为代价向殖民地和半殖民地出口制成品（去工业化）的方式予以支付，欧洲就不可能获得粮食[1]。

然而，帝国主义不仅仅是一些特定的历史现象。它必然是资本主义所有时代的基础，包括当前的全球化时代。

一

经济学家一直被"收益递减"的幽灵困扰。众所周知，李嘉图曾经看到，农业的"收益递减"导致了利润率的逐步下降，制造业和农业之间贸易条件的逐步转变有利于后者，最终结果是，出现一种不可能进一步增长的静止状态。就连凯恩斯也认为，即便战争没有造成这样的破坏，粮食生产中的"收益递减"也会破坏"经济乐园"。然而这些担忧没有变成现实。制造业和农业之间的贸易条件已经呈现出一种**不利于而不是有利于**后者的长期趋势；虽然资本主义制度下的增长率近来有所下降，但与"收益递减"导致的利润率下降毫无关联[2]。同样，发达资本主义世界迄今为止在满足其粮食需求方面没有任何问题，这证明凯恩斯的担忧是错误的。那么，我们如何解释担忧与现实之间的这种反差呢？

我们不能简单地宣称"收益递减"是一个神话。土地面积的限制无疑是一个不容忽视的物质现实。当然，土地规模可以通过增产的技术进步或某些投资（例如使复种成为可能的灌溉技术）来扩大（不是自然单位，而是有效单位）。换言之，"土地扩张"措施当然是可能的。但是，用凯恩斯的话来说，如果没有它们，随着需求的增加，土地面积的限制就会日益增加农业产出的"实际成本"。这就意味着，货币工资和其他投入的货币价格给定的情况下，随着产出的增加，该产出的供给价格将随时间上涨。

这种供应价格的上涨给资本主义带来了严重的问题。之所以出现这种情况，并不是因为如李嘉图所担忧的利润率下降或陷入静止状态——无论如何，这种担忧与长远的预期有关。供给价格的上涨，只要转化为价格上涨，就会损害货币价值，这对资本主义来说是一个非常严重和紧迫的问题。一旦财富持有者认为，货币在商品上的价值会随着时间而下降，那么就没人会持有货币形式的财富。

人们可能会认为，既然所有其他商品都有持有成本，而货币却没有，那么只有当预期某类商品的价格会出现某种最低通胀率（对此，它必须先出现，然后被预期），超过其持有成本时，财富的持有形式才会从货币转向该商品。如果通胀率达不到这一阈值，那么就根本不会从货币转向这种商品。

这里有两点必须注意。其一，如果有人预期通胀率会超过某一商品的持有成本，即使大多数人不这么认为，他们也会从货币转向该商品。然而，这将会使该商品的价格上涨，并让更多的人改变其价格预期而从货币转向该商品，以此类推。而且，如果由于供应价格的不断攀升，没有人预期这种商品的价格会下跌，那么通胀过程将会使货币从财富形式中消失。

其二，更为重要的是，在农业用地中，热带土地占有特殊的地位。其规模是绝对固定的（因为没有"土地扩张"措施），它为资本主义生产了一系列产品，这些产品至关重要，却根本无法在其他地方生产。原棉是导致资本主义最早进行工业革命的关键原材料，只能在热带和亚热带地区生产。因此，随着中心资本主义国家的积累，在固定的热带土地上生产的一系列产品的供应价格会上涨，由此产生的通胀率远远超过了从货币转向商品的任何阈值。

因此，供给价格的任何上涨均与货币作为财富持有形式的作用格格不入。而且，即使是出于交易目的而持有货币，也意味着以货币形式持有财富，无论时间多么短暂，任何消除货币作为财富形式的行为，事实上也会消除货币作为流通媒介的作用，从而使货币经济成为不可能。因此，这种不断上涨的供应价格与货币经济根本不相容。

对于资本主义制度的生存至关重要的是，一定不能让这种供应价格上涨的现象表现出来。而这恰恰是整个资本主义历史上发生的一切，这就是李嘉图式预测和凯恩斯式预测都没有实现的原因。并非收益递减是一个神话，而是资本主义采取了其他方法确保了这两种预测不会变成现实。

帝国主义就是这样一种策略，它确保供应价格上涨的现象不会真正表现出来。事实上，正如我们将要看到的，它不仅是一种可能的策略，而且是资本主义为达此目的常用的策略。由此可以得出，帝国主义是这种货币形式本身所固有的。让我们看看帝国主义为什么和如何与整个问题密切相关。

二

在谈到采掘业之前，让我们先讨论农业，二者情况类似。如果土地扩张的投资或技术进步能够达到足以抵消供应价格不断上涨的程度，那么热带土地的有限规模就不会成为问题。但这些通常需要公共投资。正如马克思早就指出的那样，在热带地区的复种灌溉需要国家（投入），因为其投资规模远远超出了单个生产者（通常是小生产者）的能力甚或盈利能力的范围[3]①。即便是要研究土地扩张的技术和降低小生产者的风险（以新的实践方式），也只有国家才能实施和大面积推广。（即使是跨国公司培育和推广的新品种子和其他可以提高产量的新东西，采纳程度也取决于国家提供的信贷补贴和其他投入。）

但是在国家被迫遵循"健全财政"原则的情形下——例如热带国家在非殖民化之前试图平衡预算时，以及全球化背景下，"财政责任"〔在财政赤字的GDP（国内生产总值）占比不超过3％的意义上〕已成为"规范"时——国家发起的土地扩张倡议因投资和技术进步的缺席而备受关注。避免"土地扩张"是资本主义（除短暂的后殖民地国家

---

① 马克思，恩格斯. 马克思恩格斯文集：第2卷. 北京：人民出版社，2009：679-680.

干预时期之外）的**自发**倾向。

因此，防止供应价格上涨本身通常表现为抑制对此类商品的事后需求，即使事前需求增加也是如此。事后需求的不增加，实际上意味着供给价格上涨的现象本身没有表现出来。

抑制事后需求可以通过两种方式来完成：一种是凯恩斯所说的"利润通胀"，即相对于劳动者的给定货币工资和货币收入而言，物价上涨。另一种是所谓的"收入通缩"，即在给定价格下，劳动者的货币工资和货币收入下降。第一种方式势必再次威胁到货币价值，进而威胁到货币体系的稳定性。

诚然，人们可以想象这样一种情形：利润通胀是局部性的，不会对中心资本主义国家的货币构成威胁，也就是说，相对于货币工资，物价上涨发生在特定的一个或一系列非中心资本主义国家，其汇率相对于中心资本主义国家的货币而贬值。但即便是这种局部的利润通胀，也势必会损害当地的货币价值，从而摧毁当地的货币体系。不仅如此，在这一系列国家中，从货币到商品的转变哪怕是依据中心资本主义国家的货币，也可能会抬高一些商品的价格，并引发中心资本主义国家的货币价值问题。因此，即便这种利润通胀真的发生了，在资本主义条件下，抑制事后需求、防止供给价格上涨的出现，更受欢迎的措施是收入通缩。通过压缩劳动者的货币收入，广泛采用各种措施确保商品供应价格上涨的事后需求受到抑制[4]。

那么问题来了：是哪里的劳动者呢？防止供应价格上涨的出现，以确保中心资本主义国家的货币保值，可以通过对**任何需要特定商品的劳动人口**强行实行收入紧缩来实现。换言之，收入紧缩要么强加于中心资本主义国家的劳动人民，要么强加于外围国家的劳动人民（或者兼而有之）；在任何情况下，它都会达到目的。外围国家的劳动人民幸免，而中心资本主义国家的劳动人民受压榨，这似乎是不现实的。更有可能的是，中心资本主义国家的社会稳定需要与之相反的情形，即尽可能将收入紧缩的负担转移到外围国家。由此得出的结论是：中心资本主义国家**必然会对外围国家的劳动人民强行实施收入紧缩，甚至包括那些产品事前就会受到供应价格上涨影响的小微生产者（即他们的货币收益率保持不变）**。

无论我们谈论的是资本主义的哪一阶段，无论在此阶段还发生了什么，中心资本主义国家必然会给外围国家的劳动人民带来收入紧缩的事实仍然没有改变。这是帝国主义的根本特征。在一个纯粹的资本主义世界里，甚至"收益递减"活动也限于资本主义部门之内，如同李嘉图所设想的状况，那"帝国主义"一词就没有意义了，资本主义内部的工资紧缩将成为收入紧缩的唯一形式。但是，如果在空间上还存在其他不同的生产方式和阶级（例如在热带大陆或一般的外围地区，有别于主要位于温带的中心资本主义国家），那么施加收入紧缩便有其空间维度，这种空间性习惯上被称为"帝国主义"。

当前，随着金融权重的增加，保存货币价值的紧迫性变得尤为重要。因此，一般的收入紧缩，以及专门针对外围国家劳动人民的收入紧缩，都变得尤为迫切。帝国主义非但没有消失，反而进一步演变。一部分外围国家的资产阶级已经与中心资本主义国家的资本融为一体，一些外围国家经历了高"增长"，中心资本主义国家的劳动人民现在的收入紧缩程度远超以前，这些当代资本主义世界与过去相比的不同之处均须——记住。但是，在记住了这些之后，我们还必须明确，这些并没有给帝国主义的现实，即中心资本主义国家的资本对外围国家劳动人民实行收入紧缩，带来丝毫的改变。

在一些人看来，帝国主义的这一现实，只有在我们关注有限的农业领域时才成为焦点，正如到目前为止我们所做的那样。其实，除了在全球范围内这一领域远没有局限这一事实，迄今有关农业，特别是有关热带土地产品的所有论述同样适用于采掘业。将收入紧缩强加给外围国家的劳动人民，也是确保采掘业产品不会出现供应价格上涨问题的一种手段。

但是，采掘业还有其他特殊性。与由广大农民耕种的土地不同，矿产是在特定地点发现的，其所有权很容易被垄断。因此，中心资本主义国家的资本总是试图垄断这种所有权。正如列宁所说的那样，在帝国主义内部的竞争时期，中心资本主义国家资本的不同部分之间存在着争夺实际甚至潜在矿产资源所有权的竞争；但在现今这个时期，全球化——它导致了国际金融资本的形成，与卡尔·考茨基所设想的国家金融资本之间单纯的国际协议截然不同——通常会削弱帝国主义内部的竞争，包括对矿产财富实际和潜在来源的所有权和控制权的竞争；它被置于新自由主义政权而非外围国家的控制之下，这一点通常被各类中心资本主义国家的资本所坚持。

三

旧的帝国主义（即拥有殖民地的帝国主义）利用殖民国家对外围劳动人民实行收入紧缩，削减他们对外围国家本身所生产的东西的吸收，这样释放出的商品可以直接运送到中心资本主义国家，或者为中心资本主义国家所需要的其他商品的生产让路，以前用于生产它们的土地可以转向生产这些商品。收入紧缩的两种主要形式为：殖民税收制度，其中很大一部分收入被用来购买这些商品，从而作为前面提到的"财富流失"免费提供给殖民国家；从中心资本主义国家进口商品以破坏殖民地手工业而造成失业，即前面提及的"去工业化"过程。"去工业化"还直接释放了当地所吸收的商品，例如纺织生产中使用的原材料和原本是流离失所的小生产者维持生计的粮食谷物。

旧帝国主义的"优势"在于，作为当时主要中心资本主义国家的英国，可以保持其经济对当时新兴工业化国家的商品开放，而不会负债累累，相反，成为第一次世界大战前几年最大的资本输出国。在1928年之前至少四十年中，印度的出口顺差位居世界第二位（仅次于美国），尽管商品进口导致国内去工业化。但这一出口顺差完全被英国挪用，不仅用于支付其与欧洲大陆、北美和欧洲新的占领区的经常账目赤字，而且利用它向这些地区输出资本[5]。这与当今主要中心资本主义国家美国——随着债务迅速增长，它也是世界上负债最多的国家——的状况形成鲜明对比。这两种情况之所以出现差异，是因为殖民市场和殖民地的"流失"使之不再能够发挥以前的作用，尽管毫无疑问，市场侵蚀和财富流失的现象仍在继续，后者的形式尤其是来自技术垄断的超级利润，现已通过《与贸易有关的知识产权协议》制度化。

财富流失和外围国家市场重要性的降低，不仅因为政治上的非殖民化，还因为这些已经被渗透的市场进一步蚕食的空间有限，而中心资本主义国家目前的需求是巨大的。**与殖民时期不同的是，在当代资本主义中，实施新自由主义政策是对外围国家劳动人民实行收入紧缩的主要手段。**这些政策至少从五个方面给外围国家的劳动人民造成了收入紧缩。最明显的是收入不平等的大幅增加。印度、中国、印度尼西亚和孟加拉国等国的大量产业后备军非但没有消耗殆尽,反而在相对规模上有所增加,这不仅压低了外围国家劳动人民的实际工资,也压低了中心资本主义国家工人的实际工资,这是因为中心资本主义国家的工人现在不得不和外围国家的工人竞争。中心资本主义国家的资本产生了以前没有的新意愿,即向外围国家转移并建立生产单位,以满足中心资本主义国家(而不是当地)的需求。因而,世界实际工资的向量没有任何增长,甚至有所下降[6]。但是,各地的劳动生产力都在提高,导致剩余份额上升,造成了劳动人民的收入紧缩,甚至造成了全球"消费不足"的趋势。

在新自由主义之下,实施收入紧缩的第二种方式是政府的财政措施。鉴于各经济体对包括全球资金流动在内的全球资本流动开放,各国政府竞相向全球化资本提供财政优惠,以诱使其它们的土地上种植作物,实现"发展"。与此同时,由于"财政责任"规定了对财政赤字相对规模的限制,对资本的税收优惠必然伴随着削减社会支出、向穷人的转移支付、粮食补贴,以及健康和教育等基本服务的公共供给,所有这些都对劳动人民造成伤害,所有这些都在实际上降低了他们手中的购买力。收入紧缩限制了他们对粮食等生活必需品的消费,因此利用有限土地满足富人的需求成为可能,而不会对货币价值构成任何威胁。然而,伴随这一进程的是人们日益增长的饥饿。

下面的数字说明了这一点。从整个世界来看,从1979—1981年到1999—2001年期间,人均谷物产量(年平均产量除以中间年份的人口)从355千克下降到344千克[7]。随着世界人均收入的增加,由于谷物需求的收入弹性是正的,且后一时期没有发生与前一时期相比重大的去库存现象,人们本可以预期这二十年谷物价格将大幅上涨,因此,贸易方面也将转向有利于粮食而非制造业。但事实上,在这二十年里,谷物贸易下降了46%[8]!强加给劳动人民,特别是外围国家劳动人民的收入紧缩的危害性,由此可见一斑。

第三种方式是降低小生产者在从收获到零售市场的整个链条的总增加值中所占的份额。之所以出现这种情况,是因为缺乏讨价还价能力的小商贩,以及早先为给生产者"公平"份额而存在的政府营销机构,越来越多地被包括跨国公司在内的垄断资本家取代。

第四种方式是继续殖民化进程,使当地小生产者和小商人被包括跨国公司在内的大企业赶走。去工业化现象现在也蔓延到第三产业部门,在那里,沃尔玛和其他公司催生了新一轮的裁员和失业。这样的命运也在等待着工匠、渔民和众多的小生产者。

第五种,也是最后一种方式,从许多方面来看是最重要的。在针对农民的资本原始积累过程中,大资本以"开发"和"基础设施"的名义,不仅接管了公共用地或政府土地,甚至还以"一次性"价格接管了属于农民的土地。对农民实行收入通缩,不仅影响到农产品的需求方,而且影响到农产品的供给方。然而,这只是意味着,为了货币保值,对需求的挤压必须更强。

因此,全球化大大加快了小生产者与其生产资料分离的进程。同时,它也增加了全球产业后备军的规模,并有助于保证它不会枯竭[9]。

四

失业和非充分就业劳动力的存在本身是衡量收入紧缩的一种尺度,但也防止了任何可能推高货币工资的可能性,这对于保持货币价值而言至关重要[10]。

在马克思主义关于后备军作用的讨论中,往往强调它对实际工资的限制,因而强调是它使剥削过程持续下去。这是马克思本人探讨这一主题的方式。虽然在马克思的理论中,货币的变化与实际工资的变化相伴而生(因为他所关注的是"商品货币"的经验领域),但在一个有信用货币的世界里,这两种变化并非密不可分。在这样的世界里,从资本的角度来看,仅有对实际工资水平的限制是不够的,货币工资水平也应该有所限制。

因此,在这样的世界中,后备军通过降低货币工资水平来发挥稳定货币体系的作用,不仅维护了剩余价值的分配方式,还保持了货币体系的运行,当然,后备军的规模必须足够大。在全球化时代,当资本的国际流动将中心资本主义国家工人的工资与外围国家工人的工资联系起来时,后备军本身就在全球发挥作用。**即便本身不在中心资本主义国家,它也通过维持包括中心资本主义国家在内的所有国家的货币工资量,给中心资本主义国家的货币体系带来稳定从而发挥着全球作用。**因此,维持一支全球后备军是收入紧缩过程的补充,是帝国主义运行的组成部分。

在全球化时代，全球后备军总体上是自发形成的（其相对规模甚至有所增加）。日益加剧的全球收入不平等提高了劳动生产率的增长率，这是因为就平均而言，富人不仅对就业密集型产品的需求低于穷人，而且会更快地转向那些通常就业密集型程度越来越低的新产品。所以，相对于任一给定的产出增长率，就业增长率在全球化背景下都会放缓。

诚然，在全球化时代，一些外围经济体的产出增长率本身就较高，但即便如此，也不足以阻止劳动力储备的相对增加，正如"失业增长"一词在印度的经济语境中所表明的那样[11]。**正如我们所看到的，补充和扩大后备军的一个更重要的来源是资本原始积累，这一过程在全球化时代愈演愈烈，并将大量流离失所的小生产者推向劳动力需求增长不快的就业市场。**

应当指出，上述情况的含义之一是：外围经济体不消耗劳动力后备军，不仅对这些经济体的资产阶级很重要，而且对中心资本主义国家的资本也很重要。因此，相信随着外围经济体的增长，劳动力短缺的状况迟早会出现，从而会带来工资上升并因此消除贫困，这是一种天真的看法。任何这样的结局都将与中心资本主义国家货币体系的崩溃联系在一起，后者将和现在已经与之融为一体的当地大资产阶级一起强烈抵制这一结局的出现。

五

帝国主义满足了资本主义需要的一系列要求，例如获得外部市场和确保原材料供应，正如哈里·马格多夫指出的那样，没有这些，就不会有制造业，无论其在制造业总产值中的份额有多小[12]。所有这些要求在全球化时代一直存在，但其中一项尤其突出，这恰恰是因为金融的总体存在，而这关涉货币价值的保持。在全球化时代，与资本主义有关的一系列过程——不仅限于中心国家，而且深刻地影响着外围地区——均自发地朝着这一目标努力。资本原始积累的强化过程（正如罗莎·卢森堡所指出的那样，不仅限于资本主义的前史，而且伴随着资本主义的整个历史）；由于这种原始的积累，也由于**资本主义领域内**劳动生产率的高增长率，外围地区劳动力储备得到补充和扩大；新自由主义政策的推行，除因全球后备军相对规模的增加而导致的后果外，还引发了收入紧缩，这些都是这种现象的一部分。所有这些使外围国家陷入其大网之中的过程，构成了当代帝国主义的关键要素。这些都是强加给外围国家劳动人民的，尽管政治上非殖民化了，但他们却无力反抗，除非他们的经济体与自由资本和自由贸易流动体制脱钩。

人们常说，在20世纪50年代、60年代和70年代——美国作为主要的资本主义强国，策划推翻了从摩萨德到阿本斯再到阿连德的政府，他们企图以跨国公司为代价，获得对本国资源的更大控制权——帝国主义是一个真实的现象，但现在不是了。换言之，帝国主义不仅在殖民时代，甚至在战后几十年里都是一个有意义的词，但现在已经不再是了。

我们的观点恰恰与之相反。帝国主义之所以引人注目，是因为在非殖民化后出现在前殖民地的统治政权以各种方式寻求破除枷锁。他们试图获得对国家资源的更大控制权；在对国内外资本家征税的同时，抛弃了"健全财政"原则；万一遭到资本家们的抵制和不合作，便将公共部门作为一种后备选项；在公共部门的支持下进行"土地扩张"投资和技术进步，避免了任何收入紧缩的需要；并承诺国家承担提供基本服务的任务。所有这些都意味着帝国主义束缚的放松，这就是帝国主义如此明目张胆地反对这些政权的原因。

但是，随着全球化时代新自由主义政策的推行，民族国家对全球化金融采取独立行动的余地大大缩小，因为全球化金融可以随心所欲地离岸。换句话说，第三世界国家经历了从国家干预时代到新自由主义时代的转变：从一个明显凌驾于所有阶级之上、为"社会福利"进行干预、因而有时甚至代表被压迫者的国家（即使是资产阶级国家），转变为一个几乎完全促进与全球化资本相结合的企业金融寡头利益的国家，理由是其利益与"社会利益"密不可分。随着世界各地通过全球化进程产生的国家性质的这种变化，任何明显的帝国主义干预的必要性消失了（除了像在伊拉克那样直接控制石油）。**简而言之，帝国主义在今天的隐身意味着它变得更加强大，而不是已经消失。**

六

帝国主义的能量不仅仅使资本外逃成为可能。全球化倾向于系统地破坏外围国家抵制国际金融资本霸权的一切可能性。后备军相对规模的增长使工会行动困难，以引入"劳动力市场灵活性"吸引资金的做法以促进"发展"为名，损害了劳工权利；还导致公共部门私有化，将工作"外包"给未加入工会组织的部门，以临时工人取代全职工人，以极低的工资转向"国内生产"，所有这些都使有组织的工人抵抗困难重重。同时，对农民的剥夺和强加的收入紧缩也使农民的行动更加困难。因而，这两个"基本阶级"被削弱了。

但这只是意味着传统的阶级抵抗形式变得更加难以复制，必须发展新的抵抗形式。为了转移其在全球化下给人民带来的经济困境，新自由主义政权通过在社会中促进种族、宗教和其他形式的宗派纷争的方式，寻求政治上的支撑。这样做会导致社会生活的瓦解。然而，这种趋势也为推翻新自由主义创造了条件，并为逐步实现对资本主义的超越创造了条件，因为它越来越清楚地向人们表明——正如罗莎·卢森堡所说——选择是在社会主义和野蛮之间进行的。

注释

[1] 关于这种"财富流失"和"去工业化"的作用，参见 Amiya Kumar Bagchi. Perilous passage：The Global Ascendancy of Capital. Delhi：Oxford University Press，2006；Utsa Patnaik. The Free Lunch：Transfers from the Tropical Colonies and their Role in Capital Formation in Britain During the Industrial Revolution//K. S. Jomo. Globalization Under Hegemony：The Long Twentieth Century. Delhi：Oxford University Press，2006：30-70。

[2] 关于贸易长期变动的最新评估，参见 Shouvik Chakraborty. Movements in the Terms of Trade of Primary Commodities vis-à-vis manufactured Goods：A Theoretical and Empirical Study. PhD thesis，Centre for Economic Studies and Planning. New Delhi：Jawaharlal Nehru University，2011。

[3] Karl Marx. The British Rule in India//Iqbal Husain. Marx on India. New Delhi：Tulika Books，2006. 最初发表在 New York Daily Tribune，June 25，1853。

[4] 印度语境中的相关讨论参见 Utsa Patnaik. Deflationary Neo-liberalism：An Indian Perspective//Paul Bowles，et al. National Perspectives

on Globalization: A Critical Reader. London: Palgrave, 2007。

[5] Utsa Patnaik. India in the World Economy 1900 to 1935: The Inter-War Depression and Britain's Demise as World Capitalist Leader. Social Scientist, 2014, 42 (1-2) (January-February): 13-35.

[6] 以美国为例, 约瑟夫·斯蒂格利茨说: "考虑到通胀因素, 实际工资已经停滞或下降; 一个典型男工人 2011 年的收入（32 986 美元）低于其 1968 年的收入（33 880 美元）", 参见 Inequality Is Holding Back the Recovery. New York Times Opinionator, January 13, 2013. http://opinionator.blogs.nytimes.com。

[7] 谷物产量数据来自联合国粮食及农业组织。

[8] 感谢舒维克·查克拉博蒂博士向我们提供了这一数字。

[9] 下面的讨论受惠于 John Bellamy Foster, Robert W. McChesney, R. Jamil Jonna. The Global Reserve Army of Labor and the New Imperialism, Monthly Review, 2011, 63 (6) (November): 1-31。

[10] 接下来的讨论是基于 Prabhat Patnaik. The Value of Money. New York: Columbia University Press, 2009。

[11] 例如, 根据《全国抽样调查》, 在 2004—2005 年和 2009—2010 年, 当印度的 GDP 明显以每年 7%以上的速度增长时, 那些"常态化"的就业人数以每年 0.8%的速度增长, 这远远低于劳动力供给的增长率。

[12] Harry Magdoff. The Age of Imperialism. New York: Monthly Review Press, 1969.

第8章 全球化的幕后*

［美］因坦·苏万迪 著　李见顺 译

全球化不是资本主义历史的新发展。保罗·斯威齐在其为《每月评论》撰写的最后一篇文章中指出,全球化是一个过程,而且已经发生了很长时间。正如马克思向我们展示的那样,斯威齐写道:"资本主义从最核心的本质上讲,是一种对内对外都不断扩张的体系。一旦生根,就必然要成长和扩大。"[1] 换句话说,资本积累总是意味着扩张。再者,这种扩张进程是在全球范围内发生的,最重要的,其特征是帝国主义。长期以来马克思主义学者一直认为帝国主义总是与资本主义相伴;用经济学家普拉巴特·帕特奈克的话说,"没有帝国主义的资本主义是不可思议的"[2]。或者,如萨米尔·阿明所讲,从诞生的时刻起,"帝国主义就是资本主义扩张固有的本性"[3]。阿明认为,从征服美洲开始,到对亚洲和非洲进行殖民统治,再到当前新自由主义全球化,资本的目标始终没有改变:操纵市场的扩张、掠夺地球的自然资源、剥削边缘地区国家的劳动力后备军——即便不存在"殖民地",这些也是资本主义全力追逐的目标[4]。

不过,即使刚开始我们认为全球化——或全球资本主义扩张——并不新奇,但也不能由此否认这种扩张在其发展过程中的某些特定时期会呈现出新的特征。考察这些历史特征可以突出资本主义贯穿始终的帝国主义"本性",这将是本文的研究重点。从诸如全球链理论的视

---

* 文献来源:Intan Suwandi. Behind the Veil of Globalization. Monthly Review,July-August,2015:37-53。

角对全球化生产进行的分析,必然与马克思主义研究者试图揭示的现实不相符合,即从全球南方国家榨取的剩余与如下因素相关:(1)垄断资本主义的发展和跨国公司的寡头垄断权力;(2)金融分析师称之为"全球劳动力套利"的方式;以及(3)劳动力价值。依据这种政治经济学方法,我们就可以揭露隐藏在全球化幕后的帝国主义真相。

一、全球经济新趋势

资本的支持者与批判者至少可以在一件事情上达成共识:存在展现当前全球经济新特征的明显证据。肇始于1970年代末的当代全球化浪潮在生产及金融领域都呈现出独具特色的模式:贸易与外国直接投资流动的急剧增加,以及国际投资组合流动的大规模扩张[5]。但是需要特别注意的是离岸外包正在高速增长——制造业尤其如此——无论是通过松散型合同(离岸外包)还是在单一跨国公司范围内(公司内部贸易)[6]。

与跨国公司内部贸易密不可分的外国直接投资在最近几十年的增长"远远快于世界收入的增长",与此同时,外国直接投资流入量呈现出日益增长的趋势——从1980年占世界GDP的7%上升到2009年的30%左右[7]。然而,直接投资不会向我们讲述离岸外包的全部故事。订立松散型合同也是全球经济运行的重要组成部分,跨国公司可以"通过其国际业务以及对供应链的战略控制获得极高的边际利润——尽管它们相对缺乏外国直接投资"[8],甚至外国直接投资规模较大的跨国公司也是主要的国际分包商[9]。

在这里,我们要强调的是两者(跨国公司内部贸易和承包业务)的增长表明生产过程的全球化,相应地全球南方低工资国家的生产增加了。显而易见,在最近25年中,像离岸外包这样独具特色的一些经营模式已经成为全球范围内劳资关系的标志。其中一个模式是,以制造业为重心的出口导向型产业在全球南方国家蓬勃发展。正如艾德娜·伯纳希切等人在《全球生产》导论中所说:"新全球化的一个重要特征是(跨国公司)在全世界寻找最廉价的劳动力,并且正在发展中国家找到它。"[10]例如,全球外国直接投资的很大一部分流向了全球南方国家,最初这些国家在1980年代末的世界外国直接投资中所占的份额"缓慢而稳定地上升"。到2010年,"超过一半的外国直接投资第一次流向了第三世界和转型期经济体"[11]。世界银行在2003年的一份报告称,外国直接投资是发展中国家外部资金的最大来源[12]。与直接投资不同,松散型合同很难判定,但一项估算显示,"至少世界贸易总额的40%与国外外包有关"[13]。

这些模式的一个重大影响是全球劳动力的产生。毫不夸张地说,当前全球化指的是以截然不同的劳资关系重组全球生产过程的现象。当今世界范围内,全球78%的产业工人生活在南方国家,而1950年为34%,1980年为53%[14]。如此一来,制造业在出口和生产两方面都成为"第三世界发展活力的主要来源",东亚和东南亚尤其如此[15]。到1990年,该地区的制造业在国内生产总值中所占的份额高于其他地区。亚洲开发银行的一份报告显示,大多数东南亚国家,特别是其中的发展中国家,制造业产出份额在1970至2000年实现了增长[16]。

主要由社会学家、经济学家和地理学家构成的全球链理论家是那些分析当前全球经济运行机制的研究者。这些理论增进了我们对体现在商品或价值链之中的各种社会联系的理解,也揭示支配着全球化生产的权力关系的帝国主义特征,尤其是全球资本和地方资本对全球南方劳动力剥削方面的不成功。此外,这些理论亦缺乏对垄断资本主义历史发展和跨国公司寡头垄断权力的细致考察。而这种考察对于探讨资本在全球经济中如何保持和增强权力是很必要的。

二、全球链理论

"商品链"概念是伊曼纽尔·沃勒斯坦和特伦斯·霍普金斯在1970年代提出的,他们从世界体系视角发展了这一理论。然而,在随后几年里,全球链研究领域出现了几种不同的倾向。主要有以下三点:第一,该理论在对商品链进行"宏观和长时段历史分析"的世界体系传统内继续发展。第二,该理论转变为全球商品链框架,加里·格里菲是主要支持者之一。第三,受全球商品链的启发,该理论与侧重交易成本的新古典主义经济学传统相融合,发展出来的另一种变体被称为"全球价值链框架",有时被称为"全球供应链"[17]。全球商品链和全球价值链框架与作为世界体系表现形式的全球链的区别在于——至少如其支持者所宣称的那样——前者主要关注的是"时间较近和性质新奇的经济一体化进程"[18]。

但就连上述"区别"也并非一目了然。例如,威廉·米尔伯格和德博拉·温克勒都使用全球价值链框架,但对交易成本经济学却持批判态度[19]。他们也对价值链治理结构进行了剖析,如同全球商品链支持者格里菲将其划分为"买方驱动"结构和"生产者驱动结构"[20]所做的研究一样。然后,他们开始合作。例如,格里菲与其他学者一起致力于发展全球商品链理论,而他们又在全球价值链框架内开展研究工作[21]。我们可以推论这些方法的混合是合乎逻辑的,因为这些术语经常互换使用。本文把这些研究视角视为混合方法,并将这些框架简单地称为"全球链理论"。

全球链理论的支持者试图通过商品链或价值链的特征与动力阐明当前全球化的新特征。纵观这些理论的发展,商品链的概念与霍普金斯和沃勒斯坦对它的界定大致相同:"以完成某一商品生产为终极目的的劳动和生产过程网络"[22]。这种网络通常在地理上非常广泛,并且"包含多种类型的生产单位,而生产单位又采取多种劳动报酬模式"[23]。商品链学者使用术语"盒子"或"节点",来指涉构成商品链的独立过程。在这种语境中,一个节点表示一个特别的或特殊的生产过程,并且一个商品链中的每个节点都涉及"输入物(例如,原材料或半成品)的获取和/或组织、劳动力(及其供应)、运输、分配(通过市场或转让)和消费"[24]。

然而,后来发展起来的全球链理论更多地关注成为当前全球经济标志的那些模式。常常被当作新生产方式加以讨论的一种生产模式是1970年代以来大多数发展中国家制定发展战略的一种趋势,即从进口替代型工业转向出口导向型工业[25]。与此相关,关于离岸外包/国外外包的讨论占据了全球链研究领域的中心地位。离岸外包被定义为"将商品与服务的供应从国内转移到海外的决定",本质上并不是一种新趋势[26]。但全球链学者强调,当前全球化的一个显著特征是过去几十年国际生产及离岸外包行为在世界体系外围地区的增加。贸易利用更高的组织水平,通过日趋复杂的价值链进行。其中,核心地区更加依赖从低收入国家进口的商品和服务[27]。因此,与研究当代全球化的其他学者一样,全球链支持者都高度重视它的一个显著特征:"位于发展中经济体的劳动力所占的比例非常庞大而且在不断增长"[28]。

威廉·米尔伯格与德博拉·温克勒都认为公司战略转变——将离岸外包作为这一转变的主要部分——是全球化"新浪潮"的关键驱动力。该战略包括对更低成本和更强适应性的追寻,以及对"减少长期雇佣和就业保障承诺的同时为金融活动和短期股东价值分配更多资源"的渴求[29]。而且,加里·格里菲还强调不生产自己产品的公司的诞生。他声称,这是此类公司离岸外包"新趋势"的核心,这些公司通常是大型零售商和品牌营销人员,可被视为已存在长达数十年的全球链的"新驱动力"[30]。这些公司的外包业务在"买方驱动"链上运营,并且在出口国(通常是第三世界)建立分散的生产网络方面发挥着枢纽作用[31]。实际上,它们不是真正的制造者,而是商人,即只负责"设计和/或营销,但不制造它们销售的品牌产品"的那些公司[32]。这表明,与外国直接投资为特征的"生产者驱动"链不同,买方驱动链根据其框架,是以松散型合同为特征的。

全球链理论对全球化生产的一般性讨论无疑贡献了一些有益的洞见。如果与格里菲及其同事创立的全球商品链理论相比,全球价值链框架的意义显得尤其突出。与全球商品链不同,全球价值链框架直接关涉全球交换价值问题,而全球商品链研究方法主要关注由网络(或"节点")组成的"跨国生产体系的组织特征与演变"[33]。价值链的研究,例如考察 iPod 和 iPhone 的生产,对主流经济学的"价值增值"概念提出了切中肯綮的批驳(这将在最后一节讨论),尽管这些研究本身并不对资本持特别的批评态度[34]。然而,甚至全球价值链框架最终亦缺乏必要的理论工具来揭示物质关系,特别是全球资本与全球南方国家劳动力之间的物质关系,这些关系奠定了生产过程全球化的基础。尽管全球链理论家提出了如下数项貌似批判的主张,认为参与价值链的经济行为者和经济机构之间的"权力关系"是贸易方向和贸易额的决定性因素,或者提倡"从差别化市场与资源准入角度对世界经济空间的不平衡进行细致入微的分析"[35],上述结论仍然成立。

同其他问题一样,上述问题在他们对跨国公司的薄待中得到了证明,而跨国公司在全球经济,特别是在生产全球化中拥有极其重要的地位。考虑到格里菲的如下主张,这一点尤其令人遗憾:"跨国公司"是"全球资本主义经济运行的主要组织者",全球商品链框架与以往的理论(比如依附理论)存在显著区别,原因在于那些理论"没有一种有效的方法将跨国公司的活动与世界经济结构绑定在一起"[36]。例如,强调买方驱动链的分散特征,可能低估了跨国公司总部实施控制的程度与手段。即使在假定分散的、依赖分包业务的商品链网络中,跨国公司仍然对分包业务拥有高度的控制权,尽管这种控制是间接的。此外,由于分包通常没有与使公司跨国化(以外国直接投资为基础)的"标准定义"联系在一起,这种间接控制常常被忽视。所以,业务分包并不能揭示跨国公司运用权力实施的"真实的控制程度"[37]。

问题在于跨国公司的权力是否正是因为生产日益"全球化"而被削弱。激进经济学家认为分散的商品链网络的出现并不必然意味着权力已经在全球生产领域实现了平等分配,例如,埃内斯托·斯克勒潘蒂就揭穿了生产全球化中大公司跨国化的谜底。通过整合数项研究,斯克勒潘蒂指出,尽管人们具有的普遍共识是大公司现在采用的是网络结构,不再是等级结构,跨国公司的治理结构仍然是高度国家化的。这里的重点在于跨国公司的管理与先进技术研发中心仍然集中在发达的全球北方国家。正如斯克勒潘蒂得出的结论:"因此,通过直接投资,创新转移到了各个新兴国家和发展中国家,在那里,它们创造了一种技术开发的衍生形式。"[38]

以中国为例可以说明这种现象。的确,中国已经产生了越来越多的专利。然而,似乎这个国家产生的"技术创新"大多属于"对进口技术的改进、适应与创造性模仿"[39]。另一位经济学家马丁·哈特-兰兹伯格也表示,将中国列为"2006年度最大高科技产品出口国"是一种误导。哈特-兰兹伯格引用现有的研究成果证明,中国85%的高技术出口产品是由跨国公司生产的。此外,2002年至2009年的7年间,外资企业在中国高技术出口产品中所占的份额从55%增加到68%,这表明外资对中国高技术出口产品生产的控制有所增加[40]。这些事实表明在全球化生产中权力并没有分散,用经济学家斯蒂芬·海默的话说,跨国公司的总部仍然是"鸟瞰的统治;在晴朗的日子里,它们几乎可以看到全世界"[41]。

全球链理论在很大程度上忽略了跨国公司的权力与全球南北方之间不平等的关系。他们对由世界经济导致的不平等问题的讨论大多局限于发展中国家可以做些什么,以便基本"追上"链条中更有利可图的"节点",这是一个与现代化理论最相关的概念。这可以从格里菲如何考察中国台湾和韩国等东亚新兴工业化代表凭借"三角制造"方式成功实现"产业升级"的例子中得到证明。"三角制造"方式被视为东亚新兴工业化代表从作为美国零售商和品牌营销商的供应商向作为买方驱动链的"中间商"转变的一种手段（而现在生产转移到外围地区，如中国大陆、印度尼西亚和危地马拉）[42]。然而，作为全球化"新浪潮"表征的不平等现象，不能仅仅借助观察链内或链间经济主体的迁移来审视（更不用说解决）。这些不平等现象根植于全球资本主义发展的悠久历史，而全球资本主义的特征是帝国主义。要理解这一点，首先要考虑垄断资本和跨国公司的兴起。

三、垄断资本与跨国公司

全球链理论家似乎忽略了资本主义发展更宏大的历史背景，它为跨国公司的崛起及其权力扩张奠定了基础。借助这种历史性解释，我们还可以考察跨国公司的特征与结构，进而剖析它们在全球经济中的作用和地位。跨国公司不是无源之水、无本之木，其存在与成长离不开垄断资本主义的发展。1916年，列宁创立了帝国主义理论，认为资本主义体系中垄断实体——用他的话来说，"垄断同盟"——的存在及其经营活动表明"自由竞争"已成明日黄花[43]。

与列宁相呼应，保罗·巴兰与保罗·斯威齐在《垄断资本》一书中提出不能再用市场关系的竞争模型来检视资本主义[44]，其中一个主要理由是巨型跨国公司拥有的主导地位，其操控性权力是指在价格上创造垄断的能力。在垄断资本的控制下，垄断公司"能够而且确实可以漫天要价"，因为垄断资本主义体系基于"降价"将导致垄断寡头之间发生"经济战"的假定而禁止"降价"的做法[45]。这种控制能力在传统自由竞争体系之下是不存在的。因此，虽然降价——这将严重危及边际利润——很少发生，"但企业涨价通常是同时发生的，最常见的情况是在行业内规模最大的企业的价格领导之下"[46]。

正如价格控制问题所证明的那样，垄断资本即便不再遵循完全竞争模型规则，但仍然遵循利润最大化原则。其实，在许多方面，垄断还强化了利润最大化原则，导致垄断资本主义的一个主要矛盾："剩余增加和与之相关的剩余吸收问题之间的矛盾"，这是一个引发停滞趋势的问题[47]。但这里值得注意的是，剩余的增长程度给我们勾勒了一幅跨国公司权力影响的图景。这些跨国公司尽管起源于成熟的资本主义经济体（即实现了"资本创造利息、土地产生地租、劳动取得工资"三位一体的经济体），但在全球范围内拥有寡头独占权[48]。它们在一个寡头竞争的体系中运作，其中，少数（并且持续减少）跨国公司操纵着世界生产[49]。基于产业组织理论的分析，海默认为随着自身规模与国际化程度的提高，跨国公司资本积累的实力与能力也随之增强。跨国公司创立了一种新的管理结构使生产过程合理化，进而"系统地"将科学技术的进步纳入经济活动之中[50]。这一结构还使跨国公司能够在决策能力方面取得重大进展，得以建立一个垂直控制系统：总部设在核心国家，处于层级结构的顶端。公司总部具有一个特殊职能，即"为整个组织的生存和生长进行协调、评估和规划"。借助这一职能，组织就具有了自我意识，并进而实现"对自身进化与发展的一定程度的控制"[51]。

鉴于这些特点，海默指出了跨国公司运作中的一个固有矛盾：它们被"两个方向的力量撕扯"。一方面，跨国公司运作的国际化使它们需要一个分散的决策系统，以便适应每个国家的具体环境。另一方面，跨国公司也需要一个集中控制系统，以便协调分散在全球各地的活动。因此，与其说是一个分散的市场，还不如说是一个国际规模的"涓滴"式结构[52]。跨国公司的这种"涓滴"式结构与运作方式产生了广泛的后果，即强化了权威与控制模式，最重要的是，使跨国公司能够在不完善的（全球）市场或一个已消除竞争的市场上拥有寡头独占权。

在审视被视为全球化"新浪潮"核心的离岸外包/国外外包行为时，不能忽视这一背景。资本输出的实践本身始终伴随着垄断资本主义的发展。列宁称，由以前把外围地区卷入资本主义体系的殖民主义所导致的资本输出成为"帝国主义压迫和剥削世界上大多数民族和国家的坚实基础……极少数最富国家的资本主义寄生性的坚实基础！"①为了资本积累和利润率，大资本家把资本输出到"资本少，地价比较贱，工资低，原料也便宜"②的欠发达国家[53]。

在随后的几十年里，伴随美国在战后帝国主义体系中领导地位的确立，外国投资在帝国资本主义之中，尤其在制造业领域，重要性持续增长。正如哈里·马格多夫所言："外资制造企业投资的加速为资本

---

① 列宁．列宁选集：第2卷．3版修订本．北京：人民出版社，2012：628．
② 同①627．

国际化增添了新的维度。"[54] 外国（特别是直接）投资是打入国际市场的一种方式。它们允许美国公司直接参与国外市场的竞争，而不是仅仅通过出口。此外，它们还允许这些公司"进入竞争大国的世界渠道"[55]。海默与马格多夫对外国投资的解释一致，强调外国（直接）投资是维持和扩大跨国公司寡头垄断权力的工具："直接投资往往与主要由少数公司占据市场份额的行业相关联。"[56] 海默还指出，外国经济的快速增长对外国投资具有吸引力，不仅仅是因为市场不断扩大，还因为竞争对手资本——当地资本、其他国家资本或国家资本的增长。

约翰·贝拉米·福斯特写道，尽管对企业而言世界在某些方面仍然处于竞争的环境，但"垄断资本的目标始终是创造（或）延续垄断权力，即经由主要生产成本的加成定价来创造可持续的高额经济效益的权力"[57]。无论是通过企业内部贸易还是国外外包，近几十年来外国投资的增长趋势都显示了这些实践的帝国主义特征的延续。或者正如扎克·科普所言，随着生产变得全球化，"领先的寡头竞相降低劳动力与原材料成本。它们向欠发达国家输出资本，以确保对丰富廉价劳动力的剥削和对经济上关键的自然资源的控制，从而获得高额回报"[58]。通过"主要生产成本的加成定价"去审视垄断资本对利润的追逐，可以揭示作为所谓"新全球化"标志的离岸外包/国外外包的帝国主义性质。要做到这一点，我们需要对金融分析师所说的"全球劳动力套利"进行探讨。

四、帝国主义全球经济：透过全球南方国家的视角

马克思主义学者约翰·史密斯对艾伦·梅克森斯·伍德在界定资本帝国主义本质时回避"价值理论复杂性"的做法做出回应，与伍德相反，他认为我们需要把价值理论应用于帝国主义的世界经济，以便发现系统的帝国主义理论。正如他在其他地方所阐述的，对当代帝国主义的分析必须从"国家间剥削率的系统性国际差异"，特别是全球北方帝国主义国家与全球南方边缘国家之间的差异出发，并致力于对这一差异做出解释[59]。他认为，劳动力价值的国际差异或者过度剥削，都不是什么新鲜事，不同的是"这些现象在过去三十年'新自由主义全球化'进程中获得了中心地位"[60]。

为了帮助我们理解构成帝国主义全球经济之基础的劳动关系，将离岸外包/国外外包行为视为全球劳动力套利的一种方式是有益的。这个词本身由摩根士丹利前首席经济学家斯蒂芬·罗奇创造，他将其定义为，在美国和其他富裕经济体，"用国外同样素质的低工资工人替代高工资工人"。罗奇认为，全球劳动力套利"很可能是经济的一个持久特征"，美国公司"在削减成本的无情压力下"就是这样做的[61]。按照罗奇的理解，全球劳动力套利被合理化为全球北方国家公司的"紧急生存策略"——在供应过剩时代迫于"提高效率"的压力不得不如此[62]。然而，史密斯却用这个词来解释全球化的剥削特征。

第一，罗奇所讨论的成本控制法则，无非是在不完善的全球市场中利用工资差异的问题，移民限制就是明证。史密斯认为，全球劳动力套利出现在不完善的全球市场之中，正是因为自由资本与劳动力流动的不平等。虽然由于贸易自由化，全球资本和商品可以相对自由地流动（不受公司造成的垄断和准入壁垒以及富裕国家仍然实行的保护主义的影响），但劳动力仍基本上被控制在国家边界内。这一状况是由各种经济、政治和社会因素造成的，包括移民政策。全球劳动力套利，即用低薪劳动力替代高薪劳动力以追逐更高利润，因此成为跨国公司从"劳动力价格巨大的国际差异"中获益的一种手段[63]。

罗奇说离岸外包由成本控制法则或追求效率驱动，这在某种程度上是正确的。毕竟，离岸外包是通过低工资劳动力和"廉价"材料降低成本的一种方式。但我们不应忽视这样一个事实，即这种削减成本，本质上是使垄断权力永久化的工具。进一步考察，这种实现效率的方式是帝国主义的，根本上是帝国主义的全球资本对全球南方劳动力的剥削。史密斯写道，全球劳动力套利本身构成了不平等交换，在这种交换中，资本家从全球南部更低廉的劳动力成本中获得了更多利润。

不平等交换，被理解为用更多的劳动替换更少的劳动，与资本输出密切相关。正如萨米尔·阿明所解释的，这种资本输出——通过垄断的形成而成为可能——使得资本主义中心地区能够提高利润率水平。特别是在垄断产生的早期（19世纪末），资本输出使生产体系建立在外围地区，即使在现代条件下（例如，拥有相同的生产技术），外围地区仍具有低工资成本的"优势"[64]。由此，不平等交换出现了，表明在全球范围内存在一种"隐性价值转移"或"帝国主义租金"。其根源在于国家间不平等的权力关系，这种关系由跨国公司寡头垄断及其控制价格的能力推动[65]。与此同时，这一进程标志着外围国家进一步融入全球经济[66]。在这种背景下，全球劳动力套利还导致全球南方国家被纳入世界资本主义经济体系，如前所述，发展中国家的直接投资和分包业务也相应地增加了。

全球资本在追寻劳动力潜在价格差异方面的积极性体现在世界银行和亚洲开发银行等金融机构努力在全球南方营造"健康的投资环境"。这些机构编制的报告显然代表了资本的立场，尤其是劳动力问题，在它们讨论什么构成良好的投资环境时是显而易见的。以印度尼西亚为例，亚洲开发银行的一个经济学家团队认为"劳动法规"是"比劳动技能更令人关切的严重问题"，它阻碍印度尼西亚改善投资环境。同样，最低工资也"对公司的运营造成沉重压力"[67]。印度尼西亚政府在1990年代危机后试图提高最低工资，但遭到批评说这一政策将危及印度尼西亚在投资市场的竞争力[68]。

从这个角度看，我们可以将全球劳动力套利与几个环节联系起来。第一，全球劳动力套利被视为"对全球工资差异的利用"，是对资本增值的追求[69]。正如罗奇在文章中指出的，对"效率"的重视是这里的关键之一。在劳动价值理论的语境中，全球劳动力套利是一种在不完善的全球市场中既能降低社会必要劳动成本（通过雇佣低工资工人）又能最大限度地掠夺经济剩余（采用各种手段从工人身上榨取更多剩余，包括采用外国工厂压抑的工作环境、国家禁止组织工会、实行配额制或计件工资制等等）的战略，这反过来又造成并加剧了对全球南方国家工人的剥削。

第二，全球劳动力套利与马克思所说的"失业者的产业后备军"有关，在全球范围内，就是全球劳动力后备军。这支后备军的建立部分与"大翻番"现象有关，前社会主义国家和前保护主义国家（如印度）的劳动力融入了全球经济，从而扩大了全球劳动力后备军的可用性[70]。但是，建立这支后备军的核心也在于成立农业综合企业，使全球外围的大部分地区得以去小农化。这一强迫农民离开土地的运动，导致了城市贫民窟人口的增长。全球劳动力后备军的建立，不仅是一种增加利润的战略，也是一种在全球范围内对劳动力分而治之的手段。虽然公司之间的竞争仅限于寡头竞争，但世界工人，特别是全球南方国家工人之间的竞争却大大加强。换言之，工人们互相竞争。这种分而治之的战略"整合了不同的劳动力剩余，确保不断增加的全球后备军'新兵'供应",这些"新兵""因就业的不稳定和失业的持续威胁而变得不再那么冥顽不化"[71]。

第三,如果我们聚焦外包行为或与国外独立供应商的合同关系,全球劳动力套利就可以揭示全球资本与全球南方国家劳动力之间更复杂的帝国主义关系。在外包方面,跨国公司只与生产其产品的工人/农民有间接联系,通常不存在从外国供应商到其全球北方客户(跨国公司)的可见利润流动。史密斯认为,这在几个方面都产生了很大的问题。

首先,史密斯表示,我们可以通过追踪跨国公司产品(如智能手机、T恤衫和咖啡)产生的利润来发现问题。以 iPod 为例。2006 年,30GB 苹果 iPod 的零售价为 299 美元。生产(完全在国外完成)总成本为 144.40 美元,即毛利率为 52%。154.60 美元的"毛利润"由苹果、其零售商和分销商以及政府(按税收)分摊。但这正是"魔力"所在:最终售价的 52% 被算作美国的附加值,并计入美国国内生产总值。这种"会计账目"没有意义,因为生产是在美国以外的地方进行的。尽管生产 iPod 所需的大部分工作都在国外(在本例中,是富士康工厂所在的中国),但中国生产 iPod 的工资总额仅为 1900 万美元,而美国的工资总额为 7.19 亿美元。造成这种不平等的一个主要因素是,在美国就业的"专业工人"的工资总额占美国工资总额的三分之二以上。此外,史密斯援引托尼·诺菲尔德对孟加拉国生产的 H&M 品牌 T 恤在德国销售的案例研究解释说,核心国家的公民不仅可以购买廉价商品,而且可以从这些商品产生的利润中获益。销售价格收入的很大一部分以税收形式流向国家,也流向一些群体,包括核心国家的工人、高管、房东和企业[72]。

其次,该案例是史密斯所谓"GDP 幻觉"的一个例证。国内生产总值和贸易规模的标准数据夸大了全球北方国家对全球财富增长的贡献,同时也降低了全球南方国家的贡献。从上述案例可以看出,当我们购买商品,比如 T 恤时,T 恤生产国的所得在其 GDP 中仅有最终销售价格的一小部分,而更大的部分出现在消费国的 GDP 中。这种做法导致了荒谬的"事实"——从事生产的较贫穷国家,即对全球财富做出更大贡献的国家,国内生产总值比不从事生产的国家要小得多。为什么会出现这种情况?史密斯认为,GDP 和贸易数据只解释了市场交易。但没有任何东西是在市场中生产出来的,正如马克思在其《资本论》第一卷中所解释的那样，我们应该去隐蔽的生产场所寻找价值。史密斯写道："价值在生产过程中被创造出来，并在市场中被获取，相对于销售时最终实现的价格，价值具有先验的、独立的存在。"[73]

对这一点的忽略，导致了另一个谬论：价值与价格的糅合。在新古典经济学的框架下，GDP"本质上是一个国家内每个公司创造的'价值增值'之和"，其中价值增值被定义为"所有投入的价格与所有产出的价格之间的差额"。因此，在这种理解中，"产出价格超过投入价格的数量自动地、完全地等同于它在自己的生产过程中所产生的价值，该数量不能泄露给其他公司，也不能从其他公司那里获取"。史密斯采用马克思主义方法驳斥了这种"谬论"，并提出了一个反证：价值增值就是真正的价值获取。意指，"它衡量的是一家公司所获得的整个经济增加值的份额，与该公司雇佣的活劳动所创造的价值完全不相符合"。他还指出，主流经济学没有注意到，许多被认为是创造价值增值的公司"实际上从事的是非生产性活动，如金融和管理，这些活动根本没有创造任何价值"[74]。GDP问题解释了为什么全球南方国家在主导性理论范式中被低估——它对全球财富的贡献被有意忽略了。最后，这意味着，"劳动在一国国内生产总值中所占的份额与该国普遍的剥削率没有直接和简单的对应关系，因为帝国主义国家的'国内生产总值'中很大一部分是剥削国外劳动获得的收益"[75]。因此，揭开隐藏这种剥削的面纱是很重要的。

国民经济核算的主流方法也在环境视域内受到了质疑，赫尔曼·戴利和约翰·科布在《为了共同利益》一书中对国内生产总值提出了批评[76]。对上述GDP幻觉的讨论表明，迫切需要在考虑全球南方国家关切的情况下，对主导性理论范式进行反思。为了揭示隐藏在这些经济核算之中的全球北方国家和全球南方国家之间的帝国主义关系，我们至少应该首先检视全球南方对全球财富的贡献如何被忽视，以及这种忽视如何进一步掩盖了在全球南方国家隐蔽的生产场所发生的劳动剥削。

鉴于上述解释，很难夸大将价值理论与我们对帝国主义全球经济的考察相结合的重要性。马克思的价值理论有助于我们理解全球生产的根本问题，特别是全球范围内经济剩余的分配过程。这种将全球化生产理解为帝国主义进程的理论抽象，可以类似地用在对这一进程注重历史与政治分析的实证研究上。例如，可以更多地关注全球南方资本和民族国家在全球经济中何以扮演两种角色：一方面，它们无疑从属于全球北方资本，但另一方面，它们剥削自己的劳动力。通过这一点，我们也可以看到各民族国家之间权力关系模式的多样性，这与其在全球经济中的地位有关。

最后，我相信我们可以在不破坏以全球化生产为基础的物质关系的前提下，构建一个以研究商品为核心的帝国主义理论。马克思自己在《资本论》第一卷第一章开篇，声明了商品作为一种分析工具的重要性："资本主义生产方式占统治地位的社会的财富，表现为'庞大的商品堆积'……因此，我们的研究就从分析商品开始。"[77]① 这可以包括对iPhone或T恤衫的分析，但最重要的是对"特殊"商品劳动力的分析。正如史密斯所说，活劳动之所以是生产过程全球化的核心，正因为它也是一种商品，并且其生产也正在全球化。而劳动力商品化是资本主义的本质。因此，考察劳动价值论对考察帝国主义全球经济是不可或缺的。

注释

[1] Paul Sweezy. More (or Less) on Globalization. Monthly Review, 1997, 49 (4) (September): 1.

[2] Prabhat Patnaik. Capitalism and Imperialism. MRZine, June 19, 2011. http://mrzine.monthlyreview.org.

[3] Samir Amin. Imperialism and Globalization. Monthly Review, 2001, 53 (2) (June): 6.

[4] 同[3] 6-11.

[5] William Milberg, Deborah Winkler. Outsourcing Economics. New York: Cambridge University Press, 2013.

[6] 同[5] 2.

[7] John Bellamy Foster, Robert Waterman McChesney. The Endless Crisis: How Monopoly-finance Capital Produces Stagnation and Upheaval from the USA to China. New York: Monthly Review Press, 2012: 105.

---

① 马克思，恩格斯. 马克思恩格斯选集：第2卷. 3版. 北京：人民出版社，2012：95.

[8] 同 [7] 111.

[9] 同 [7] 111.

[10] Edna Bonacich, Lucie Cheng, Norma Chinchilla, et al. The Garment Industry in the Restructuring Global Economy//Global Production. Philadelphia: Temple University Press, 1994: 16.

[11] Martin Hart-Landsberg. Capitalist Globalization. New York: Monthly Review Press, 2013: 18.

[12] M. Scott Solomon. Labor Migrations and the Global Political Economy//Robert A. Denemark. The International Studies Encyclopedia, vol. VII. Oxford: Wiley-Blackwell, 2010: 4767-4786.

[13] 同 [7] 109.

[14] John Smith. What's New About "New Imperialism". 2007. https://yumpu.com.

[15] Gary Gereffi. Global Production Systems and Third World Development//Barbara Stallings. Global Change, Regional Response. New York: Cambridge University Press, 1995: 107.

[16] Jesus Felipe, Gemma Estrada. Benchmarking Developing Asia's Manufacturing Sector. ERD Working Paper No. 101, Asian Development Bank, September 2007. http://econstor.eu.

[17] Jennifer Bair. Global Capitalism and Commodity Chains: Looking Back, Going Forward. Competition and Change, 2005, 9: 153-180; Global Commodity Chains: Genealogy and Review//Frontiers of Commodity Chain Research. Stanford: Stanford University Press, 2009.

[18] Jennifer Bair. Global Commodity Chains: Genealogy and Review//Frontiers of Commodity Chain Research. Stanford: Stanford University, 2009: 10.

[19] 同 [5] 18-19.

[20] 同 [5] 18-19.

[21] Gary Gereffi, John Humphrey, Timothy Sturgeon. The Governance of Global Value Chains. Review of International Political Economy, 2005, 12: 78-104.

[22] Terence K. Hopkins, Immanuel Wallerstein. Commodity

Chains in the Capitalist World-Economy Prior to 1800//Gary Gereffi, Miguel Korzeniewicz. Commodity Chains and Global Capitalism. Westport: Praeger, 1994: 17.

[23] Immanuel Wallerstein. Introduction to Special Issue on Commodity Chains in the World Economy, 1590-1790. Review, Fernand Braudel Center, 2000, 23 (1): 2.

[24] Gary Gereffi, Miguel Korzeniewicz, Roberto P. Korzeniewicz. Introduction: Global Commodity Chains//Gary Gereffi, Miguel Korzeniewicz. Commodity Chains and Global Capitalism. Westport: Praeger, 1994: 2.

[25] Gary Gereffi. The Organization of Buyer-Driven Global Commodity Chains//Gary Gereffi, Miguel Korzeniewicz. Commodity Chains and Global Capitalism. Westport: Praeger, 1994: 100.

[26] Gary Gereffi. The New Offshoring of Jobs and Global Development. Jamaica: ILO Social Policy Lectures, 2005, 4. http://cggc.duke.edu.

[27] 同 [5] 40.

[28] 同 [26] 5.

[29] 同 [5] 12.

[30] 同 [26] 4-5.

[31] 同 [15] 100-105, 113-18.

[32] 同 [25] 99.

[33] 同 [24] 6-7.

[34] Greg Linden, Kenneth L. Kraemer, Jason Dedrick. Who Captures Value in a Global Innovation System? The Case of Apple's iPod. Communications of the ACM, 2009, 52 (3): 140-144; Yuqing Xing, Neal Detert. How the iPhone Widens the U. S. Trade Deficit with the People's Republic of China. ADBI Working Paper 257, 2010. http://adbi.org.

[35] 同 [5] 17; 同 [24] 2.

[36] 同 [15] 103.

[37] 同 [7] 111.

[38] Ernesto Screpanti. Global Imperialism and the Great Crisis.

New York：Monthly Review Press，2014：18-19.

[39] 同 [38].

[40] 同 [11] 45.

[41] Stephen Hymer. The Multinational Corporation. Cambridge：Cambridge University Press，1979：4.

[42] 同 [15] 118-120.

[43] Vladimir Ilyich Lenin. Imperialism, the Highest Stage of Capitalism. New York：International Publishers，1939：64.

[44] 亦可参见 [7] 81，85。福斯特和麦克切斯尼对垄断理论的发展做了比较全面透彻的解释。保罗·巴兰和保罗·斯威齐《垄断资本》的完成是以卡莱茨基和施坦因德尔的著作为基础的，而该著作则是由"垄断程度"概念演变而来的。福斯特和麦克切斯尼还提到，英国经济学家约翰·希克斯认为新古典主义理论家"倾向于维持完美的竞争模式，尽管它不适用于现实世界"。据希克斯说，他们之所以有这种看法，主要是因为他们认识到承认垄断以及放弃完全竞争假设"必定对经济理论带来破坏性后果"。

[45] Paul Baran, Paul Sweezy. Monopoly Capital. New York：Monthly Review Press，1966：57-58.

[46] John Bellamy Foster, Robert McChesney, R. Jamil Jonna. The Internationalization of Monopoly Capital. Monthly Review，2011，63（2）：11.

[47] John Bellamy Foster. Monopoly Capital at the Turn of the Millennium. Monthly Review，2000，51（11）：2.

[48] 同 [7] 25-26.

[49] 同 [46] 3. 这种情况可以从最近十年左右全球兼并和收购增加的例子中看到，2007年并购额度达到4.38万亿美元。

[50] 同 [41] 59.

[51] 同 [41] 59.

[52] 同 [41] 45.

[53] 同 [43] 63-64.

[54] Harry Magdoff. The Age of Imperialism. New York：Monthly Review Press，1969：54. 除了他的解释，马格多夫还提供了1914—1960年期间主要资本输出国外国投资的百分比数据，显示出同

一时间美国投资从6.3%大幅增长到59.1%。到1960年，美国的外国投资几乎占了"世界总数的60%"（实际为56%）。这类投资包括投资组合与直接投资，但在那期间最重要的部分以直接投资的形式投资于制造业。

[55] Harry Magdoff. The Age of Imperialism. New York：Monthly Review Press，1969：58.

[56] 同[41] 174.

[57] 同[47] 7.

[58] Zak Cope. Divided World，Divided Class：Global Political Economy and the Stratification of Labour Under Capitalism. Montreal：Kersplebedeb，2012：202.

[59] John Smith. Imperialism and the Law of Value. Global Discourse（online），2011，2（1）：10. https://globaldiscourse.files.wordpress.com.

[60] 同[59].

[61] Stephen Roach. More Jobs，Worse Work. New York Times，July 22，2004. http://nytimes.com.

[62] Stephen Roach. How Global Labor Arbitrage Will Shape the World Economy，2004. http://ecocritique.free.fr.

[63] John Smith. Offshoring，Outsourcing and the Global Labor Arbitrage. paper delivered to IIPPE (International Initiative for Promoting Political Economy). Procida，Italy，September 9-11，2008：16. http://iippe.org. 亦可参见注[7] 137-143.

[64] Samir Amin. Unequal Development. New York：Monthly Review Press，1976：138-154.

[65] John Bellamy Foster，Hannah Holleman. The Theory of Unequal Ecological Exchange：A Marx-Odum Dialectic. Journal of Peasant Studies，2014，41（2）：199-233.

[66] 同[64] 183-191.

[67] Asian Development Bank. Improving Investment Climate in Indonesia. Joint Asian Development Bank-World Bank Report，May 10，2005. http://adb.org.

[68] Nisha Agrawal. Indonesia：Labor Market Policies and In-

ternational Competitiveness. World Bank Working Paper 1515，1995. http://documents.worldbank.org. 阿格罗瓦尔感叹印度尼西亚的竞争力在 1990 年代由于劳动力成本上升而遭到削弱。

［69］同［7］26.

［70］同［5］12；同［7］127.

［71］同［7］114－115.

［72］John Smith. The GDP Illusion. Monthly Review，2012，64 (3) (July-August)：88－91.

［73］同［72］96.

［74］同［72］99.

［75］同［72］100－101.

［76］Herman Daly，John Cobb. For the Common Good. Boston：Beacon Press，1989：62－84.

［77］Karl Marx. Capital，vol. I. London：Penguin Books，1976：125.

第三编　新帝国主义的替代路径

第9章 《帝国》的错觉*

[美] 巴绪尔·阿布-马勒 著　杨莉 译

迈克尔·哈特与安东尼奥·奈格里合著的《帝国》一书（Hardt, Negri 2000），在知识界掀起了一场风暴。这是人类解放蓝图宣告幻灭、宏大叙事已经衰微的语境下出现的一部著作，它叙述所有伟大的故事、资本的总和，并预言所有革命成果中最辉煌的一页——共产主义，从而又开始了一种新的宏大叙事。在《帝国》一书中，后现代主义的禁忌支离破碎，或者表面上看起来如此。

人民大众的"先知"——哈特和奈格里得到了自由派新闻媒体适时的认同。在英国，《新政治家》采访奈格里之后，刊发了题为《左翼应当喜欢全球化》的文章。该文认为，正如奈格里所言，全球化导致了真正民主的"全球公民权"。在美国，《纽约时报》评论员艾米丽·埃金盛赞《帝国》"有一个伟大的观点"，并称，在过去的十年里，人类完全可以用"强烈的悲观主义"、（斯坦利·阿芮内维茨所谓的）"平庸"、"危机"和"空虚"来形容，而现在，战胜人类这些缺陷的重大理论诞生了。在自由派新闻媒体看来，"帝国"（书和概念）对每个人而言都是好消息。尽管很难定义，但它表明（用哈特的话来说），在一定时期内，它是"国际体系和帝国主义研究领域重大的、历史性的进步"[1]。

保守媒体的反应则不太友善，尽管在将全球化视为帝国主义的终

---

* 原载：《江西社会科学》2004年第11期。文献来源：Bashir Abu-Manneh. The Illusions of *Empire*. Monthly Review, June, 2004：31-47。

结这一点上表示赞同。比如，伦敦的《星期日泰晤士报》在结束对哈特的访谈后，就持强烈的批判态度。据该媒体报道，约翰·格雷对《帝国》一书没有什么印象："在我看来，与其说它是对全球化的严肃评论，倒不如说它是对美国人文学科悲惨状况的反映。"在美国的《国家评论》杂志上，戴维·普莱斯-琼斯将《帝国》一书视为复兴"最后的伟大观点，却没有成功"的一次可笑的尝试。接下来，他又谴责自由派新闻媒体，称其被"68一代"的时尚知识分子愚弄了，后者"忙于用全新的解构主义和后结构主义术语，更新过时的马克思-列宁主义"。琼斯最具恶意的攻击，还是针对哈特和奈格里将苏联解体理解为"社会主义现代化的胜利所导致的死亡"。琼斯认为，这是一种严重的歪曲，"这样的歪曲，其可笑程度无异于对傻瓜大加赞美。只有脱离现实的想象力才能炮制出这样的溢美之词"[2]。

左翼对《帝国》一书也不是一味赞美，其中不乏批判之声。事实上，《帝国》已经成了一场更大规模论辩的焦点，它涉及全球化、帝国主义的当代形式以及后冷战时代等极其重大的话题。在本文中，我对《帝国》的考察就与上述话题相关。我的考察试图达到两个目的：首先，考察《帝国》所涉及概念和理论的有效性；其次，帮助人们理解当代全球范围内帝国主义的政治和意识形态。正如我下面要谈到的，围绕《帝国》的争论，其关键问题就在于：资本主义是不是真的像哈特和奈格里所说的那样，已进入了"后帝国主义"阶段？或者说，资本主义是不是巩固了帝国主义的新阶段？对这个问题的回答至关重要，它不仅可以阐明全球范围内资本主义的现状，还能预测其未来变化的可能性。

一、后帝国主义，还是新帝国主义？

为了理解哈特和奈格里观点的实质，有必要回顾一下列宁关于帝国主义的论述。在布尔什维克革命前不久，列宁说：

> 然而，能不能反驳说，不可以抽象地"设想"帝国主义**之后**将出现一个资本主义的新阶段即超帝国主义呢？不能。抽象地设想这种阶段是可以的。不过，在实践上，这就意味着成为机会主

义者，他为了幻想将来的不迫切的任务，而否认当前的迫切的任务。在理论上，这就意味着不以现实中的发展为依据，为了这些幻想而随意**脱离**现实的发展。[3]①

这就是列宁对考茨基有关"后帝国主义"观点的评价，它既从政治上也从理论上对其观点进行了否定。在帝国主义内部矛盾不断尖锐和激化的时候，考茨基设想了资本主义的和平共存与真诚合作。

列宁认为考茨基的观点是一种毫无生命力的抽象，它与当今世界经济的具体现实没有任何关系，其主要的缺陷在于：忽视了资本主义的一个基本规律和状况——混合型、不均衡的发展。在世界各种政治力量参差不齐的状况下，这种不均衡发展会变得越来越明显。列宁断言，在一个只求控制、不要自由的时代，共同支配世界的局面不可能持久，那种为求和平、主张休战的做法，反而只会拉开战争的帷幕；而那种所谓金融资本的运作规律缓和了当今世界经济固有的不平衡和矛盾的观点，实在是大错特错，事实其实正好相反[4]。

考茨基认为，"为什么不把现在支配欧洲的那些帝国主义时代带来的麻烦、费力之事撇到一边呢？"列宁认为这是一种政治逃避，是机会主义者在推脱责任。布哈林也有着与考茨基相近的看法："如果我们把社会过程看作一种纯粹的机械过程，而不考虑那些对帝国主义政策持敌视态度的因素，后帝国主义出现的可能性是可以想见的。"[5] 但在列宁看来，革命改造的潜能绝不应该打折扣或是被排除在政治平衡之外。因此，应该把向"较为和平、较少冲突、较少灾变的"未来转化的"天真幻想"②，排除在当前的任务之外[6]。对列宁来说，真正的挑战在于如何在当时的形势下，以反帝国主义的旗帜将无产阶级团结起来。他于1916年出版的小册子《帝国主义论》就旨在实现上述目标。

文中，列宁认为，资本主义已经发展到了帝国主义阶段。它不像布哈林在《帝国主义与世界经济》中所谈到的那样，仅仅是一项方针政策或一种意识形态；也不像希法亭在其开拓性著作《金融资本》中所竭力阐述的那样，只是一种金融资本的运作规律；而且，也不像考茨基之流所认为的那样，是一种资本家为了回复"自由竞争"状态可以决定放弃的选择。帝国主义的经济实质是垄断资本主义，列宁认为：

---

① 列宁. 列宁全集：第27卷. 2版. 北京：人民出版社，1990：144-145.
② 同①143.

"如果必须给帝国主义下一个尽量简短的定义,那就应当说,帝国主义是资本主义的垄断阶段"[7]①。由于资本和生产的集中,垄断倾向不断加剧。然而,垄断与自由竞争捆绑在一起,所以帝国主义也不排除竞争。帝国主义"无法废止交换、市场、竞争、危机,等等",因此,"大体说来,帝国主义的本质特征并不是纯粹的、简单的垄断,而是与交换、市场、竞争、危机联系在一起的垄断"[8]。在声明所有的定义都是"有条件的、相对而言的"之后,列宁描述了帝国主义以下的主要经济特征:

> 帝国主义是发展到垄断组织和金融资本的统治已经确立、资本输出具有突出意义、国际托拉斯开始瓜分世界、一些最大的资本主义国家已把世界全部领土瓜分完毕这一阶段的资本主义。[9]②

历史地看,列宁曾把帝国主义看作腐朽的、垂死的资本主义,它可能经由革命向社会主义过渡——如1917年俄国发生的十月革命。然而,这种情况在欧洲的其他地方行不通。列宁认为,帝国主义对劳工运动最具破坏性的影响就在于机会主义的扩张,它会导致无产阶级和资产阶级政党之间的和解。第二国际的瓦解,就是这种破坏性最好的见证。因此,列宁所描绘的帝国主义时代资本主义体系的"拼图",是各帝国主义国家重新瓜分世界市场的全球竞争组图之一。这一竞争导致的结果就是:海外殖民压迫与控制的升级,还有国内机会主义的滋生[10]。这是一幅展示各帝国主义国家以及帝国主义和社会主义国家之间冲突与纷争的动态画面,其结果只能是战争的没完没了与和平的难以维持。发展与破坏、前进与停滞的普遍性矛盾,只有在社会主义社会才能得到克服。

哈特和奈格里发现,列宁关于帝国主义的观点与人们对当今世界的理解不再有关联。他们认为,帝国出现在帝国主义之后,是一种新型全球性司法主权形式,它"在单一的规则逻辑支配下,由一系列国家与超国家组织联合而成"[11]。如果说,帝国主义的特征是主权国家以资本争夺世界支配权的斗争,那么,帝国的出现则象征着这个时代的终结:"世界帝国主义版图上独特鲜明的民族色彩与帝国横跨全球上空

---

① 列宁. 列宁专题文集(论资本主义). 北京:人民出版社,2009:175.
② 同①176.

的彩虹已融为一体。"[12] 因此，帝国在空间上是无限的，在时间上是永恒的，在社会中是包罗万象的，在政治上是非中心化的。随着帝国的出现，处处呈现出一派和平安宁的气象。尽管这种说法带有明显的考茨基式的意味，可哈特与奈格里坚持认为他们的观点建基于列宁本人的思想之上。在他们看来，只有列宁本人"方能预见超越帝国主义之上的通往资本新阶段的道路，并且确认帝国主权出现的地方（抑或事实上不存在）"[13]。接下来，尽管他们也承认下述说法有些"夸张"，可还是得出结论："列宁对帝国主义及其危机的分析直接引出了帝国的理论"[14]，"在列宁的著作中，二者取其一的观点表露无遗——要么是世界共产主义革命，要么是帝国，而且这两种选择中包含着一个意义深远的类比"[15]。这种看法明显有误。实际上，列宁唯一预见到的就是革命。在他看来，帝国（或后帝国主义）从来就没有任何可能性。列宁认为：

> 毫无疑问，发展正在朝着一个包罗一切企业和一切国家的、唯一的世界托拉斯的方向进行。但是，这种发展是在这样的条件，这样的速度，这样的矛盾、冲突和动荡——决不只是经济的，还有政治的、民族的等等——之下进行的，就是说在出现一个统一的世界托拉斯即各国金融资本实行"超帝国主义的"世界联合以前，帝国主义就必然会崩溃，资本主义一定会转化为自己的对立面。[16]①

如果哈特和奈格里真的只是在重复列宁的观点，他们就不得不明确否定帝国（或后帝国主义）的可能性。如果紧随帝国主义而来的就是社会主义，那么，帝国（或后帝国主义）就是在否定社会主义的前提下做出的假定。这便是列宁观点的关键所在。考茨基的观点在理论上有缺陷，因为它忽略了资本主义发展的不平衡；在政治上，它则是机会主义者的表现，因为它否认了社会主义的可能性。

对哈特和奈格里而言，列宁对帝国主义的分析已经为历史所淘汰。越南敲响了美帝国主义及其延续欧洲殖民计划的丧钟，带来了所谓的帝国新时代：一个"平和安宁的处所"，在这里，"权力无所归依——它无处不在，又无处可在。帝国是一个乌托邦，或者说，是一个真正

---

① 列宁. 列宁全集：第27卷. 2版. 北京：人民出版社，1990：145.

的非处所"[17]。因此，我们无须排斥超帝国主义，"帝国在我们眼前已经实现"[18]。下面，我将通过具体的政治分析，来说明自 1914 年考茨基率先提出帝国乌托邦一说以来，并没有发生任何使帝国少几分空想的变化；同时，我还将指出，由于哈特和奈格里天真地接受了全球化是"没有国民的进程"这一说法，全球化进程被错误地理解了。这一错误的理解使他们做出了帝国主义已经被削弱的错误结论，可事实恰恰相反：由于美国的霸权，它反而日趋完善。列宁早在 1916 年就认识到："欧洲的教授和善良的资产者一向装腔作势地对之表示痛心疾首的'美国风气'，在金融资本时代简直成了各国各大城市流行的风气。"[19]① 如此看来，哈特与奈格里眼中的全球化彩虹，不过是遮蔽美国霸权的海市蜃楼。

　　1924 年，托洛茨基在其题为"世界发展前景"的演说中谈道："美国资本主义正在寻求世界支配地位；它试图建立支配全球的美帝国主义独裁政府。"对托洛茨基来说，革命的布尔什维克和美帝国主义之间的国际冲突结果，决定了人类的命运。在这样的背景下，欧洲将在美国所设定的条条框框中东山再起，并逐步转变成一种新型的"美国自治领"。对英国来说，"只有退却"才可能避免同美国的帝国战争。欧洲内部的政治结构也因此受到了影响。美国精神就这样披上了社会民主的外衣："就在我们眼前，欧洲社会民主成了美国资本主义的政治代理。"托洛茨基把唯一的希望寄托在美国无产阶级的革命潜能上："美国化的布尔什维克将镇压并征服帝国主义的美国精神。"[20] 然而，事与愿违。随着苏联的解体，人类历史上第一次实现了资本的全球化："它在强度和广度上得到了加强，其影响遍及全球，完全渗透到了社会生活的方方面面与世界的各个角落。"[21] 老布什适时地宣告了新世界秩序的形成，在用战争威胁伊拉克的同时，又承诺给世界以和平与繁荣[22]。于是，和平与战争的双重声音成为 20 世纪 90 年代的主旋律。

　　哈特和奈格里将 1991 年的海湾战争视为帝国的征兆——新秩序的征兆，这场战争的伦理性和有效性就是例证。

　　　　海湾战争的重要性更多地源于这样一个事实：美国并非出于民族动机，而是以全球名义行使维持国际正义的职能，这样一来，

---

① 列宁. 列宁专题文集（论资本主义）. 北京：人民出版社，2009：146.

其作为唯一能够行使这一职能的大国形象得以展示。[23]

美国干涉伊拉克的行为，正是通过这种方式展现在世人面前。当然，美国的这一行为也相应地遭到了一些谴责。源于维护国际准则的压力，美国也被迫调整了其在全球范围内的罪恶行径。如果接受并不加批判地复制霸权主义美国的那些维持世界秩序、维护正义和正义之战的言论，势必会陷入用美国刑法约束世界各国行为的境地。这就意味着一场空前的大"迁移"，即把"适用于一个自由民主国家国内法律体制的话语迁移至世界政治领域"[24]，从而消除诸如战争之类的世界冲突的政治色彩。因为在真正意义上，海湾战争是无法用自由或民主之类的言辞加以解释的，所以，道德上是与非的话语就不得不引入国际关系领域：国际政治、民族利益甚至资本增值策略，都将被人道主义话语取代。而这正是为哈特与奈格里所认同的。在这方面，非政府组织起到了先锋作用。他们预备进行军事干预，并"直接代表全球及世界人民的利益"[25]，旨在满足"生存本身的需求"。他们声称，这一切都"超越政治"[26]，并符合道德规范。

然而，这里的道德指的是何人的道德？海湾战争所代表的人道，又是谁的人道？他们所谓"一般意义上的生存"[27]，指的又是谁的生存？正如许多人当即就意识到的那样，这些自然都不是指伊拉克人。西方所谓的人道主义干预及"全球正义"，是以伊拉克人民生存状况的恶化及非人的生活为代价的。诚如爱德华·萨义德所说：

> 以美国为首的西方国家，在八月危机（海湾战争）的第一周就已经获胜。首先，它使萨达姆妖魔化；其次，使危机私人化，抹杀了作为一个国家、一个民族、一种文化、一部历史的伊拉克；再次，在危机形成中，美国及其盟国的地位得以绝对化。[28]

萨义德还解释说，海湾战争是美帝国主义地区图谋中的一段漫长而惨痛的历史，这一观点与其他许多反帝国主义知识分子，如罗宾·布莱克本和诺姆·乔姆斯基等人如出一辙。我们向哈特和奈格里提出质疑，还基于这样一个事实：所谓的"全球正义"在实施过程中本来就是不平等的。只是在伊拉克入侵科威特，而不是占领西岸、加沙地带及戈兰高地的时候，国际法准则才对其发号施令。请问，这用的是什么样的国际法准则呢？如果真有"超国家的权利"，为什么其权利范围有如此之大的选择余地呢？哈特和奈格里面对此类问题无动于衷。

对他们来说，美国基于天赋权利及历史特权，只是在无私地扮演一个全球"和平警察"的角色，目的是维护和保证公共利益不受侵犯，这正是苏联解体之后，国际组织赋予它的一个角色。诚如尼尔·史密斯所言，哈特和奈格里"把美国精英们狭隘的民族利己主义与代表全球利益的表象混为一谈"[29]。从政治角度看，从海湾战争到科索沃战争，这些打着全球自由旗号的每一桩破坏行为，美国都难辞其咎：

> 那些认为美国的战争动机是为了实现自由价值并在海湾恢复正义的人，都是同"沙漠风暴"所造成的破坏联系在一起的，其目的就是支持对地方政权的压迫和经济剥削。[30]

事实上，世界新秩序与《帝国》中的描述相距甚远。帝国主义实际上由来已久，全球化的真正目标就是美国的帝国化。彼得·高恩在《全球性赌博》一书中认为：世界新秩序究其实质，是美国企图无可争议地控制世界经济。"全球化"无非是为了"巩固美国的大国地位，以期在21世纪控制全世界主要的经济和政治成果"。全球化和新自由主义是美国控制全球的策略，借此，美国可以重塑"各国的内部和外部环境，促使它们继续接受美国在政治和经济上的统治"[31]。如果像哈特和奈格里在《帝国》中所认为的那样，将全球化视为一个"没有国民的进程"，就会掩饰20世纪90年代美国全球扩张的真正动机，从而为美帝国主义披上一件意识形态的外衣。此外，将美国的自我陈述与客观事实混为一谈，就是为本已濒临幻灭的错觉，即世界权力非中心论，大唱颂歌。因此，美国的宏观经济政策不受全球化的影响，而其他经济体系和政府机构却必须在国际经济进程中委曲求全。从美国经济的角度看，全球化更多的是以世界经济"美国化"的姿态出现的一个协调世界其他国家适应美国节奏和需求的过程[32]。这样一来，世界其他国家的压力会变得无比沉重，将被迫成为"资本主义全球化的职能部门"[33]。

与哈特和奈格里的看法相反，美国全球化的一个基本特点就是利用其他国家为自己谋利。其他国家需要全球化，可问题是，它们也因此需要重组，以满足美国"全球化"的新要求。因此，我们有必要了解各国如何使美国的全球性需求内化为自身的需求，有必要弄清楚美国是如何向其他国家施压，令它们屈从于自己意愿的。这不仅是经济或军事的过程，还涉及法律。正如阿吉兹·阿罕默德所说的那样：

各国正面临来自美国的频频施压,它们被要求修订各自的法律制度,以便与美国的法律更加协调一致,甚至成为其复本。借助超国家机构(国际货币基金组织等)进行制度调整,并通过把各国法律变成美国法律的复制品,这个将首都设在华盛顿特区的非领土概念的帝国由此接管了遍及全球的民族国家的内部机构。[34]

上述特征中有不少是20世纪90年代所特有的,但有些要追溯到20世纪70年代初期。战后美帝国主义最显著的一个特征就是在其他帝国的大都市里复制其生产关系,这一趋势仍在继续扩张,并不断增强。另一个重要特征则是美国从未做过仿效欧洲帝国主义的尝试,即建立一个自己的司法帝国。实际上,美国的做法恰恰相反。非殖民化并在形式上保持其他国家的司法和政治独立,是美国控制全球、实施扩张的必要条件。

事实上,美国需要各国服从其军事-政治计划,而且,对这种"服从"的依赖越来越强。这也是冷战时期最显著的一个特点。通过精心构建一个以美国为中心并向周边辐射的摄政体制,美国得以控制其盟国,并为盟国确定敌人、朋友、危急状况、外交政策,以及储备策略[35]。盟国则需要美国来保障它们的安全需求,单个盟国的主要战略关系必须与美国保持一致。因此,帝国主义内部的竞赛与对抗都包含在美国占支配地位所带来的团结一致中。尽管美国从不反对盟国作为独立资本积累中心存在,但总是试图控制它们的发展。因此,在冷战时期,欧洲和日本在战略和政治上对美苏关系形成一种依赖,美国也正是利用这一点来保障其对世界市场的经济和政治霸权。事实上,正如戴维·N. 吉布斯所认为的那样,美国在冷战时期采取了"双重遏制"战略,"同时牵制共产主义和美国在欧洲的资本主义盟国",正是前者赋予了后者合法地位。"1989年后,随着苏联的解体,对盟国的牵制仍然是美国的中心目标"[36]。因此,20世纪90年代的危机可以被美国视为合法性危机。如何维护并重现冷战时期的领属格局,尽管这种格局已不再需要?这是20世纪90年代美国精英们不得不面对的挑战。换句话说,自从第一次世界大战以来,美国控制全球的中心目标就固定不变了。1990年,前国防部长助理理查德·阿米塔吉有句话可谓言简意赅:"论头脑清醒、善于欺骗,美国领导层绝对举世无双。"[37] 20世纪90年代,美国真正的挑战在于寻求使其地位合法化的途径。第三世界和东欧将不得不承受这一进程所带来的冲击，这是帝国主义内部紧张关系对外扩散的必然结果。脱离上述基本事实，伊拉克、波斯尼亚、科索沃、"人道主义干预"、"正义之战"、北约的扩张，以及其他各种诸如全球化、新自由主义之类的兴国方略便无从谈起。正如高恩所说的那样，这就解释了20世纪90年代大西洋两岸的关系为什么时好时坏、摇摆不定：

> 苏联解体之后，北约强国就如何重塑西欧支离破碎的政治格局而展开的斗争，构成了20世纪90年代欧洲政治与经济的整体轮廓。

美国与欧洲曾在特殊的历史时期达成过"牢固的伙伴关系"，可现在冷战已经结束，美国仍然强烈反对就当时商定的基本条件进行重新谈判：

> 按照美国官方的说法，"牢固的伙伴关系"一词就是行为准则。用外交术语来说，它意味着美国对欧洲大陆的领导权。说白了，它意味着美国霸权主义对西欧的领导，即延续过去在冷战时期（及海湾战争中）存在的那种"牢固的伙伴关系"。[38]

结果，美国继续抵制所谓平等划分世界的欧洲后帝国主义计划。正如列宁在20世纪初所强调的，国家间的非均衡发展和非均衡分配会破坏国际关系间的平等感。这句话在今天的国际政治领域应验了。英国资深外交官罗伯特·库珀把后现代或合作式帝国主义看作"一个人人参与政治的格局，任何国家不得支配他国，操作原则依法而定、与种族无关"[39]。然而，这一看法并不为美国所认同。

欧洲后帝国主义计划包括国际刑事法庭及其他各类调解国与国之间冲突的机构，它听起来与哈特和奈格里所说的司法帝国非常相像。该计划同美国获取全球霸权的战略形成尖锐的矛盾，美国的国内法因此受到国际法则的约束，所以美国仍然把"合作性帝国"理解为对本国宪法和国家利益的直接威胁。欧盟对这种解读表示了强烈的抗议，它们把全球化或帝国主义——一个主权共享的网络——理解为国际关系的实质性进展。正如欧盟对外关系专员克里斯·帕顿所言：

> 回归狭隘的国家利益。把美国利益，尤其是经济利益放在首位，使之凌驾于其他权力之上，这种做法不仅对国际秩序构成威

胁，而且也威胁美国自身。[40]

美国断然否定了欧盟的"新自由派世界主义"，在放弃权力政治与服从超国家的国际权力之间，一直没有任何明显的倾向[41]。20世纪90年代的历史已经清晰地证明，美国的主要目标仍然是维护等级分明的单极国际秩序。

正是在这样的背景下，"反恐斗争"才更需要人们的理解。在哈特和奈格里看来，反恐意味着帝国计划的破灭。他们认为，在2001年的"9·11"事件之后，美国采取单边帝国主义计划，放弃了非中心的权力网络多边化。由于从事实降格为一种可能，帝国已不再是全球政治领域一个纯粹的选项[42]。当代国际政治的概念纯粹是一种理想主义的产物。帝国，同后帝国主义一样，只是一种理论上的可能性，从来就不是什么现实，也永远不可能成为现实。这就是美国一贯坚持的看法。说到底，"反恐斗争"只是为美国提供了不少新帝国主义政策合法化的手段（包括"政变"和"先发制人的攻击"），而美国正是通过这些手段加强对全球的渗透。通过把对内不断加剧的权力主义与对外接连不断的干涉结合起来，美国利用"9·11"事件巩固并扩大其现有的全球控制战略。2001年9月出版的《美国国家安全战略》指出，全球经济、自由市场以及其他国家的发展，都是当今美国的国家战略问题。比如，"在欧洲和日本恢复强劲的经济增长对美国国家安全利益至关重要"。因此，美国在全球干预的范围不断扩大，其他国家的内部事务也越来越多地成为美国的事务："今天，国内事务与国外事务的差别越来越小。在全球化的世界里，美国境外的事件对其国内的影响越来越大"。

从军事角度看，光有恐吓和威慑是不够的。因此，有必要采取先发制人和提前预防的前瞻性政策来还击恐怖主义之类捉摸不定、变幻莫测的灾害，从而赋予美国在必要时采取任何防备措施的权利。美国当局将其对全球的控制和干预战略称为"美国的国际主义"，这一说法可谓既具讽刺意味又恰到好处。托洛茨基在20世纪初所担心的事终于发生了：全球最终被美国化了。或者，就像佩里·安德森所说的那样，美国被国际化了：

> 从这个意义上说，国际主义不再是美国控制下共同对敌的主要资本主义国家间的调和剂，也不再是冷战时期的消极任务，而是一个积极、乐观的理想——以美国为模板的全球重建。[43]

二、后现代迁移

> 国际共同体的傲慢自大及其全球性干预权利,并非一系列任意或不相干的事件。这些事件构成一个体系,与其抗争需要一个不小于其本身的团结一致的组织。[44]
>
> ——佩里·安德森

迁移并非社会主义或政治所独有的价值,它也在哈特和奈格里的帝国变迁观中占据了中心地位。按照《牛津英语词典》中的说法,"Desertion"就是"放弃、抛弃(某物),或离开(某地或某个位置)"。帝国的前提是迁移或漂泊。在批判后殖民主义理论过时的同时,哈特和奈格里又大肆吹捧其最新的比喻:迁移者是真理的传递者,是一个新世界及其潜能的象征。通过迁移,人民大众设想并发明了帝国:"人民大众反对阶级统治的能力是支撑帝国的生产力,同时也是促使帝国主义毁灭并使之成为必然的力量。"[45] 在受帝国控制的同时,人民大众也能终止其发展:"往往是有组织的劳工力量,限定了资本主义发展的规模。"[46] 马克思的看法恰恰相反,在《资本论》中,流动的无产阶级或游牧劳工是资本能量的一个表征:"他们是资本的轻步兵,资本按自己的需要把他们时而调到这里,时而调到那里。当不行军的时候,他们就'露营'。"[47]① 为诋毁马克思所强调的资本对劳工的控制,资本与劳工之间的斗争被哈特与奈格里用逃亡、出走等词加以描述,他们用政治上的消极性来取代反资本的挑战和斗争。因此,阶级斗争成了逃离。就这样,通过一种无政府主义的方式,拒绝的政治置换成了政治的拒绝。颇具讽刺意味的是,哈特和奈格里在把帝国说成一种"超越政治"的领域之后,在结束时又倡导一种改良式政治,例如全球公民权、社会性工资以及延长拨款权等。看来,革命的花言巧语和改革家的实践之间的矛盾,本身就是某类无政府主义的突出特点。

对哈特和奈格里来说,迁移是一种新的先锋行为,尽管他们拒绝将先驱者的活动及信仰视为一种政治形式。当谈到《共产党宣言》的

---

① 马克思,恩格斯. 马克思恩格斯文集:第5卷. 北京:人民出版社,2009:765.

时候，他们这样陈述："一个到处徘徊、游荡的幽灵在世界上神出鬼没。所有旧世界的政治力量联合起来，采取军事行动进行抵制，但共产主义运动无法抵抗。"[48] 于是，最初由马克思和恩格斯提出的"共产主义"，在此被"迁移"替代。这种替换是具有象征意味的：一个政党或政治主题就这样为一个社会进程所取代。这也正是20世纪70年代以来社会运动的显性逻辑，诚如詹姆士·哈特菲尔德所说："'新型社会运动'的真正含义，就是完全背离社会改革倡导者主张的行为。许多这种新社会运动的组织形式都违背了集体组织观念。"[49] 20世纪70年代末以来，工人阶级作为一种政治力量的衰退，实际就是以下社会运动兴起的前提，这些社会运动包括"直接行动"、"环境保护运动"、"女权运动"和"本土运动"，还有非政府组织以及今天的反资本主义运动。

因此，《帝国》明显排斥无产阶级的政治组织形式，它对国际主义的排斥就是很好的例证。哈特和奈格里迫切希望消解这样一个看法，即国际主义在当今政治中仍然发挥着作用。他们认为："今天，我们应该清楚地认识到，无产阶级的国际主义时代已经结束。"[50] 与其说全球化是国际主义失败的结果，不如说它是对国际主义做出的回应。此外，哈特和奈格里声称，工人们也"设想和预见了资本全球化和帝国形成的进程"[51]，因此，全球资本会仿效国际斗争的形式。既然预见了帝国，无产阶级的国际主义就过时了，其战术和策略也"彻底无可挽救"[52]。"斗争几乎已经无法达到联络的目的"[53]，它们"没有横向联系，只是纵向发展，目标直奔虚拟的帝国中心"[54]。于是，无产阶级国际主义共有的对抗性和相似性走向了反面，差异在今天的斗争中占据着统治地位："教化已成问题，后现代主义才是出路。"[55] 但是，出路在哪里？由资本主义导致的不平等、剥削以及二元对抗，真的在后现代中得到解决了吗？

通过双重教育（组织教育和机构教育）的实施，《帝国》似乎解决了这些问题，伴随着目标权力机构的弱化，出现了解放对象的消亡。如果帝国没有中心，那么，反帝国也是如此。因此，哈特和奈格里的反国际主义正是基于一种错误的假设，即假定民族国家已经消亡，而事实上它只是在重建当中。如果国家权力在帝国或全球化进程中没有被蒸发掉，而只是得以重组，那么，它们的政治差异就是一种政治行为的借口。这就意味着，"国际社会主义错过机会"的情况并不多见[56]；而且，夺取国家权力的策略也没有成为革命运动的主要目标。正如马克思和恩格斯在《共产党宣言》中提到的："如果不就内容而就形式来说，无产阶级反对资产阶级的斗争首先是一国范围内的斗争。每一个国家的无产阶级当然首先应该打倒本国的资产阶级。"[57]①

然而，在后现代社会，谁来反抗并制服"美国的国际主义"和"新自由派世界主义"（与美国相同的帝国主义竞争者——欧盟）？诚如拉尔夫·米利班德所言，真正的问题倒应该是：谁在组织上具备改造全球资本主义的能力，并克制其控制世界的逻辑？米利班德毫不怀疑，只有虽处于从属地位但占多数的工人阶级，才具备这样的能力。如果工人阶级无法改变资本的统治地位，那么，问题很简单，其他任何人都不具备这样的能力：

> 在斗争中，有组织的劳工居首位，原因在于，在资本主义社会，要对现有的权力和特权机构形成强有力的挑战，其他任何团体、运动或力量都还远远不具备这个能力。当然，这并不是说妇女、黑人、和平活动家、生态学者、同性恋者以及其他人都无足轻重、没有影响，也并不是要他们放弃各自的身份。我的意思绝非如此。我说的只是：资本主义主要的（但不是唯一的）掘墓人仍然是有组织的工人阶级。可是，如果像人们经常说的那样——总去强调工人阶级是"历史变迁"不可或缺的"力量"，那么，有组织的工人阶级就会拒绝担当如此重大的任务，从而，为资本主义掘墓的任务也就无法完成。[58]

换句话说，只有社会主义者所持的国际主义——"特殊化的普遍主义"[59]，才能对抗后现代美国的国际主义。后现代社会中的左翼已经放弃了自己的立场，因此拒绝承认资本主义控制全球的空前能量：它其实只是"一只纸老虎"[60]，没有实质性身份。在后现代左翼无端的否认与哈特和奈格里的欢欣愉悦中，资本主义的一切问题都烟消云散了。目前仍然需要的"强硬的现实主义"，正是对米利班德上述言论真实性和影响力的正确评价。只有"拒绝对统治制度做任何妥协，摒弃一切低估其力量的虔诚和委婉"[61]，才能对今后的任务做出真实的判断。理想主义和故弄玄虚，只会削弱导向未来真正变革的可能性。

---

① 马克思，恩格斯. 马克思恩格斯选集：第1卷. 3版. 北京：人民出版社，2012：412.

注释

[1] Mark Leonard. The Left Should Love Globalization. New Statesman, May 28, 2001; Emily Eakin. What Is the Next Big Idea? Buzz Is Growing for "Empire". New York Times, July 7, 2001.

[2] David Smith. He Foresees a Great Future for the Workers. The Sunday Times, July 15, 2001; David Pryce-Jones. Evil Empire: The Communist "Hot, Smart Book of The Moment". National Review, September 17, 2001.

[3] Vladimir Ilyich Lenin. Introduction. originally published in 1915//Nikolai Ivanovich Bukharin. Imperialism and the World Economy. New York: Monthly Review Press, 1974: 13-14.

[4] 本段引文均来自 Vladimir Ilyich Lenin. Imperialism: The Highest Stage of Capitalism//Selected Works. Moscow: Progress Publishers, 1968: 169-292。

[5] Nikolai Ivanovich Bukharin. Imperialism and the World Economy. New York: Monthly Review Press, 1974: 142.

[6] 同 [3] 12.

[7] 同 [4] 232.

[8] Vladimir Ilyich Lenin. Materials Relating to the Revision of Programme//Collected Works, vol.24. Moscow: Progress Publishers, 1964: 464.

[9] 同 [4] 232-233.

[10] 同 [4] 171.

[11] Michael Hardt, Antonio Negri. Empire. Cambridge, Massachusetts: Harvard University Press, 2000: xii.

[12] 同 [11] xiii.

[13] 同 [11] 232.

[14] 同 [11] 234.

[15] 同 [11] 232.

[16] 同 [3] 14.

[17] 同 [11] 190.

[18] 同 [11] xi.

[19] 同 [4] 208.

[20] 本段此处及以上引文均来自 Leon Trotsky. Europe & America: Two Speeches on Imperialism. New York: Pathfinder Press, 1971.

[21] Ellen Meiksins Wood. Back to Marx. Monthly Review, 1997, 49 (2): 5.

[22] Gilbert Achcar. The Clash of Barbarisms. New York: Monthly Review Press, 2002.

[23] 同 [11] 180.

[24] Peter Gowan. The Global Gamble. London: Verso, 1999: 142.

[25] 同 [11] 313.

[26] 同 [11] 314.

[27] 同 [11] 313.

[28] Edward Said. Power, Politics and Culture: Interviews with Edward W. Said. New York: Vintage, 2002: 357.

[29] Neil Smith. After the American Lebensraum: "Empire", Empire and Globalization. Interventions, 2003, 5 (2): 261.

[30] 同 [24] 163.

[31] 同 [24] vii.

[32] Peter Gowan. Explaining the American Boom: the Roles of "Globalization" and United States Global Power. New Political Economy, 2001, 6 (3): 373.

[33] Leo Panitch. "The State in a Changing World": Social-Democratizing Global Capitalism?. Monthly Review, 1998, 50 (5):22.

[34] Aijaz Ahamd. Globalization: A Society of Aliens?. Frontline, 2000, 17 (20). http://www.flonnet.com/fl1720/17200490.htm.

[35] Peter Gowan. The American Campaign for Global Sovereignty//Leo Panitch, Colin Leys. The Socialist Register 2003: Fighting Identities. New York: Monthly Review, 2002: 1-27.

[36] David N. Gibbs. Washington's New Interventionism: U.S. Hegemony and Inter-Imperialist Rivalries. Monthly Review, 2001, 53

(4): 16.

[37] Michael T. Klare. U.S. Military Policy in the Post-Cold War Era//Leo Panitch, Ralph Miliband. The Socialist Register 1992: New World Order?. London: Merlin, 1992: 139.

[38] 这两段引文来自 Peter Gowan. The Euro-Atlantic Origins of NATO's Attack on Yugoslavia//Tariq Ali. Masters of the Universe?: NATO's Balkan Crusade. London: Verso, 2000: 19, 8.

[39] Robert Cooper. The Postmodern State//Mark Leonard. Re-Ordering the World. London: The Foreign Policy Centre, 2002: 19.

[40] Chris Patten. Sovereignty and the National Interest: Old Concepts, New Meanings. http://europa.eu.int/comm/external_relations/news/patten/sp02_77.htm.

[41] Peter Gowan. Neoliberal Cosmopolitanism. New Left Review II, 2001 (11): 85.

[42] Michael Hardt. Folly of Our Masters of the Universe. Guardian, December 18, 2002.

[43] Perry Anderson. Force and Consent. New Left Review II, 2002 (17): 24.

[44] 同 [43] 30.
[45] 同 [11] 61.
[46] 同 [11] 208.

[47] Karl Marx. Capital, vol.1. Moscow: Progress Publishers, 1954: 621.

[48] 同 [11] 213.

[49] James Heartfield. The "Death of the Subject" Explained. Sheffield: Sheffield Hallam University Press, 2002: 148.

[50] 同 [11] 50.
[51] 同 [11] 51.
[52] 同 [11] 59.
[53] 同 [11] 54.
[54] 同 [11] 58.
[55] 同 [11] 140.

[56] Stephen Morton. "Workers of the World Unite" and Other Impossible Propositions. Interventions, 2003, 5 (2): 293.

[57] Karl Marx, Friedrich Engels. Manifest of the Communist Party//Selected Works. London: Lawrence & Wishart, 1968: 44.

[58] Ralph Miliband. The New Revisionism in Britain. New Left Review, 1985 (150): 13.

[59] Terry Eagleton. The Idea of Culture. Oxford: Blackwell, 2000: 78.

[60] Ronaldo Munck. Marx @2000. London: Zed, 2002: 152.

[61] Perry Anderson. Renewals. New Left Review II, 2001 (1): 14.

第 10 章 资本主义发展的新阶段与全球化的前景[*]

[希]乔治·廖达基斯 著 石丹淅 译

未来发展将明显依赖当前资本主义的重组,因此从理论角度对资本主义进行分期非常重要。这既可以帮助我们更好地理解社会转型的实际过程,也能在一定程度上对不久的将来有所把握。

马克思从历史角度对依次出现的各种生产方式进行了区分,同时,也提出了资本主义分期的概念性分类。但资本主义的分期标准及其蕴意引起了广泛争议。那些遵循阿尔都塞学派方法的人(尤其是普兰查斯)认为分期应从每种社会形态的具体层面构思,因为阶级斗争是在这个层面上进行的[1]。然而,过去几十年间,资本的快速国际化和跨国积累,以及反资本主义全球化的激烈斗争显然并不赞同这一论点。我认为,分期应该指的是资本主义生产方式的某一抽象层次,它比具体的社会经济形态更为普遍,但同时也低于可能出现的最高层次[2]。

资本主义的发展可分为三个阶段。第一阶段通常与自由竞争时代(自由放任)的资本主义相关,从资本主义的早期发展至 19 世纪末。19 世纪,现代工业迅速发展,生产能力到达顶峰,这一时期的资本主义与生产转型息息相关。第二阶段为垄断资本主义(列宁认为是帝国主义),从 20 世纪早期延续至 20 世纪 70 年代。这一阶段的资本主义,不但与资本主义日益严重的垄断情况相关,更与日益彰显出重要性的国际交流、资本流通以及经常导致国际经济冲突和军事对抗的扩张主

---

[*] 文献来源:George Liodakis. The New Stage of Capitalist Development and the Prospects of Globalization. Science & Society,2005,69(3):341-366.

义紧密相关。最后，20世纪80年代初到20世纪末似乎出现了新（第三阶段）的资本主义[3]。

详细研究资本主义发展的新阶段之前，我们有必要从理论和历史层面对"帝国主义"进行批判性评价，这将在下面第一节中进行；出于同样的目的，将在第二节对资本国际化/全球化和国家角色变化方面的最新辩论进行简要说明；第三节将对近几十年出现的各种有关资本主义新阶段的论调进行说明；第四节对哈特和奈格里的《帝国》与新兴概念进行比较；第五节对相关理论和社会观点进行简要说明。

一、帝国主义：理论与历史评价

列宁帝国主义理论，与希法亭、布哈林和卢森堡在帝国主义方面的理论贡献，对当今产生了很大的影响。但随着后期资本主义发展条件的变更，帝国主义概念变得与时代格格不入，不适合用于分析当代趋势。我将从历史背景出发，对帝国主义概念自身的潜在弱点进行分析[4]。

列宁帝国主义的定义包含资本主义的结构特征、不平等且不断扩张的国际权力关系、国际（帝国主义之间）竞争。帝国主义概念从历史层面上与这种国际扩张和竞争之间存在的近乎排他的联系并非偶然，然而，正如文献中经常提到的那样[5]，资本主义从早期阶段开始就形成了以资本主义国家或集团（以单民族国家为基础）的竞争，以及发达国家和不发达国家之间的不平等交换为特征的国际关系。因此，在这个意义上说，帝国主义并非仅仅涉及资本主义的垄断阶段，还作为一种国际体系构成了资本主义的一般发展模式[6]。

列宁还主要以经济集中、垄断势力和"金融资本"的兴起为基础，对帝国主义（"资本主义的最高阶段"）进行了说明。他认为这是帝国主义阶段的"一般和基本定律"，也是将资本从"过度成熟"的资本主义输出，以此对欠发达国家进行投资从而赚取更多利润的必要条件。虽然列宁在其他场合已将国际资本主义扩张与实现问题做出了科学谨慎的分离[7]，但在《帝国主义论》中，他影射了一种消费不足的理论。此外，列宁的帝国主义观念与市场中的交换和竞争密切相关，而国际关系和矛盾基本被视为各个国家之间的关系。

从这个意义上说，列宁的概念从理论和历史角度来看都是有限的。首先，它侧重于流通和交换领域，而剩余生产价值的提取和占用在资本主义分期中起着更为重要的作用（当然不会忽视生产与交换之间的辩证关系）。其次，它未能充分解释发达资本主义国家之间的资本输出情况[8]。最后，在列宁主义者看来，帝国主义的概念与单个国家之间的关系和矛盾体系有关，而事实却证明这种理论分析问题重重。即便在帝国主义阶段，国家确实发挥了至关重要的作用，也必须承认，国家的职能和作用在今天早已发生了重大变化[9]。

战后（尤其是20世纪70年代），"依附理论"兴起，认为帝国主义不仅表现为国与国之间的矛盾，更表现为中心与边缘之间的矛盾[10]。随着这种理论的兴起，帝国主义概念作为单个国家之间的关系（和矛盾体系）和一种外部决定过程的角色得到了加强。巴兰和斯威齐以及其他依附理论研究者（安德烈·冈德·弗兰克、萨米尔·阿明、塞尔索·富尔塔多、F. 桑克尔）的著作都产生了重大影响，促使社会将关注点从劳资矛盾转移到国与国之间或者中心与边缘之间的衍生矛盾上[11]。

当然，尽管现在依附理论已有所降温[12]，但关于资本主义国际化或全球化的争议又引发了关注。对帝国主义理论的批判性评价导致了各种观点的产生[13]。一些作者重申，帝国主义是工业资本主义的一种有效扩张趋势，而另一些学者则坚持认为帝国主义通过依附理论与工业资本主义息息相关。另一种观点摈弃了源于经典马克思主义的假定扩散主义，推崇列宁主义的国家中心论[14]。如今，还有几位作者谈到了帝国主义的新阶段[15]、"新帝国主义"[16]、新全球化与"帝国主义新时代"[17]。

辩论的重点在帝国主义的历史演变、权力结构的变化以及国际秩序的特殊形式。与20世纪初关于帝国主义的经典辩论相呼应的是，讨论集中在列宁和布哈林眼中的帝国主义之间的对抗、与最强帝国主义国家（美国）的绝对霸主地位相关的超级帝国主义以及考茨基眼中的超帝国主义[18]。尽管大多数研究人员认为竞争并不是战后资本主义的主要特征，但一些学者认为，持续而激烈的帝国主义对抗形成了当代（晚期）资本主义的主要倾向[19]。马丁·尼古拉斯、彼得·高恩、佩里·安德森等一些研究人员认为，超级帝国主义是最重要的特征，而且这一理论模型似乎能很好地解释了当代世界资本主义和当前世界秩序的某些方面。然而也有几个原因证明,这并非当代资本主义最合适的模型[20]。另外,越来越多的研究人员尽管从理论和历史层面都不赞成考茨基的经典概念,但似乎又都带有超帝国主义理论倾向。近几十年全球范围内的重大改革以及一些国家性质的变化,在世人看来似乎都积极促进合作而非竞争,这是资本主义最突出的特征[21]。正如布罗姆利指出的那样:"在帝国主义世界中,一个帝国主义以牺牲另一个帝国主义为代价获取利益,即使两者都利用外围亦是如此;在超帝国主义世界中,每个帝国主义都通过与对方合作来获得收益,即使收益分配并不平衡。"[22] 当前现实中,"相对于其他国家,美国依然更有能力确定这种协调的性质,即它在资本主义列强等级中的特殊指导作用。但这仍以前述协调工作的所有衍生集体利益为前提"[23]。

在当代提到所谓的美帝国时,里奥·帕尼奇也指出"这是一种渗透了其他单个国家的帝国,而这种帝国在决策制定过程中反过来也包括了这些民族国家,尽管并不平等"[24]。关于帝国主义,帕尼奇写道:

> 当然,"帝国主义"一词的问题在于过于外在:一听到这个词,就好像美国人在发号施令;而实际上它更像一个渗透过程,透露出更多的两厢情愿,更像马丁·肖所说的"全球西方国家"轨道上的领头国家机构,并在大多数情况下充当了美国政策范例……其次,使用"帝国主义"一词会立即引发一种源于马克思主义的误导性旧观念……我认为任何欧洲资产阶级或欧洲国家都没有挑战美帝国的可能。但当然,它们有机会在经济、军事和情报领域为自己提供更多的空间……但这已不再是帝国主义之间的竞争问题……再次,这很危险……因为帝国主义这一概念,如果直接来源于列宁或布哈林,可以完全是经济学性质的概念。[25]

从另一个角度来看,主要关注点在资本的快速国际化,以及资本积累和发展的跨国条件[26]。国际机构倾向于整合不同的国家利益,以形成国际框架来管理经济资源和技术[27]。在这个基础上,超越国家界限的统治阶级正在形成一种融合,体现为国际寡头集团或跨国资产阶级[28]。

因此,显然很有必要对资本主义的新客观条件(包括资本跨国化)进行考虑,并将焦点从市场关系转移到生产关系,不忽视各单个国家的变化。只要"(关于帝国主义的)经典的贡献对当代发展没有多大影响"[29]，就没有必要纠结于经典困境[30]。

二、国际化/全球化争论与国家角色转变

对国际化/全球化问题和国家-资本关系的划分大致有三种方法。第一种是传统的"全球化"方法，它包含两个政治方向：保守主义和社会民主主义。保守主义可进一步分为两种观点：悲观主义观点认为，全球化破坏了民族传统和国家机构，是一种右翼的民族主义和孤立主义观点；占主导地位的乐观主义（新自由主义）观点认为，全球化是一种不可避免且不可逆转的经济必要条件。乐观派对所有人都是仁慈的，迫切需要新自由主义政策和国际竞争力。然而，悲观派对此并不赞同，他们认为全球化是一种消极的（不可取的）趋势，因为它对国家的主权、福利、治理、文化身份和环境都造成了较大的负面影响。

第二种方法涵盖改良主义左派的各个部分，否认全球化是一种真实的趋势[31]，或认为相关术语夸大其词，并强调各个国家的持续重要性。在这一趋势中，认同全球化的人越来越接近上述悲观派社会民主主义者的立场。他们认为全球化要么不是什么新事物，要么就是外部因素的结果，尤其是当前占主导地位的新自由主义政策的结果，而这可以通过资本主义背景下的适当改革来扭转。

我把《每月评论》中的一些作者也列入持这一观点的人群中。他们在谈到全球化时，更多强调国际国家关系或区域一体化，而未考虑太多资本因素[32]。他们歪曲了资本与国家之间的辩证关系，同时也只考虑了单个国家背景下的阶级形成问题。毫无疑问，在各种历史背景下，资本的原始积累与发展在国家建设过程中演变成了"一致性行为"。国与国、国家内部或多民族国家之间的部署和交往在资本原始积累和资本跨国流动过程中发挥了至关重要的作用[33]。但是，这些作者则倾向于优先考虑国家的发展而非资本主义生产关系的发展，这就像把车放在马前一样本末倒置[34]①。另外，与马克思主义方法（强调国际化过程）相反[35]，他们更关注国与国之间的关系或矛盾[36]。所有的资本主义国际化过程都一直以特定的民族国家为基础，并由其推动前

---

① 马克思，恩格斯. 马克思恩格斯全集：第39卷. 北京：人民出版社，1974：289.

进。尽管各个民族国家都支持"它们的"国家资本利益,这一论点依然忽略了一个事实,那就是资本,尤其是大型跨国公司的资本,才是塑造国家政策和制度的主要力量[37]。

第三种方法主要存在于马克思主义左派中。这种方法拒绝资产阶级眼中的统一一体化世界经济观点,充分考虑了资本的快速国际化,尽管产生了资本积累不平衡的情况,但加速了资本跨国化的积累。这种方法认为资本的国际化/全球化是一种系统性趋势,是当代资本主义的内在必然性。正如马克思强调的那样,资本在扩张过程中基本上不会面临任何国界问题,从这个意义上可以认为全球化与资本主义自身一样悠久。然而,资本的持续跨国化发展和全球相互依赖性最近却达到了前所未有的规模和新的质量特征。而且,这种方法很正确的一点在于关注阶级关系和资本矛盾。它认为资本整体(或大资本)与国家之间没有极端矛盾,而是辩证互动和共生关系,远不是对国家的侵蚀或削弱;民族国家,尤其是强大的帝国主义国家都将继续发挥重要作用。

然而,国家经济职能的跨国转移趋势也较为显著[38],可能导致跨国资本主义国家的形成[39]。这一过程在很大程度上取决于资本的进一步跨国化,而国家因为本身就构成了阶级斗争的场所,也在积极促进资本的国际化。因此,国家会继续在资本国际化中发挥重要作用,但社会阶层的形成是一个愈演愈烈的跨国过程[40]。

三、"极权资本主义"的新兴阶段

从前面几节的分析可以看出,在当代条件下,很有必要重新考虑资本主义的分期,并指出:新的结构变化是否足以说明出现了新的阶段?其程度有多大?本节将简要概述并部分证实在希腊发生的理论阐述(主要是特定政治话语所产生的结果)[41],这种理论阐述以上述对列宁帝国主义概念的重新考虑以及与当代条件相关的国际讨论为基础,提出了一个新兴的资本主义阶段,我们暂且称之为跨国资本主义或"极权资本主义",后一术语意味着经济一体化、极权政治和社会实践[42]。

为了从历史角度进行分期,我在此提出四个标准。第一个标准涉及技术的基本（革命性）转变，为资本主义生产的根本重组创造了必要条件。第二个标准涉及劳动力和资本、特定剩余价值的提取与分配方式、社会阶级关系的一般性再生产条件。第三个标准涉及资本集中及其竞争或垄断特征，而第四个标准则涉及社会经济或国家权力运行与监管。

现在我们用这些标准来考察一下资本主义的近期发展。首先可以发现，过去几十年间，与技术发展相关的经济结构调整和社会变革比19世纪末20世纪初更为重要[43]。当前的技术革命已在当地发展起来，这主要归因于从20世纪70年代初开始且持续发生的过度积累危机。新的信息通信技术和生物技术等，只要成为具体的创新项目，就会对资本主义劳动力的潜在组成、资本主义关系的再生产条件，以及剩余价值提取的潜在新形式产生根本影响。典型案例就是生物技术的影响和对知识产权的广泛保护[44]。占用大量的独立生产者、扩大资本的原始积累、加强资本主义生产关系的扩散等措施，不仅意味着组织成分增加，也意味着劳动生产率提高，并因此增加了相对剩余价值的提取潜力。

对于第二个标准，克服资本积累危机和利润率下降趋势的各种努力导致资本主义在世界范围内进行了彻底的重组。随着"现存社会主义"的崩溃和工人阶级运动的消退，尽管阻力重重，资本仍能促进劳动过程和雇佣关系的彻底重组，以工薪劳动力为代价来改善其稳价条件。灵活的组织形式和"以人为本"的各种体系已广泛应用于生产之中，使资本能更彻底地利用劳动人民的劳动力、想象力和创造力。新的剩余价值提取形式虽然很重要，但新阶段的标志却是对资本条件下的劳动力、科学与自然的普遍（趋于完全）包容。因此，通过阶级分化和产权的急剧扩张，资本积累范围往往会不断扩大。当然，这种强化包容的过程与当前的生产技术革命密切相关，这意味着资本构成比例结构[45]①不断改变，相对剩余价值比绝对剩余价值更有提取优势。

第三个标准以及竞争和交换领域的横向重组，应考虑资本的日益国际化和经济一体化的主导趋势，特别是在区域层面，因为这意味着前所未有的世界级生产社会化（相互依存）。要强调的是，资本作为一

---

① 马克思,恩格斯.马克思恩格斯选集:第2卷.3版.北京:人民出版社,2012:461,273-274.

种社会关系（劳资关系），其两极之一的跨国扩张足以实现资本跨国化。在垄断控制越来越多的情况下，这种整合过程悄然发生。在东方集团解体后，它将实现真正的全球覆盖。即使存在这种整合，资本固有的竞争特性和有力的重组过程依然意味着资本、国家和大型贸易集团之间日益加剧的紧张关系[46]。

最后的第四个标准与当前的资本主义重组和其他三个标准密切相关。这里应该强调两方面：一方面，经济和政治权力的日益集中所带来的危机以及当代资本主义面临的各种僵局，都越来越多地意味着专制政治（在某些方面其实就是极权主义）[47]和社会实践。另一方面，跨国资本对社会经济监管和政治权威的要求导致了单个国家的根本分化，也就是民族国家的国际化。国际组织（如世界银行、国际货币基金组织、世界贸易组织等）、经济论坛和资本主义集团（如经合组织与八国集团）则构成了一种平行趋势[48]，这是一种全新的跨国国家形式。但要强调的是，这种趋势还远未完成，而且极有可能无法最终实现真正的全球化[49]。尽管如此，这种跨国国家的形成却是一个真实发生的过程，不容忽视。但上级权力（以一种全球国家的形式存在）也不是以实现共同利益为目的的国际协调所必要的先决条件[50]。

除上述四项标准外，还有一些相关指数：（1）出口占GDP的百分比；（2）外国直接投资（FDI）资金流占GDP的百分比；（3）外国直接投资存量占GDP的百分比；（4）外国直接投资资金流占固定资本形成总额的百分比；（5）外国子公司的就业比例；（6）债券和股票的跨境交易占GDP的百分比；（7）跨境并购占GDP的百分比。几乎所有这些指数在整个战后时期，特别是过去的一二十年间，都出现了迅速增长，在大多数国家或地区甚至整个世界，达到了历史上前所未有的水平[51]。

这四个标准和现有证据表明，我们确实目睹了资本主义发展过程中划时代的转变，新的阶段也已出现，我们称之为"极权资本主义"阶段。即使认为全球化的说法夸大其词的学者也认识到了资本主义在当代相比于其在1880年至1940年的重要结构与政治差异[52]。这一划时代的转变可以通过以下方式进一步验证：（1）尽管公司内部交易和科学技术信息流动的重要性日益彰显，但国际贸易依然得到了迅速发展[53]；（2）所有资本流转的跨国化，包括金融（和投机）资本；（3）世界范围内的国际分工与相关产业再分化[54]；（4）规范跨国积累过程，并围绕特定等级权力关系和不平等交换网络的价值规律的全球运作[55];(5)国家行为的国际化[56],越来越多移民和相关劳动力的跨境流动[57]。

新兴的资本主义阶段保留了上一阶段帝国主义的某些特征,同时也增加了一些新的结构特征。它指明了某些因素的量变在哪些点位会引起质变;资本的进一步集中和垄断,导致大型企业集团的发展更为复杂,而大量限制条件的消失则将焦点转移到生产领域和集约化发展方法上。因此,虽然市场控制方面的冲突依然激烈,但是资本的垂直重组,对能源资源、通信和运输网络的竞争性斗争,以及资本条件下基本资源(劳动力和自然资源)的包容都会导致局势进一步紧张。特别重要的是,劳动力、科技和社会都已辩证地升级到普遍(或完全)的包容状态中去[58]。

尽管不排除资本主义(进一步)长期发展的可能[59],但资本主义新阶段在消除资本内外部限制方面的趋势却意味着这种发展很容易孕育危机,且最有可能达到资本主义生产方式的历史极限。对资本主义积累条件的这种限制作用,将日益明显地导致更为猛烈的阶级斗争和体制结构与政治实践的进一步强化,从而彰显新兴极权主义政权最为重要的方面。在生产和劳动剥削领域(更严格的规章制度、彻底的剥削、剥夺已有的工人权利)可以很明显地感受到这一趋势;这一趋势在对抵抗型社会力量进行纪律约束与控制以建设资本友好型世界秩序方面,也表现得淋漓尽致;另外,在为获取资本利益而采取的所有科学与技术努力方面的片面化(追求利润)集中处理,以及世界范围内市场力量扩张的总体影响所带来的文化统一性方面,也能感受到这一趋势。

在新兴阶段中,随着相关跨国国家的形成,国际关系格局也发生了急速的变化。虽然发达资本主义国家之间的公开竞争在战后较为少见[60],但这种国际关系模式往往更加符合超级帝国主义范畴,或极端帝国主义的合作范畴,具体取决于区域和地缘政治环境。

在极端和超帝国主义中,有一种全球协调趋势,这种趋势涵盖了整个资本主义积累。尽管合作显然是当代资本主义的主导特征,但我们无论如何也看不到世界资本主义的稳定线性巩固过程与和解。现代资本主义不仅充斥着阶级问题,还充斥着区域矛盾与国际矛盾,这些矛盾可能暂时沉寂、隐蔽,但在某些情况下却可能影响着开放型经济建设与发展,甚至产生军事竞争。跨国合作可以确保利益共享(尽管这种共享并不均衡),并通过专制压迫和对劳动力的超级剥削来暂时克服危机;但在工人阶级抵抗与国际团结增长的情况下,经济危机可能会导致国际冲突加剧,甚至带来公开的军事对抗。此外,持续的外围冲突可能重新加剧地区层面的民族主义,而引发这种局面的通常都是强大的资本主义国家,因为这有助于它们在地缘政治重组中获取主动权和利益。此外,强制执行的严重不平衡即便不会导致公开的军事冲突,也会限制其他发达国家分享利益,并增加经济冲突的可能性和新保护主义浪潮的出现,美国如今在某些领域的政策正带有这样的倾向或特征。

除了国际合作或竞争之外,今天作为资本主义基本特征出现的是历史上前所未有的激化型劳资矛盾[61],尽管社会压迫与阶级斗争的爆发潜力已经得到了极大的遏制。

四、"帝国"还是资本主义新阶段?辩论持续进行

本节我将关注哈特和奈格里的《帝国》一书[62]。首先因为它直接关注资本主义的当前结构和分期,其次也因为它产生了相当大的影响,值得花一些时间梳理其精要。有些评论员已评价过这本书[63],这里,我将具体从理论方面进行评价,并将《帝国》的观点与极权资本主义的概念化处理进行比较。

哈特和奈格里的积极贡献在于,强调了帝国主义作为资本主义的一个阶段和特定概念的局限性[64],以及超越古典帝国主义理论的必要性[65]。他们将信息技术革命与全球化进程加速联系起来,并将其视为对资本主义危机的回应[66],这是正确的。此外,他们还卓有成效地分析了其所谓的"国家与资本冲突的良性辩证法"[67]。这种辩证法意味着资本与国家之间相互的支持性作用,并超越了大众普遍认为的与之相反的观念。他们还承认了国家在管理个别资本集体利益方面的作用。

他们反对盛行的国家中心论[68],并分析了破坏国家主权的力量,以此寻求无产阶级团结的世界基础,这很正确。此外,他们还试图掌握跨国资本主义国家的构成[69]。在分析过去二十年发生的资本主义演变时,他们得出了正确的结论,那就是,我们正目睹资本主义划时代的转变[70]。与当前的帝国主义实践相比,他们做出了正确的分析,能

够优先考虑阶级矛盾[71]，并强调有必要团结全球力量来反对资本主义[72]。最后，他们正确分析了控制型社会的体系[73]，这一元素能让人联想到新兴资本主义阶段的极权主义特征。

尽管有这些积极贡献，但这本书充满了理论上的不足，在方法上也存在严重缺陷。哈特和奈格里提出的消费不足与危机自治论的解释也同样是错误的。此外，他们过于强调信息技术革命的影响[74]，进一步牵强地认为劳动的非物质性现已成为主导趋势。这不仅是夸大其词，更是对作为劳动决定性特征的价值生产的扭曲[75]。至于价值规律的运作，可以说当前的发展在某些方面会破坏价值规律的运作[76]，正如哈特和奈格里所辩解的那样，早已过时了。

哈特和奈格里所遵循的后现代主义方法会破坏并最终瓦解这本书中所有有价值的见解[77]。尽管基于各种因素，尤其是将后现代主义视为新的资本主义积累阶段的大卫·哈维和弗雷德里克·詹姆森等作者的理论著作，哈特和奈格里对后现代主义进行了批判性处理，但他们最终采用了模糊且非常可疑的方法。这种高度武断和抽象的划分（现代/后现代），导致了其对资本主义分期的表层化。

这意味着帝国主义现实与《帝国》一书中的理论思想之间严重的非辩证对比，并最终导致了各种误解。对建设中的新主权进行调查之后，两位作者针对单个国家的绝对衰落[78]得出了过早且可能错误的观点，并对世界"平滑空间"有了毫无根据的期待[79]。因此，他们不仅忽视了资本主义发展本质上的不平衡特征，还忽视了新兴结构特征的内在矛盾和政治冲突。哈特和奈格里认为政治冲突已经演变为内战，但从历史角度来看，在其预测帝国主义之间的冲突已经结束并期待"和平统治"时，他们就已经错了[80]。

在哈特和奈格里将分析视角从生产和剥削层面转移到综合权利时[81]，作为解放性反资本主义斗争的代理人和组织者的视角也存在严重错误[82]。

最后，哈特和奈格里以及所有以各种方式谈论帝国政治的人对"帝国"这一术语的使用，都表明其优先关注点已发生重要改变，转移到了权力与治理上。这种将目光从对资本主义生产的历史性具体分析转移到权力和治理（回归罗马或其他旧帝国）的做法，与马克思主义的历史唯物主义思想方法相违背。

与《帝国》相反，同时也与其他替代理论相反，我们提出了跨国或"极权资本主义"的新兴资本主义阶段这一概念,给出了更为充分和有益的理论框架。这种方法基于马克思主义的阶级分析和历史唯物主义,充分考虑了当前的资本重组与国际化,以及国家性质的关键变化。我认为,这一理论不仅更好地解释了当前的发展,也为社会解放斗争提供了可靠的政治指导。

有趣的是,"极权资本主义"新兴阶段所涉及的具体发展,以及资本普遍包容的倾向,越来越接近纯粹资本主义社会的一般理论指导原则,正如马克思主义经济学联合学派所设想的一样[83]。而且,只要被剥削和被统治的阶级有充分的理由来抵制,历史就很可能会为所有参与者开拓一个新的局面。

五、理论与社会见解

21世纪初,所有证据都表明世界资本主义长期过度积累的危机仍在深化,而所有版本的凯恩斯政策对此都束手无策,新自由主义政策也已走入僵局。尽管理论指导不足、自身历史限制近乎消耗殆尽,资本依然迈出了重大重组和全球化战略步伐以避免这场危机。近几十年来,这种重组战略和新的社会经济条件似乎开启了资本主义发展的新阶段。然而,从另一方面来看,工人阶级爆发了巨大反抗,反帝国主义和资本主义全球化的斗争也愈演愈烈。不断加剧的斗争以直接或间接的方式,反映了全球范围内不断升级的潜在阶级关系的紧张局势,这是新兴资本主义阶段的特征。适当的组织和激励这些斗争可能会导致社会生产关系的革命性转变,并超越资本主义生产方式本身。

近期的社会发展本身也反驳了假定"历史终结"的理论;以意识形态为主,企图通过东欧已解体的国家资本主义政权来识别马克思主义也已失败。相反,马克思主义经济理论和辩证唯物主义方法论已得到更新,对当代条件进行了考虑,可提供强有力的理论框架。该框架不仅可以更好地理解当前或未来发展,而且能为工人阶级斗争提供安全的政治指导,为后资本主义(社会主义)社会发展提供可靠的指引。

对于社会后期的演进,资本主义生产力快速发展所积累的物质基础也为社会主义发展起到重要支撑。除这种连续性因素外,资本主义被辩证取代还意味着一种全新的品质。社会主义"远非资本主义历史

第 10 章 资本主义发展的新阶段与全球化的前景/193

发展在制度上所能预示的结果,而更多地构成了资本主义的对立面或制度结构的'对立'"[84]。马克思主义理论的近期研究进一步巩固了未来社会主义社会发展的理论基础,而一些作者则针对这种理论基础提出了以下几个本体论原则:第一个原则为去抽象化,在这种经济中,生产管理和人类物质生活的组织责任归于人类自身,而非任何超人力量;第二个原则涉及人类劳动力所必要的去商品化处理;第三个原则涉及自我激励工作的必要性,它使社会物质生活的使用价值维度重新得到巩固[85]。

然而,人们早已正确认识到,"几个世纪以来,资本主义对人类社会物质交流的影响正逐步走向衰弱,而互惠合作关系的社区与经济部门的正规化发展还需要一定时间才能让国家形式逐渐萎缩、让世界社会主义共同体作为'自由王国'而繁荣"[86]。

注释

[1] Leo Panitch. Globalisation and the State. London: The Merlin Press, 1994: 60-93; Nicos Poulantzas. Classes in Contemporary Capitalism. London: New Left Books, 1975.

[2] Ben Fine, Laurence Harris. Rereading Capital. New York: Columbia University Press, 1979; Stavros. Mavroudeas, Alexis Ioannides. Stages of Capitalist Development: Is There a New Stage in Process?. The 6th Annual Conference of ESHET, University of Crete, Rethymno, March 14-17, 2002.

[3] G. Liodakis. The New Stage of Totalitarian Capitalism and the European Economic Integration. Utopia, 2000, 39; Stavros. Mavroudeas, Alexis Ioannides. Stages of Capitalist Development: Is There a New Stage in Process?. The 6th Annual Conference of ESHET, University of Crete, Rethymno, March 14-17, 2002.

[4] Charles W. Lindsey. Lenin's Theory of Imperialism. Review of Radical Political Economics, 1982, 14 (1): 1-9.

[5] 同 [2]; Simon Bromley. Reflections on Empire, Imperialism and United States Hegemony. Historical Materialism, 2003, 11 (3): 17-68.

[6] 同 [4]; Samir Amin. Capitalism, Imperialism, Globaliza-

tion//Ronald Chilcote, ed. The Political Economy of Imperialism: Critical Appraisals. London, Boston: Kluwer Academic Press, 1999: 1-17; István Mészáros. Socialism or Barbarism. New York: Monthly Review Press, 2001; John Bellamy Foster. Monopoly Capital and The New Globalization. Monthly Review, 2002, 53 (8): 1-16.

[7] 列宁对所谓的市场问题进行了阐述，特别在其 1897 年发表的《经济浪漫主义的特征》和 1899 年发表的《俄国资本主义的发展》中进行了详细说明，参见 Vladimir Ilyich Lenin. Collected Works, Volumes II, III. Moscow: Progress Publishers, 1961。

[8] Tilla Siegel. Politics and Economics in the Capitalist World Market: Methodological Problems of Marxist Analysis. International Journal of Sociology, 1984, 14 (1): 1-105; Robert Went. Globalization in the Perspective of Imperialism. Science & Society, 2002, 66 (4): 473-497.

[9] Jerry Harris. Globalization and the Technological Transformation of Capitalism. Race & Class, 1999, 40 (2): 21-35; John Willoughby. Evaluating the Leninist Theory of Imperialism. Science & Society, 1995, 59 (3): 320-328.

[10] Harry Magdoff. The Age of Imperialism. New York: Monthly Review Press, 1969.

[11] Keith Griffin, John Gurley. Radical Analyses of Imperialism, the Third World, and the Transition to Socialism: A Survey Article. Journal of Economic Literature, 1985, XXIII: 1089-1143.

[12] 这并不表示不存在依赖性，无论这种依赖是更为平衡的相互依赖，还是新殖民主义类型的不平衡依赖或单方面依赖。

[13] 同 [11]; Berch Berberoglu. The Internationalization of Capital: Imperialism and Capitalist Development on a World Scale. New York: Praeger, 1987.

[14] James Morris Blaut. Evaluating Imperialism. Science & Society, 1997, 61 (3): 382-93.

[15] Berch Berberoglu. The Internationalization of Capital: Imperialism and Capitalist Development on a World Scale. New York: Praeger, 1987.

第 10 章　资本主义发展的新阶段与全球化的前景／195

［16］ Samir Amin. Capitalism, Imperialism, Globalization// Ronald Chilcote. The Political Economy of Imperialism: Critical Appraisals. London, Boston: Kluwer Academic Press, 1999: 1-17.

［17］ John Bellamy Foster. Imperialism and Empire. Monthly Review, 2001, 53 (7): 1-9.

［18］ Simon Bromley. Reflections on Empire, Imperialism and United States Hegemony. Historical Materialism, 2003, 11 (3): 17-68; Mandel E. Late Capitalism. London: New Left Books, 1975: 326-328.

［19］ Ernest Mandel. Late Capitalism. London: New Left Books, 1975: 334-338.

［20］ Simon Bromley. Reflections on Empire, Imperialism and United States Hegemony. Historical Materialism, 2003, 11 (3): 17-68.

［21］ John Willoughby. Evaluating the Leninist Theory of Imperialism. Science & Society, 1995, 59 (3): 320-328.

［22］ 同 ［20］ 26.

［23］ 同 ［20］ 65.

［24］ Leo Panitch, Sam Gindin. Gems and Baubles in Empire. Historical Materialism, 2001, 10 (2): 17-43.

［25］ 尽管帕尼奇旁征博引，声称欧洲没有可以公然挑战美帝的机会，但有证据表明欧洲方面存在较为片面或隐蔽的挑战机会，例如欧元的使用和单独军事力量的发展。这些隐蔽矛盾将在下一节继续说明。

［26］ David G. Becker, Jeff Frieden, Sayre P. Schartz, et al. Postimperialism: International Capitalism and Development in the Late Twentieth Century. Boulder, Colorado: Lynne Rienner Pub, 1987.

［27］ George Liodakis. The New Stage of Totalitarian Capitalism and the European Economic Integration. Utopia, 2000: 39.

［28］ Leslie Sklair. The Transnational Capitalist Class. Oxford, England: Blackwell, 2001; Pat Devine. Building Socialism Theoretically: Alternatives to Capitalism and the Invisible Hand. Science & Society, 2001, 66 (1).

［29］ 同 ［20］ 28.

[30] 正如布鲁尔所述，"我们不必在帝国主义内部竞争或在超帝国主义之间做简单的选择；而要问在多大程度上，对一些共同利益的识别可能会包含其他分歧利益集团所产生的对抗"。参见 Anthony Brewer. Marxist Theories of Imperialism: A Critical Survey. London and New York: Routledge, 1989。

[31] David Gordon. The Global Economy: New Edifice or Crumbling Foundations?. New Left Review, 1988, 168; Linda Weiss. Globalization and the Myth of the Powerless State. New Left Review, 1998, 225; Paul Hirst, Grahame Thompson. Globalization in Question. London: Polity, 1996.

[32] Ellen Meiksins Wood. Unhappy Families: Global Capitalism in a World of Nation-States. Monthly Review, 1999, 51 (3): 1–12; James Petras. A Rose by Any Other Name? The Fragrance of Imperialism. The Journal of Peasant Studies, 2002, 29 (2): 135–160.

[33] 同 [27]。

[34] 正如马克思所述的关于单个国家的形成过程："现代工业的进步促使资本和劳动之间的阶级对立更为发展、扩大和深化。与此同步，国家政权在性质上也越来越变成了资本借以压迫劳动的全国政权，变成了为进行社会奴役而组织起来的社会力量，变成了阶级专制的机器。"①

[35] 正如斯克莱尔所述，"全球化不仅仅是帝国主义的一种新形式……全球化通过各种方式，而非简单的复制民主资本主义旧形式的方式，在全球范围内和各个不同国家、地区、城市和本地社区内创造了新的跨国阶级联盟和新的阶级分裂形式"。参见注 [28]。

[36] Robert Brenner. The Economics of Global Turbulence. New Left Review, 1998: 229.

[37] Bastiaan van Apeldoorn. Transnationalization and the Restructuring of Europe's Socioeconomic Order: Social Forces in the Construction of Embedded Neoliberalism. International Journal of Political Economy, 1998, 28 (1): 12–53.

[38] Philip McMichael, David Myhre. Global Regulation vs. the

---

① 马克思，恩格斯. 马克思恩格斯选集: 第 3 卷. 3 版. 北京: 人民出版社，2012: 96.

National-State: Agro-Food Systems and the New Politics of Capital. Capital & Class, 1991, 15 (1): 43; John Holloway. Global Capital and the National State. Capital & Class, 1994, 18 (1): 52.

[39] William Robinson, Jerry Harris. Towards a Global Ruling Class? Globalization and the Transnational Capitalist Class. Science & Society, 2000, 64 (1): 11-54.

[40] Peter Burnham. Marx, International Political Economy and Globalization. Capital & Class, 2001, 25 (75); 同 [39]; 同 [28].

[41] 应该指出的是，更具体地说，极权资本主义概念是1998年7月在雅典举行的新左派第一次大会上提出并为大家所接受的。本文所述的版本只是我自己的说法。

[42] "极权主义"一词的这种用法不能与其在其他政治话语中的使用混为一谈。还要指出的是，这一术语是希腊语译文，希腊语原文有"整合"和"极权主义"的意思。

[43] Dick Bryan. The Chase Across the Globe: International Accumulation and the Contradictions for Nation States. Boulder, Colorado: Westview Press, 1995; Jim Davis. Rethinking Globalization. Race & Class, 1998, 40 (2/3); Jerry Harris. Globalization and the Technological Transformation of Capitalism. Race & Class, 1999, 40 (2): 21-35.

[44] George Liodakis. Two Approaches to Socialism Revolution: Max versus Lenin-Trotsky. The Conference "The Work of Karl Marx and the Challenges of the 21st Century", Havana, Cuba, May 5-8, 2003.

[45] 马克思说，"我们把资本的构成理解为资本的能动组成部分和它的被动组成部分的比率，理解为可变资本和不变资本的比率。……这个比率形成资本的技术构成，并且是资本有机构成的真正基础。……我们把由资本技术构成决定并且反映这种技术构成的资本价值构成，叫做资本的有机构成。"[1] 尽管资本的技术和比例的实际增长是经验问题，但似乎某些现代技术（例如，信息技术）不需要如此

---

① 马克思，恩格斯. 马克思恩格斯选集：第2卷. 3版. 北京：人民出版社，2012：461-462.

多的固定资本,因此也意味着资本构成的有限增加。然而,如果我们正确地考虑更为广泛的"被动"或"不变"资本(包括软件和所有形式已存在并已成型的劳动力),就会发现,与活劳动相比,这种增加毋庸置疑。

[46] 虽然垄断并非新现象,但垄断阶段和当代资本主义的进一步垄断应该被视为资本集中化的特定阶段,而不是否认竞争,正如过去一些新马克思主义者所认为的那样。正如马克思所强调的,竞争是许多资本的相互作用,也是资本主义生产方式的固有特征。因此,它仍然是当代资本主义的主要特征。

[47] 关于这一术语的使用可能会有一些保留意见,但如果考虑议会惯例的日益衰落、管理与行政权力支配性角色的转变、真正民主共识的缺失、试图强制使用政治纪律的行为、认为"无可替代"的新自由主义调整论调、对人权和政治权利的日益压迫与限制、越来越多的奥威尔现象,以及频繁和底气十足的"民主赤字""议会极权主义""媒体独裁"论调等等,就会发现这一术语可能并不夸张。在当代资本主义的正常运作和国际关系方面,对"自由资本主义"(布罗姆利2003)的引用相对于我们所熟悉的自由契约(资本主义)经济的论调来说,更像是虚构的谎言,参见 Jairus Banaji. The Fictions of Free Labour: Contract, Coercion and the So-Called Unfree Labour. Historical Materialism, 2003, 11 (3): 82-83。

[48] Peter Burnham. Marx, International Political Economy and Globalization. Capital & Class, 2001, 25 (75); Robert Guttmann. How Credit-Money Shapes the Economy: The United States in a Global System. Armonk, New York: M. E. Sharpe, 1994: 341-342; 同 [39]。

[49] 尽管竞争倾向于资本主义垄断,但竞争也在不断地破坏垄断,因此,区域化和日益增加的全球经济一体化虽然受到单个国家和意识形态的影响,但也可能意味着民族主义和国际矛盾的减少;但资本的竞争性重组和不断上升的保护主义可能会重新加剧旧民族主义或制造新的国家与地区矛盾。

[50] 同 [20] 17-68.

[51] Gérard Duménil, Dominique Lévy. Periodizing Capitalism: Technology, Institutions and Relations of Production//Albritton, et

al. Phases of Capitalist Development: Booms, Crises and Globalizations. New York: Palgrave, 2001; Jonathan Perraton. The Global Economy-Myths and Realities. Cambridge Journal of Economics, 2001, 25 (5), 669-684; Jonathan Perraton, et al. The Globalisation of Economic Activity. New Political Economy, 1997, 2 (2): 257-277.

[52] Robert Went. Globalization in the Perspective of Imperialism. Science & Society, 2002, 66 (4): 473-497.

[53] UNCTAD. World Investment Report: Transnational Corporations and Export Competitiveness. New York and Geneva: United Nations, 2002.

[54] 同 [44].

[55] Guglielmo Carchedi. Frontiers of Political Economy. London: Verso, 1991.

[56] 同 [37]; Leslie Sklair. The Transnational Capitalist Class. Oxford, England: Blackwell, 2001; Pat Devine. Building Socialism Theoretically: Alternatives to Capitalism and the Invisible Hand. Science & Society, 2001, 66 (1): 15.

[57] Angus Maddison. Phases of Capitalist Development. Oxford, England: Oxford University Press, 1982.

[58] 应将我们的辩证方法理解为一个内在联系日益增强的现实整体概念，这一现实由一个或多个矛盾（对立）演变而来。正如欧文·马奎特所指出的，"普遍互联法则是世界统一性及其可知性的辩证唯物主义概念的基础"。参见 Erwin Marquit. Contradictions in Dialectics and Formal Logic. Science & Society, 1981, 45 (3): 306-323。

[59] David Laibman. Modes of Production and Theories of Transition. Science & Society, 1984, 48 (3): 257-294.

[60] 研究人员指出，暴力帝国主义扩张和战争冲突目前只发生在外围层面，参见 [20] 17-68。

[61] Paul Cammack. The Governance of Global Capitalism: A New Materialist Perspective. Historical Materialism, 2003, 11 (2): 37-59; 同 [44].

[62] Michael Hardt, Antonio Negri. Empire. Cambridge, Mas-

sachusetts: Harvard University Press, 2000.

[63] Nick Dyer-Witheford. Empire, Immaterial Labor, the New Combinations and the Global Worker. Rethinking Marxism, 2001, 13 (3/4): 70-80; 同 [17]; James Petras. A Rose by Any Other Name? The Fragrance of Imperialism. The Journal of Peasant Studies, 2002, 29 (2): 135-160.

[64] 同 [62] 229-231.

[65] Peter Green. The Passage from Imperialism to Empire: A Commentary on Empire by Michael Hardt and Antonio Negri. Historical Materialism, 2002, 10 (1): 29-77.

[66] 同 [62] 268.

[67] 同 [62] 307, 325.

[68] 同 [62] 349-350.

[69] 同 [62] 336.

[70] 同 [62] 237; 同 [65].

[71] 同 [62] 232-233.

[72] 同 [70].

[73] 同 [62] 332-349.

[74] 同 [62] 290-294, 364-367.

[75] 同 [63]; Ursula Huws. Material World: The Myth of the Weightless Economy//Leo Panitch, Colin Leys. Socialist Register 1999. London: Merlin Press, 1999: 29-55.

[76] 同 [44].

[77] 同 [62] 154, 187, 208-210, 237.

[78] 同 [62] 236-237.

[79] 同 [62] 190, 327, 335.

[80] 同 [62] 189.

[81] 同 [62] 52-53, 234-235, 364, 394, 402.

[82] Alex Callinicos. Toni Negri in Perspective. International Socialism, 2001 (92); 同 [65].

[83] Richard Westra. Phases of Capitalism and Post-Capitalist Social Change//Robert Albritton, et al. Phases of Capitalist Development: Booms, Crises and Globalizations. New York: Palgrave,

2001: 301-317.

[84] Richard Westra. Marxian Economic Theory and an Ontology of Socialism: A Japanese Intervention. Capital & Class, 2002, 26 (3): 66.

[85] 同 [84] 61-85.

[86] 同 [84] 75.

第 11 章 21 世纪的帝国主义[*]

[美] 约翰·史密斯 著 李见顺 译

引 言

生产的全球化及其向低工资国家的转移是新自由主义时代最重要、最具活力的变革,其根本驱动力是一些经济学家所谓的"全球劳动力套利":欧洲、北美及日本的公司为了削减成本和提高利润,通过生产外迁("外包")或者工人移民将工资更高的国内劳动力替换为更廉价的国外劳动力。降低关税及消除资本流动的障碍加速了生产向低工资国家的转移,但边界军事化与仇外情绪上升对这些国家的工人移民却产生了截然相反的效果——并非完全阻止,而是抑制了工人流动并强化了移民脆弱的次等公民身份。结果,工厂可以自由穿越美墨边境,轻松跨越欧洲堡垒,工厂生产的商品及拥有这些商品的资本家亦是如此,但为其工作的工人却没有迁徙权。这是对全球化的一种嘲弄,一个除了劳动人民,其他人和事物皆不受边界限制的世界。

全球工资差异,在很大程度上由抑制劳动力的自由流动所致,扭曲地反映了全球剥削率的差异(简单地说,工人创造的价值与其所得工资之间的差异)。全球生产向南方国家的迁移显示了总部位于欧洲、

---

[*] 文献来源:John Smith. Imperialism in the Twenty-First Century. Monthly Review,July-August,2015:82-97.

北美及日本的公司的利润，源于这些利润的各类金融资产的价值及这些国家国民的生活水平都高度依赖所谓"新兴国家"工人较高的剥削率。因此，我们应当把新自由主义全球化理解为资本主义发展的新帝国主义阶段。在此阶段，"帝国主义"由其经济本质来界定：北方的资本家剥削南方的活劳动。

本文第一部分介绍了全球生产向低工资国家转移的实证分析，指出其主要特征为帝国主义超级剥削[1]；第二部分依据马克思的价值理论对此加以解释，首先考察1960年代及1970年代依附理论与"正统"马克思主义批评者之间的论战，然后反思列宁的帝国主义理论，最后对马克思的《资本论》进行批判性再诠释。

一、全球化与帝国主义

1. 生产的全球化与生产者的全球化

生产的全球化体现在跨国公司的势力与范围获得了巨大扩张，而绝大多数跨国公司为帝国主义国家的资本家所拥有。贸发会议（联合国贸易和发展会议）估计，"约80%的全球贸易……与跨国公司的国际生产网络有关"，要么是跨国公司内部进行的外国直接投资，要么是"主导公司"与形式上的独立供应商之间的"松散型关系"[2]。

出口导向的工业化（或者，从北方国家角度来看的"外包"）是没有丰富自然资源的发展中国家唯一的资本主义选择。在其支持下，发展中国家对全球制成品出口贡献的份额从全球化前的5%左右上升到世纪之交的30%（见图11-1）；全球制成品在发展中国家的总出口中所占的份额在短短十年内增长了两倍，到1990年代初稳定在60%以上。图11-2从帝国主义国家的角度展示了这种戏剧性的转变。1970年，发达国家的制成品进口中仅有10%来自当时被称为第三世界的国家；到了世纪之交，这一比例在大幅扩大的总进口中增加了五倍[3]。

美国汽车工业生动地说明了这一点。1995年，美国从加拿大进口的与汽车相关的产品附加值是墨西哥的四倍，在2005年，仅增加了10%，而到2009年，从墨西哥进口的产品附加值比从加拿大进口的产品附加值高48%[4]。将生产流程转移到低工资国家对欧洲及日本的企业来说至少与其北美竞争对手一样重要。一项对中欧贸易的研究认为，"将劳动密集型生产及组装活动转移到中国的可能性为我们自己的公司提供了在竞争日益激烈的环境中生存与发展的机会"，而"日本电子公司之所以在美国市场继续蓬勃发展，正是因为把生产线迁到了中国"[5]。

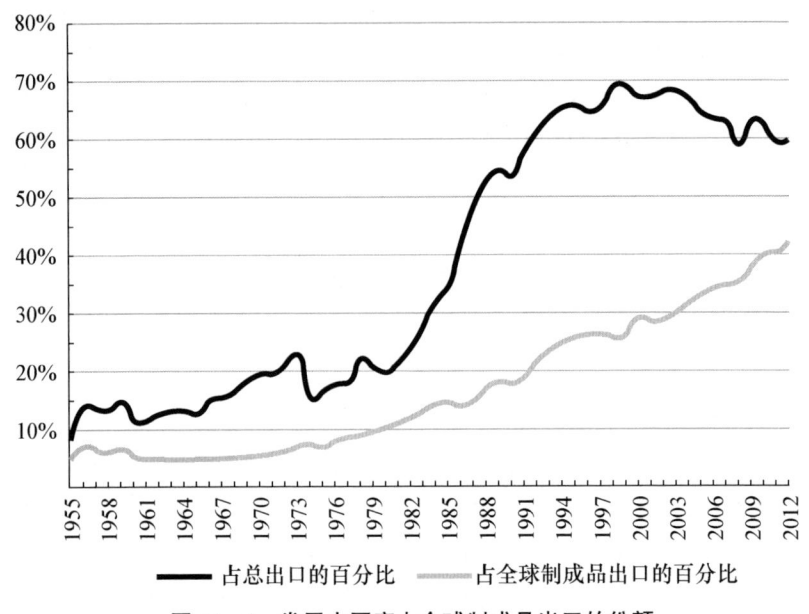

图 11-1　发展中国家占全球制成品出口的份额

资料来源：贸发会议统计手册（http://unctadstat. UNCTAD. org）. 1955—1995 年的数据来自：贸发会议. 统计手册档案：按区域和商品组分列的出口网络历史系列. [2009-07-18]. http://unctadstat. unctad. org，网页已不能访问（数据由作者获取）。

其结果是世界贸易的特殊结构，在这种结构中，北方公司之间竞争的关键在于通过外包生产削减成本的能力。低工资国家的公司相互竞争激烈，都在寻求相同的"比较优势"，即过多渴望工作的失业工人。但是，北方公司通常不会与南方公司竞争[6]。这一简单却常常被忽视的事实显然适用于母公司与全资子公司（即外国直接投资）之间的关系，但在越来越受欢迎的"松散型关系"中也同样如此：普里马克与其孟加拉国供应商，以及通用汽车与其制造越来越多零部件的墨西哥公司之间，关系是互补的，而不是竞争的，即使这种关系极为不平等。有一些例外情况，这些特殊结构也确实充满了矛盾，但总的格局是清楚的：在企业之间，存在着北-北竞争，以及残酷的低价竞争的南-南竞争，但普遍缺乏南-北竞争。同时，工人面临着全球工资差距、工资压迫以及所有国家工人的劳动报酬占GDP份额加速下降的压力。

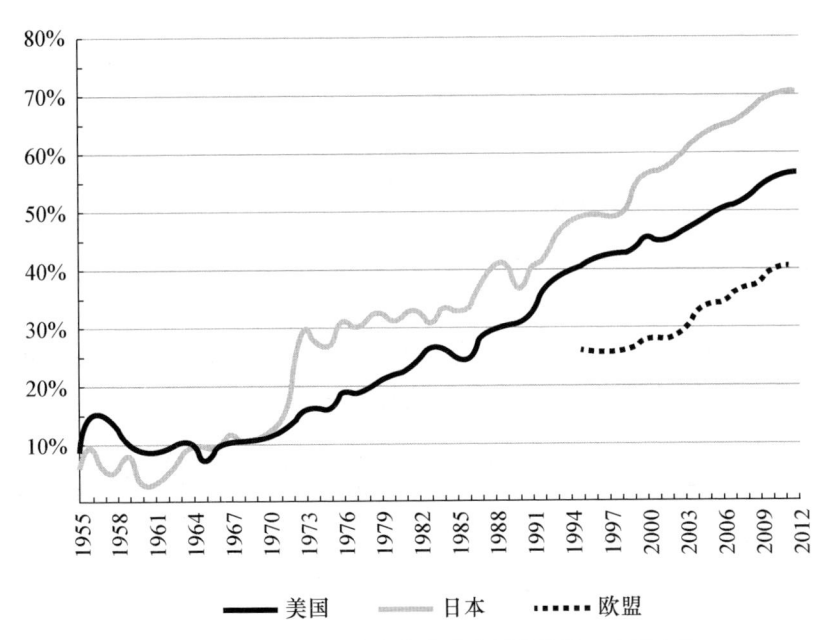

图11-2 发展中国家在发达国家制成品进口中的占比

资料来源：贸发会议统计手册（http://unctadstat.UNCTAD.org）. 1955—1995年的数据来自：贸发会议. 统计手册档案：按区域和商品组分列的出口网络历史系列. [2009-07-18]. http://unctadstat.unctad.org，网页已不能访问（数据由作者获取）。

生产的全球化不仅改变了商品的生产，也改变了一般社会关系的生产，特别是界定资本主义的那种社会关系——劳资关系，日益成为北方资本与南方劳动的关系。图11-3描绘了"发展中国家"工业劳动力的巨大增长，数据显示，2010年，世界产业工人中有79%，即5.41亿人生活在"欠发达地区"，这一比例1950年为34%，1980年为53%。相较之下，2010年有1.45亿，或者说占总数21%的产业工人，生活在帝国主义国家。

然而，除中国以外没有哪一个南方经济体能够为进入劳动力市场的数百万年轻人及逃离贫困农村的数百万人提供就业机会。

图 11-3 世界产业工人

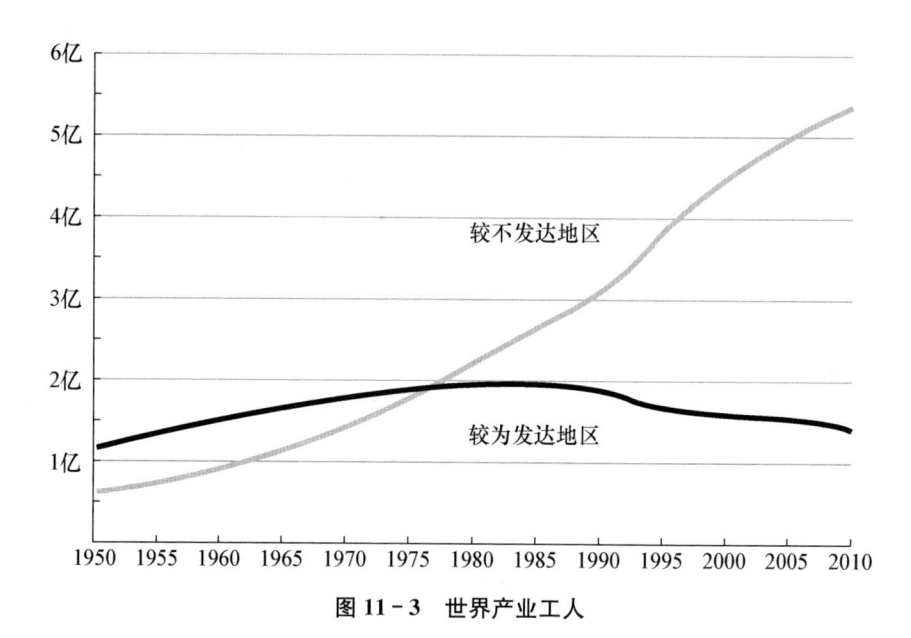

资料来源：1995—2008 年的数据来自：LABORSTA（http://LABORSTA.ilo.org），以及劳动力市场关键指标（KILM）第 5 版和第 6 版（http://ilo.org）。前者提供了从事经济活动的人口总数，后者提供了计算产业工人数量的行业分布比率。2010 年的数据是通过外推获得的。1950—1990 年的数据来自国际劳工组织的人口与经济活动人口，该数据于 2004 年获得，网页已不能访问（数据由作者获取）。国际劳工组织的"较为"和"较不"发达地区分别大致对应当代的"发达"和"发展中"经济体。

2. "全球劳动力套利"——生产全球化的关键驱动力

通过切断南方国家数以亿计的工人、农民与土地的联系及剥夺他们在受保护的民族工业中的工作，新自由资本主义加速了一个巨大的、可受超级剥削的劳动力供应池的扩大。劳动力流动的抑制与劳动力供给的急剧增加相互作用，导致国际工资差距急剧扩大，据世界银行研究人员称，"这比任何其他形式的国界所诱发的价格差距都高出一个数量级或更多"[7]。过大的工资差距为北方的资本家提供了两种不同的增加利润的方式：将生产迁移至低工资国家，或从这些国家移入产业工人。国际货币基金组织非常准确地指出了这一联系："发达经济体可以通过进口和移民来进入全球劳动力供应池"，同时，"贸易是更为重要和更加快速扩张的渠道，很大程度上是因为在许多国家，移民仍然受到非常严格的限制"[8]。

国际货币基金组织所说的"进入全球劳动力供应池"，被其他人戏称为"全球劳动力套利"。根据斯蒂芬·罗奇的看法,其基本特征是"用国外素质相似的低薪工人取代本地高薪工人"[9]。时任摩根士丹利亚洲业务负责人的罗奇辩称,"三大趋势独特而强大的融合正推动全球套利的发展"。这些趋势就是"离岸外包平台的成熟……基于电子技术的联系网络……成本控制"[10]。其中,"成本控制"即较低的工资,是"给全球劳动力套利带来生命的催化剂"。罗奇进一步解释道:

> 在供应过剩的时代,企业前所未有地缺乏定价杠杆。因此,企业必须坚持不懈地寻求新的效率。毫不奇怪,企业主要关注劳动力,这构成了发达国家生产成本的大部分……因此,通过离岸外包获取发展中国家相对低工资工人的产品,对发达经济体的公司而言,已成为越来越迫切的生存策略。[11]

相对于先前国际货币基金组织技术专家所做的解释,这种对新自由主义全球化推动力的描述更为详尽。但是,我们可能会问,为什么罗奇说的是"获取产品"而不是"榨取价值"?毕竟,资本家感兴趣的不是劳动的产品,而是包含于其中的价值。我们怀疑答案就是,"榨取价值"将使低工资工人创造的财富远远高于获得的工资,换言之,低工资工人遭到剥削。对主流经济学家来说,这是异端见解。罗奇的观察也使我们不禁提出这样一个问题:"发达经济体的公司"究竟如何从孟加拉国、中国和其他地方的工人身上"获取产品"?这些工人对"发达经济体"公司最终盈利唯一可见的贡献是从外国直接投资中汇回的利润流,但 H&M 或通用汽车公司的利润中没有一分钱可以追溯到它们在孟加拉国或墨西哥的独立供应商,所有的利润似乎是公司通过自己的经营活动创造的价值增值。这个难题,主流经济学理论因难以解释而有意忽略,只能通过将"价值增值"界定为"占有价值"来予以说明。换言之,公司的"价值增值"并不等于它所创造的价值,而是通过交换成功获得的全部经济价值的一部分,包括从遥远国家的活劳动中获得的价值。占有价值不仅与创造价值完全不同,正如主流经济学理论所主张的那样,而且两者之间也没有相关性。例如,银行并不创造任何价值,却大量占有价值。一个国家的国内生产总值只不过是其公司价值增值的总和,国内生产总值统计数字系统地减少了南方国家对全球财富的实际贡献,夸大了"发达"国家的贡献,从而掩盖了它们之间日益寄生、剥削及帝国主义性质的关系。我称之为"GDP 幻觉"[12]。

二、剥削理论

1. 依附理论及其批判者

最早也是最后一次持续致力于在马克思价值理论基础上构建帝国主义理论的尝试，是 1960 年代和 1970 年代关于依附理论的论战。依附理论的创立受二战后席卷非洲、亚洲和拉丁美洲的反殖民主义和反帝国主义斗争的启发，并且试图解释在领土型帝国解体后帝国主义剥削持续存在的原因。

依附理论涉及的范围甚广，包括希望消除南方资本主义独立发展之障碍的社会民主主义者和资产阶级民族主义者，如阿尔吉里·伊曼纽尔与费尔南多·恩里克·卡多佐（后来的巴西新自由主义总统）；以不同的方式论证资本主义本质是帝国主义，亦是其自身障碍的马克思主义者，像萨米尔·阿明与鲁伊·毛罗·马里尼；超越理论批判范畴，领导反对帝国主义及其国内同志的革命斗争的部分人士，其中最著名的是菲德尔·卡斯特罗和切·格瓦拉。这些观点迥异的改革派与革命派的共同点是：承认发达帝国主义国家和当时被称为第三世界（苏联及其盟国构成了第二世界）的国家之间的"不平等交换"导致财富从后者大规模转移至前者；在帝国主义国家与受其控制国家的工人之间工资和生活水平持续扩大的差距反映了剥削率的国际差异（马里尼的理论贡献对其中的第二点尤为重要）。

其后果——社会主义斗争的中心至少暂时从帝国主义心脏地带转移到了受其控制的国家——遭到了欧洲和北美"正统"马克思主义者的抵制，他们认为从外围地区获取的财富居于次要地位，并且完全否认南方国家的工人和农民相比北方遭受到了更为沉重的剥削。因此，约翰·威克斯和伊丽莎白·多尔在 1979 年与阿明的交流中辩称："发达资本主义国家的劳动生产率更高，因而这些国家工人的高生活水平并非意味着构成这种生活水平的商品的交换价值也更高。"[13] 查尔斯·贝特海姆则不那么谨慎，他在批评伊曼纽尔的《不平等交换》时声称，"生产力越发达，无产阶级遭受的剥削就越多"[14]。奈杰尔·哈里斯同样认为,"在其他条件相同的情况下,劳动生产率越高,支付给工人的收入就越高(因为他或她的再生产成本更高),他或她遭受剥削的程度就越深。也就是说,工人的产出中被雇主占有的比例就越高"[15]。

依附理论在新自由主义时代到来之前兴起并衰落,在这一时期,"发展中国家"出口原材料和进口制成品,生产全球化亦处于萌芽状态。颇具讽刺意味的是,在1970年代,韩国和中国台湾出口导向型工业快速发展,全球化的孕育部分解释了原因。用加里·豪的话说,"依附理论本身开始陷入困境",因为这些早期工业起飞的例证似乎驳斥了依附理论所坚持的观点,即帝国主义的统治阻碍了南方的工业发展[16]。

然而,依附理论仍然是发展当代帝国主义理论的重要参照。新自由主义时代的变革已经严重削弱了欧洲马克思主义者的论点。坚称全球生产向低工资国家的转移无关紧要,恐怕难以令人信服。因此,欧洲马克思主义者的反应是完全忽略这一问题,并把全球价值链和生产网络的研究课题留给资产阶级社会科学家。与此同时,北方国家较高的生产率意味着较高工资与较高剥削率一致的论点被一个简单的事实否定:北方国家工人消费的商品,在更大程度上是由南方国家低工资工人生产的。正是南方国家工人的生产率及其工资,在根本上决定了帝国主义国家的消费水平与剥削率。

不过,欧洲马克思主义者的论点一直延续到今天。因此,阿列克斯·卡利尼科斯认为,依附理论的"关键错误在于没有考虑到发达经济体高水平劳动生产率的重要性",而约瑟夫·乔纳拉相信,"认为印度等国的工人比美国或英国等国的工人受到了更多的剥削是一种误解"[17]。

然而,在孟加拉国制衣厂和南非铂金矿山中,极高的剥削率是一个显而易见的事实,同时也是低工资国家数亿工人每天的切身体验。弗里德里希·恩格斯说:"共产主义不是教义,而是**运动**。它不是从原则出发,而是从**事实**出发。"[18]① 剥削率广泛存在的国际差距、全球生产向剥削率最高地区的大规模迁移,以及令人震惊的产业工人阶级聚集中心向南方国家转移,是全新的、我们必须着手应对的重大事实。这些是新自由主义时代的决定性转变,也是理解全球性危机性质与动

---

① 马克思,恩格斯. 马克思恩格斯选集:第1卷. 3版. 北京:人民出版社,2012:291.

态的关键。我们不应该用马克思对 19 世纪生产的评论否定 21 世纪超级剥削（及建立在它基础之上的帝国主义秩序）的现实，而应该以这些新的事实来检验马克思的理论，并运用和批判发展其理论，以便理解资本主义之帝国主义这一最新发展阶段。

2. 列宁与帝国主义

令列宁萦绕于心的问题是民族之间的系统性不平等导致无产者之间的平等受到系统性践踏，他指出："民族分为压迫民族和被压迫民族"是"帝国主义时代基本的、最本质的和必然的现象。"[19]① 列宁的著作《帝国主义论》写于第一次世界大战期间，是一个行动指南；此书试图揭露世界大战前夕群众性社会主义政党投降的原因，并表明战争并非异常现象或者偶然事件，从而证明世界社会主义革命及向共产主义生产方式过渡的客观必然性。列宁阐述了资本主义之帝国主义阶段的本质特征，这些特征在帝国主义诞生之初就显露无遗，特别是财富的集中和金融资本的崛起、对弱小国家的压迫与掠夺，以及猖獗的军国主义。列宁不可能诠释价值在全球化生产过程中何以产生，因为这一过程在资本主义发展的后期才出现。因此，列宁的帝国主义理论与马克思的价值理论之间的割裂不可避免，这种状态一直持续到今天。把它们重新联系起来是一项相当艰巨的任务，在这里，我们仅能简短地分析被列宁视为资本主义之帝国主义阶段的两个决定性特征：垄断与资本输出。

列宁坚持把世界划分为被压迫民族与压迫民族，并强调这种区分在经济与政治上所具有的核心地位。而帝国主义国家的马克思主义者却常常对此视而不见，他们只关注列宁关于帝国主义内部竞争以及"帝国主义就其经济实质来说，是垄断资本主义"② 的论点[20]。在资产阶级和马克思主义文献中，垄断被广泛地用来描述与生产、分配、品牌忠诚、金融、资本集中、政治和军事权力等有关现象。其中大部分与价值分配有关，而与价值生产无关。帝国主义的价值理论必须把两者区别开来，并且承认帝国主义的利润并非源于任何形式的垄断——无论垄断公司在帮助创造价值的条件方面发挥过多大的作用——而是

---

① 列宁. 列宁选集：第 2 卷. 3 版修订版. 北京：人民出版社，2012：565.
② 同①683.

源于超级剥削，这使我们返回到民族压迫的问题上来。

列宁在《帝国主义论》一书中指出："帝国主义最重要的经济基础之一——资本输出，……给那种靠剥削几个海外国家和殖民地的劳动为生的整个国家打上了寄生性的烙印。"[21]① 这一观点与当代全球资本主义有着惊人的契合之处，帝国主义跨国公司与各种各样的服务供应商及其雇员共同分享超级剥削的战利品，而国家获得了其中最大的份额。然而，运用列宁的深刻洞见考察当代帝国主义，却存在一个显而易见的问题。苹果和 H & M 等公司没有向孟加拉国和中国输出资本——它们的 iphone 手机和服装都是通过松散的生产流程制造的[22]。

抓住事物的本质而非事物的形式（资本输出就是形式），这个难题即可迎刃而解。列宁认为，为了剥削海外工人的劳动，帝国主义者被迫输出一部分资本，因为积累的财富已经达到了庞大的规模，有必要将其转化为资本，即自我增值的财富，帝国主义者借此可以榨取远超国内劳动力创造的剩余价值。正如安迪·希金博特姆所说，资本输出与民族压迫密切相关："资本输出意味着北方资本与南方劳动之间必然存在一种新型的劳资关系，意指在民族压迫的条件下输出劳资关系"[23]。与以往不同的是，资本主义的演化，尤其自 1980 年以来，为跨国公司提供了一种从低工资国家工人身上榨取剩余价值而不必向这些国家"输出"资本的方法。

为了结束关于列宁对帝国主义理论所做贡献的简要讨论，最重要的任务是创造一个把帝国主义经济本质（垄断资本主义）和政治本质（将世界划分为受压迫民族与压迫民族）统一起来的概念。这两者都必须用卡尔·马克思在《资本论》中发展起来的价值规律来表述。总而言之，正如希金博特姆所言，这是一条重新整合马克思价值理论与列宁帝国主义理论的途径。为了确立理论整合的必要起点，我们需要将时间再回溯半个世纪，使它与马克思的伟大著作建立一种稳固的联系。

3. 马克思的《资本论》及帝国主义理论

批评依附理论的马克思主义者之所以被称为"正统派"，是因为他们援引马克思《资本论》的段落来拒斥超级剥削及其引起的"不平等交换"，而对这些段落的肤浅解读似乎支持他们的观点。马克思在《资

---

① 列宁. 列宁选集：第 2 卷. 3 版修订版. 北京：人民出版社，2012：661.

本论》中用了一个简短的章节论述"工资的国民差异",其结论是,尽管英国工人的工资高于德国或俄国,但他们可能遭受更多的剥削,人们"常常可以发现,日工资、周工资等等在前一种国家比在后一种国家高,而相对的劳动价格,即同剩余价值和产品价值相比较的劳动价格,在后一种国家却比在前一种国家高"[24]①。这正是威克斯、多尔、乔纳拉等人引用的论断,但有三个理由解释为何马克思的主张不适用于当代南北关系。

第一,马克思用来进行比较的每一个国家——英国、德国和俄国——都是相互竞争的压迫者国家,都忙于建立自己的殖民帝国,而当今全球南方形式上自由的国家不能仅仅被视为类似19世纪德国和俄国的"欠发达"资本主义国家。第二,20世纪末帝国主义国家与"发展中国家"之间的贸易与19世纪末英、德、俄之间的贸易具有本质上的差异。那时,不仅每个工人消费国内生产的商品,每个资本家也消费国内抚养的劳动力——这是一个"价值链"分包、外包等现象产生之前的时代。第三,马克思列举的例子已经假定德国和英国等国的资本家在同类商品的生产上展开竞争,而如上所述,当代南北贸易并非如此。这一点的重要性将在下文中讨论。

马克思《资本论》的任务是理解资本主义形式的价值关系,以便揭示剩余价值的来源和性质,而摆在我们面前的任务是从理论上理解当前资本主义之帝国主义的发展阶段。马克思的陈述清楚地显示了其研究所需要的抽象层次,"即使工资和工作日,从而剩余价值率在不同生产部门之间甚至在同一生产部门的不同投资之间的平均化,会因各种地区性障碍而受到阻挠,可是随着资本主义生产的进步,随着一切经济关系服从于这种生产方式,这种平均化会日益形成"[25]②。马克思认为工资差异是由暂时或偶然的因素造成的,它们将随着资本和劳动力的不断流动而消除,因而可以被安全地排除于分析之外:"不管关于这些阻力的研究对于专门研究工资的著作来说多么重要,但在对资本主义生产进行一般研究的时候,可以把这些阻力看做偶然的和非本质

---

① 马克思,恩格斯. 马克思恩格斯选集:第2卷. 3版. 北京:人民出版社,2012:252.

② 马克思,恩格斯. 马克思恩格斯文集:第7卷. 北京:人民出版社,2009:160.

的东西而搁在一边。"[26]①

这一抽象层次显然不适合我们研究任务的需要。在当今这个极度分裂的世界里，马克思假定的工人平等的前提被极度侵犯，且不能轻率地归咎于"地区障碍"。

4. "剩余价值增加的第三种形式"[27]

在《资本论》第一卷中，马克思深入分析了资本家努力提高剥削率的两种方式：第一，延长工作日，从而增加"绝对剩余价值"；第二，提高生产消费品的工人的生产率以减少必要劳动时间，从而增加"相对剩余价值"。他在几个地方提到了第三点："把工人的工资压低到劳动力价值以下"也能够延长剩余劳动时间，但他补充说，"虽然这种方法在工资的实际运动中起着重要的作用，但是在这里它应该被排除，因为我们假定，一切商品，包括劳动力在内，都是按其十足的价值买卖的"[28]②。

"把工人的工资压低到劳动力价值以下"将在两章之后的论述中再次提到，即谈到机器对一个特定生产领域的整体控制对工人的影响，其结果是"工人阶级的一部分……转化为过剩人口……充斥劳动市场，从而使劳动力的价格降低到它的价值以下"[29]③。这一论点与当代的关联性几乎不言自明。由于现代生产方式无法吸纳足够多的劳动力来防止失业率上升，全球南部国家的大部分工人阶级已经"变成剩余劳动力"，这一事实甚至在我们考虑到低工资国家普遍存在的更为严苛的劳动制度之前，就已经产生了强大的力量，"使得他们的劳动力价格低于其价值"。

在《资本论》第三卷中，马克思在论述抑制利润率下降趋势的"抵消因素"时，又简要提到了增加剩余价值的第三种方式。其中一个抵消因素，即"工资低于其价值"问题，仅用两句简短的话来处理："和其他许多似乎应该在这里提到的情况一样，实际上同资本的一般分析无关，而属于不是本书所要考察的竞争的研究范围。但它是阻碍利润率下降趋势最显著的原因之一。"[30]④

马克思不仅把压低工资到劳动力价值以下的问题搁置一边，还做

---

① 马克思，恩格斯. 马克思恩格斯文集：第7卷. 北京：人民出版社，2009：160.
② 马克思，恩格斯. 马克思恩格斯文集：第5卷. 北京：人民出版社，2009：365.
③ 同②495-496.
④ 马克思，恩格斯. 马克思恩格斯选集：第2卷. 3版. 北京：人民出版社，2012：502.

了进一步的理论抽象："不同国家的剩余价值率的差别，也就是说，各国劳动剥削程度的差别，对于我们当前的研究是无关紧要的"[31]①。这对于他关于"资本的一般分析"是必要的，如果我们要分析资本主义目前的发展阶段，也可以随便。然而，正是这一点必定成为当代帝国主义理论的出发点。由工资套利驱动的生产全球化并不与绝对剩余价值相对应，长时间工作在低工资国家很普遍，但工作日的长短并非外包公司最主要的吸引力；生产全球化也不关乎相对剩余价值，新技术的应用基本没有减少必要劳动。事实上，外包通常被视为投资于新技术的替代方案。然而，它确实显示了超级剥削。正如希金博特姆所说："超级剥削是……被遮蔽的帝国主义的共同本质……这不是因为南方工人阶级创造的价值降低了，而是因为他们受到了更多的压迫与剥削。"[32]

结　论

对新自由主义全球化进行的实证研究，揭示了由低工资国家普遍存在的较高剥削率导致的全球劳动力套利已经成为新自由主义全球化的根本驱动力。从对马克思《资本论》的回顾中我们获得的最重要的发现是，新自由主义全球化与增加剩余价值的第三种方式是相互呼应的。尽管马克思强调了增加剩余价值的第三种方式的重要性，但他仍然将其排除在一般理论研究之外。这是在世界范围内复兴马克思主义唯一可能的基石。这一重要发现也让我们看到了新自由主义时代在历史上的地位。马克思在《政治经济学批判大纲》中指出：

> 只要资本的力量还薄弱，它本身就还要在以往的或随着资本的出现而正在消逝的生产方式中寻求拐杖。而一旦资本感到自己强大起来，它就抛开这种拐杖，按它自己的规律运动。当资本开始感到并且意识到自身成为发展的限制时，它就在这样一些形式中寻找避难所，这些形式看起来使资本的统治完成，但由于束缚自由竞争同时却预告了资本的解体和以资本为基础的生产方式的解体。[33]②

---

① 马克思，恩格斯. 马克思恩格斯文集：第7卷. 北京：人民出版社，2009：160.
② 马克思，恩格斯. 马克思恩格斯全集：第31卷. 2版. 北京：人民出版社，1998：43.

这与列宁的下述论点具有惊人的相似之处："只有在资本主义发展到一定的、很高的阶段，资本主义的某些基本特性开始转化成自己的对立面，从资本主义到更高级的社会经济结构的过渡时代的特点已经全面形成和暴露出来的时候，资本主义才变成了资本帝国主义。"[34]① 资本主义的兴起依赖最野蛮的"原始积累"，例如数百万非洲奴隶的贩运、殖民掠夺及鸦片走私。当资本主义发展到成熟阶段，完全控制了生产过程时，竞争蓬勃发展起来，资本的内在规律就得到了最充分的体现。最后，在其没落时期，资本主义越来越依赖自由竞争以外的方式——垄断、国家日益增加的对经济生活各个方面的干预、"掠夺式积累"、帝国主义——以延续其生存，但代价就是扭曲了自身的运行规则并且为生产力的发展设置了新的障碍。

这一资本主义发展谱系与本文讨论的增加剩余价值的三种方式有何关系？在资本主义尚不成熟时，增加绝对剩余价值——将工作日延长并且超出生理限度——居于主导地位。一旦资本控制了生产过程，相对剩余价值——通过技术进步减少工人生产消费品所需的时间——就成为主要方式，尽管在任何时候这一情形都依赖于更加残酷和更加古老的统治形式的持续存在，在受压迫民族中尤其如此。在新自由主义时代的劳资关系中，日趋占据主导地位的形式是全球劳动力套利，即资本主义凭借民族压迫使"新兴国家"劳动力价值下降的一种掠夺手段。这构成了增加剩余价值的第三种方式，而此方式正日益成为劳资关系的主要形式。半殖民地国家的无产阶级是其第一受害者，帝国主义国家的广大劳动人民也面临着贫困境况。对低工资国家中新兴、年轻及女性无产者日益扩大的超级剥削，把资本主义从1970年代自我察觉的漏洞中拯救了出来。现在，其使命是与帝国主义国家的工人一道，再挖掘一个深坑，作为埋葬资本主义的坟墓，从而确保人类文明的未来。

注释

[1] 在本文中，"超级剥削"是指剥削率高于全球平均水平。有人认为，这在低工资国家很普遍。

[2] UNCTAD. World Investment Report 2013. Switzerland:

---

① 列宁. 列宁选集：第2卷. 3版修订版. 北京：人民出版社，2012：650.

United Nations，2013. http://unctad.org/en.

［3］从欧盟总进口额中减去欧盟内部产生的制成品进口额，就可以追溯到 1995 年，因为从这一年起，数据是连续的。

［4］数据来自经济合作与发展组织"增值贸易"数据库（http://stats.oecd.org），该数据库公布了扣除进口后的出口净值。

［5］Ari Van Assche，Chang Hong，Veerle Slootmaekers. China's International Competitiveness：Reassessing the Evidence. LICOS Discussion Paper Series，Discussion Paper 205，2008：15. http://feb.kuleuven.be；The Great Unbundling. Economist，January 18，2007. http://economist.com.

［6］为证明这一点，参见 Ricardo Hausmann，César Hidalgo，et al. The Atlas of Economic Complexity，2011. http://atlas.media.mit.edu。

［7］Michael Clemens，Claudio Montenegro，Lant Pritchett. The Place Premium：Wage Differences for Identical Workers across the US Border. Policy Research Working Paper 4671，New York：World Bank，2008：33. http://siteresources.worldbank.org.

［8］International Monetary Fund. World Economic Outlook. Washington，DC：IMF，2007. http://imf.org.

［9］Stephen Roach. More Jobs，Worse Work. New York Times，July 22，2004. http://nytimes.com.

［10］Stephen Roach. Outsourcing，Protectionism and the Global Labor Arbitrage. Morgan Stanley Special Economic Study，2003. http://neogroup.com.

［11］同［10］.

［12］John Smith. The GDP Illusion. Monthly Review，2012，64（3）：86-102.

［13］John Weeks，Elizabeth Dore. International Exchange and the Causes of Backwardness. Latin American Perspectives，1979，6（2）：71.

［14］Charles Bettelheim. Theoretical Comments//Arghiri Emmanuel. Unequal Exchange：A Study in the Imperialism of Trade. London：NLB，1972：302.

[15] Nigel Harris. Theories of Unequal Exchange. International Socialism, 1986, 2 (33): 119-120.

[16] Gary Howe. Dependency Theory, Imperialism, and the Production of Surplus Value on a World Scale. Latin American Perspectives, 1981, 8 (3/4): 88.

[17] Alex Callinicos. Imperialism and Global Political Economy. Cambridge: Polity Press, 2009: 179-180; Joseph Choonara, Unravelling Capitalism. London: Bookmarks Publications, 2009: 34.

[18] Karl Marx, Frederick Engels. Collected Works, vol. 6. New York: International Publishers, 1975: 303.

[19] Vladimir Ilyich Lenin. The Revolutionary Proletariat and the Right of Nations to Self-Determination//Collected Works, vol. 21. Moscow: Progress Publishers, 1964 (originally 1915): 407.

[20] Vladimir Ilyich Lenin. Imperialism, the Highest Stage of Capitalism//Collected Works, vol. 22. Moscow: Progress Publishers, 1964 (originally 1916): 266.

[21] 同 [20].

[22] 资本输出有三种形式：外国直接投资、投资组合（投资于股票和金融证券，与外国直接投资不同，这些投资组合不会对投资者产生控制性影响）、借贷资本。

[23] Andy Higginbottom. The System of Accumulation in South Africa: Theories of Imperialism and Capital. Économies et Sociétés, 2011, 45 (2): 268.

[24] Karl Marx. Capital, vol. 1. London: Penguin, 1991 (originally 1894): 702.

[25] Karl Marx. Capital, vol. 3. London: Penguin, 1991 (originally 1894): 241-242.

[26] 同 [25].

[27] 重新发现剩余价值的第三种形式是一项重大的理论突破，该理论由安迪·希金博特姆在《增加剩余价值的第三种形式》中提出，该论文为安迪·希金博特姆于2009年11月27日至29日在伦敦的历史唯物主义会议上发表。

[28] 同 [24] 430-431.

［29］同［25］557.

［30］同［25］342.

［31］同［25］242.

［32］同［23］284.

［33］Karl Marx. Grundrisse. London：Penguin，1973：651. 我感谢沃尔特·道姆指出这段话的重要性。

［34］同［20］265.

第 12 章 非洲的帝国主义与反帝国主义[*]

[美]贺瑞斯·坎贝尔 著 石丹淅 译

引 言

当国际媒体纷纷直播数十万突尼斯人聚集在饱受动乱之苦的国土安全部中央办公室前，齐声高喊"我们要推翻当前政权"的视频时，改变已悄然发生：普通人已意识到自己也可以改变世界[1]。数周后，埃及人民起义推翻了已统治三十多年根深蒂固的穆巴拉克政权。散布恐惧言论、警察暴力执法、剥削和操控选举等手段都已无法阻止抗议的浪潮。为应对可能在普通大众层面发生的大规模突破，西方势力发起了对利比亚的入侵，用人道主义谎言和武力方式使非洲的政治与经济生活陷入混乱。随后，西方帝国主义势力与埃及军队里的反革命分子串通一气，意欲从突尼斯和开罗人民手中夺回胜利果实。北约，作为捍卫金融寡头的中坚力量，一直试图粉碎非洲大地上的所有反帝活动。但北约的介入及其所带来的灾难性后果却适得其反，让非洲人民的反帝思潮再次涌起[2]。

数十年的时间里，新自由主义关于创建有利于市场发展与境外直接投资的安全型社会理论已玷污了官方的知识和智力空间。因此，开

---

[*] 文献来源：Horace Campbell. Imperialism and Anti-Imperialism in Africa. Monthly Review，July-August，2015：98-113。

罗街头所发生的一切不会轻易融入已成型的社会变革计划中。非洲的帝国主义从原始的殖民形式逐渐发展起来，并逐步向各个文化和宗教层次扩散，瓦解了布雷顿森林体系下的相关机构或组织。从本质上来说，宗教激进主义者成为了突破先锋，大规模散布女性从属性言论并歧视持不同信仰者。

对于知识分子群体，殖民主义方面的权威人物，如杰弗里·凯、安·菲利普斯，已导致大家摒弃了沃尔特·罗德尼所著《欧洲如何限制了非洲的发展》一书的思想。罗德尼认为，资本主义和帝国主义阻碍了非洲的经济转型。而包括凯和菲利普斯在内的一些权威人物则加入了殖民辩护者队伍，路易斯·甘、皮特·杜伊格南等殖民辩护者们认为，殖民主义是有利于非洲人民的，而资本主义之所以造成非洲经济落后，则是因为资本主义的开发力度不够[3]。即便是那些不同意殖民辩护者观念的人，也采取了资产负债表等方法来支持欧洲对非洲的渗透。他们认为，即便殖民主义可能真的导致了过度行为和不幸事件，但也为非洲带来了教育、健康和卫生[4]。如今，资本主义国家的野蛮行径则常常被左派学者忽略，如迈克尔·哈特和安东尼奥·奈格里[5]。

然而，非洲仍然是剥削程度最恶劣的地方。资本主义制度激发了非洲反帝国主义的连续性，从殖民时代到现在都是如此。在21世纪的今天，民族解放时代旧有形式的阶级动员早已耗尽了潜力，而呼吁公正、和平、生命、健康以及自然环境修复的新社会力量已经出现。所有这些运动及其所提倡的反帝国主义思潮，让非洲人民的自由之火愈演愈烈。2011年爆发的起义就是为了反对非洲悲观主义思想，这种思想已被大众认可，成为西方帝国主义文化的一部分，并反复强调让人作呕的"失败之国"称呼。今天，阿米尔卡·卡布拉尔和罗德尼著作中对马克思主义和反帝国主义思想的运用，再次激发了非洲新一轮的反帝国主义思潮。

一、干旱之地上的海盗行为

简单来说，帝国主义可被定义为在世界范围内对垄断金融资本利润的追求和剩余价值的不断积累，主要聚集在世界两大区域，即欧洲和北美。如将帝国主义现实放在超越因子的普通演变轨道上来分析，可以看出帝国主义就是从海洋转移到干旱之地的海盗行为。这是一种经过重组和巩固的海盗行为，顺应了以剥削非洲人民的自然与人力资源为目的的不良企图。

非洲的自由主义战士卡布拉尔，在将帝国主义描述成"干旱之地上的海盗行为"时，其实就是在延续20世纪初关于垄断资本与资本输出之间的辩论[6]。列宁曾在第一次世界大战期间写过帝国主义与战争之间的关系，他非常清楚这种关系。他的分析也因此引起了激烈的争论，争论的主题是对非洲的资本输出是否类似于对诸如阿根廷、东欧或美国的大规模资本输出。有一本书对英国帝国主义政策背后的非经济性人道主义动力理论进行了大肆宣扬，这本书名为《非洲与维多利亚人》，作者是罗纳德·罗宾逊和约翰·加拉格尔。一般认为，这本书对列宁关于资本输出方面的理论提出了质疑，认为第一次世界大战期间，各帝国主义国家并未对非洲进行大额资本输出。罗宾逊和加拉格尔并非马克思主义者，但他们和一些马克思主义者，如英国的比尔·沃伦等一样，在关于列宁主义者的理论依据方面均认为即便表现为直接的殖民统治形式，资本帝国主义对非欧洲社会的经济、文化和政治都产生了具有深远历史意义的积极影响：通过资本输出，资本帝国主义为生产力的发展奠定了基础，并促进了资本主义在当地的扎根和积极表现[7]。

早在1970年，罗德尼就发表了一篇名为《非洲的帝国主义分裂》的文章，但鲜为人知。在这篇文章里，他回应了针对列宁关于帝国主义分析方面的批评之声。罗德尼指出，列宁从未认为在他所处的时代里，资本输出适用于非洲。彼时，资本输出依然处于边缘地带，因为针对非洲的帝国主义分裂和渗透距离现代太近。正如罗德尼所说，资本输出不适用于19世纪晚期和20世纪早期的非洲资本主义，"只有那些没有读过列宁的人，才会认为这是列宁言论的矛盾之处"[8]。在以历史事实为依据的分析中，罗德尼并没有将帝国主义视为一个统一的过程，而是作为一种普遍性历史过程或趋势，在不同的地区根据不同的环境呈现出不同的形式，并结合各种经济、政治和文化因素。

尽管如此，这些问题确实有助于说明非洲在20世纪之前都不是资本输出的对象，在经济依赖性方面也没有直接融入该体系，而是相反地被降级为自然资源和劳动资源的储备库，从一开始就受到特别极端的拿来主义影响。这种情况在20世纪晚期发展得更为充分，因为此时非洲大陆出现了独立的国家。但即便如此,这种关系本质上却并未改变,而且与以霸权种族主义形式强加给非洲的文化帝国主义不无关系,并植根于跨大西洋的奴隶交易史中。因此,帝国主义对非洲的渗透所产生的政治、经济和文化力量都造就了罗德尼所述的"欧洲如何限制了非洲的发展"这一历史事实。

将资本帝国主义解释为推动非洲文化和经济进步的力量,是过去几十年笼罩在非洲的新自由主义黑暗中的一个因素。它抹去了欧洲帝国主义在非洲的历史,并回避了今天的帝国主义现实。相比之下,卡布拉尔的"帝国主义是干旱之地上的海盗行为"这一概念使非洲人们认识到,对这一地区进行任何有意义的分析,都应以发生在非洲争夺战期间和之后臭名昭著的抢劫和掠夺为前提。这种抢劫制度以及工业资本主义本身,都可以在欧洲所建立的跨大西洋奴隶贸易保护站中找到身影。卡尔·马克思在《资本论》中写道:"美洲金银产地的发现,土著居民的被剿灭、被奴役和被埋葬于矿井,对东印度开始进行的征服和掠夺,非洲变成商业性地猎获黑人的场所——这一切标志着资本主义生产时代的曙光。"① 到19世纪末,欧洲资本主义已经积累了足够的军事和经济实力,将西方的经济统治强加给亚洲和太平洋的大部分岛屿。1884年至1885年召开的柏林会议为臭名昭著的非洲争夺战正名,将非洲划分给欧洲列强。罗德尼指出,对非洲进行的帝国主义分裂只是奏响了帝国主义势力的非洲剥削序曲,随后很快就被战争打断了。的确,主要大国之间日益紧张的国家关系(主要是在争夺非洲领土方面)最终导致了世界大战的爆发。这一点 W. E. B. 杜波依斯在列宁之前就已经意识到了,详见其于1915年曾写的《世界大战的非洲根源》一书[9]。虽然杜波伊斯和列宁都明白非洲分裂的重要性,但在20世纪,列宁论文与非洲之间的相关性备受争议,而争议的重点就是资本输出问题。在一篇鲜为人知的文章中,罗德尼解释说:

  据说列宁公开了其所主张的帝国主义的"经济"理论,这引起了批评。批评者认为他的理论是片面的,因为欧洲人瓜分非洲有几个原因,包括经济、政治、社会人道主义和心理。当然,马克思主义并不仅仅关注社会的某些所谓的"经济"方面。马克思

---

① 马克思,恩格斯. 马克思恩格斯选集:第2卷. 3版. 北京:人民出版社,2012:296.

主义是一种世界观，它认识到人类社会复杂性中存在多种变体，并试图通过参考各种物质存在条件来揭示它们之间的关系。列宁并不需要在他写的每一篇文章中阐明这一基本的马克思主义立场，他关于帝国主义的文章论述了资本主义经济的发展问题。众所周知，非经济层面是存在的，而且被认为是次要的。[10]

随后，罗德尼引用列宁的话来阐述帝国主义的非经济层面："在金融资本的基础上生长起来的非经济的上层建筑，即金融资本的政策和意识形态，加强了夺取殖民地的趋向。"[11]① 罗德尼干预理论的意义在于，突出了帝国主义是以哪些深层方式影响了整个非洲地区。罗德尼列举了种族主义的伪科学、宗教和文化问题，这些问题与列强自认为合理的土地和矿产资源掠夺密不可分。罗德尼随后补充说，在帝国主义时期，南非是培育白人种族主义思想毒瘤的实验室。迄今为止，连接殖民主义和后殖民帝国主义的两个最重要的非经济方面依然是军事力量和种族主义。在乍得、中非共和国、马里和科特迪瓦等地部署了法国干涉主义部队的情况下，军事介入仍然非常普遍。欧盟对地中海正在发生的大规模溺亡事件的串通参与、漠不关心和虚伪反应，是一种种族主义，这无须再评论。

二、种族主义、性别歧视和帝国主义

一些资产阶级学者曾写过相关文章，为殖民政策的人道主义动机歌功颂德。罗德尼对这些学者的观点进行了反驳，并试图让人们意识到西欧种族主义的兴起有其经济基础，在跨大西洋奴隶贸易前后出现了人类等级新概念。19世纪，西欧的科技发展取得了重大突破，因此促成了科学种族主义和现代优生学观念的产生。到20世纪初，优生运动演变成了白人至上的概念，并渗入西欧和北美社会与经济生活的方方面面。列宁在《帝国主义论》一书中写道："高额垄断利润，在经济上就有可能把工人中的某些部分，一时甚至是工人中数量相当可观的少数收买过去，把他们拉到该部门或该国家的资产阶级方面去反对其

---

① 列宁. 列宁选集：第2卷. 3版修订版. 北京：人民出版社，2012：647.

他一切部门或国家。"[12]① 列宁曾提请人们注意帝国主义如何通过在工人中制造机会主义和沙文主义来分裂欧洲的工人阶级运动。这两个相互关联的方面结合在一起：帝国主义创造了可以分配给工人阶级上层的剩余，针对帝国主义主要受害者（首先是非洲人）的种族主义给整个欧洲工人阶级带来了心理/文化上的好处。为了抓住德国工人阶级的心并使他们远离革命和国际团结等思想的影响，纳粹强调了关于家庭和种族的文化原则，并突出了人民为什么是德国价值观的基石。在非洲，与纳米比亚反抗法西斯主义的赫雷罗人民对抗时，德国帝国主义军队对种族灭绝政策进行了最后彩排，并在1929年资本主义大萧条后全面施行了种族灭绝政策。

英国也好不到哪里去：英国殖民者在非洲进行了多次大屠杀，他们制定的种族主义制度最终导致了种族隔离[13]。约翰·麦肯齐所著的《宣传与帝国：英国舆论的操纵1880—1960》一书详述了各种意识形态操控工具是如何将英国的工人阶级与帝国主义冒险活动捆绑在一起的；这种意识形态操控工具还在第一次世界大战的大屠杀活动中鼓动英国工人与欧洲其他工人战斗。

帝国主义和殖民主义都受到了令人印象深刻的意识形态的支持甚至推动，这些意识形态包括这样的观念，即某些人，通常只是某一领土的居民，需要并欢迎统治以及与统治相关的知识形式。我们都知道，帝国主义鼓吹了关于权力、暴力和男性霸权的男性主义思想。自上世纪末以来，女权主义学者丰富了我们对帝国统治中男性主义和军国主义的理解[14]。爱德华·萨义德的《帝国主义文化》帮助我们理解了帝国主义、种族、父权制和剥削行为的某些极端文化形式之间那些错综复杂的关系[15]。英国是文化帝国主义的先驱，鲁德亚德·吉卜林（因其"白人的负担"言论）摘得诗人桂冠。

德国和英国作为西方顶级帝国主义国家，在这场统治全球的战争中发生了冲突[16]。美国学者从德国和英国的知识文化中汲取灵感，寻求自己的自由主义。吉卜林所著副标题为"美国与菲律宾群岛"的《白人的负担》就是为了敦促美国对菲律宾开战[17]。

对被压迫民族，也就是现在所称的有色人种来说，深化人类变革的线性概念使帝国主义得到进一步完善，而这一概念则将欧洲和资本

---

① 列宁. 列宁选集：第2卷. 3版修订版. 北京：人民出版社，2012：685.

主义视为某一进化过程中的新生事物。白人至上主义将社会达尔文主义("适者生存")、粗犷的个人主义、性别歧视、市场不可侵犯性、私有财产以及"人人都能成功"的信条等写入法典。北美的一些马克思主义者也对进步与现代的相关线性观点进行了内化,认为非洲和其他殖民地的革命需要资本主义国家先进工人(大多是白人)的领导。在这种情况下,阶级斗争和反帝斗争之间的联系发展缓慢。资本主义竞争、极端爱国侵略主义和沙文主义不是仅仅促成了一场战争,而是使种族主义和种族灭绝暴力的思想在第二次世界大战中世界性地爆发(这是一场帝国主义战争,其广泛性由 1935 年意大利入侵埃塞俄比亚等事件预示)。

二战后,美国作为顶级帝国势力的出现,进一步暴露了资本主义和帝国主义的种族主义基础,因为在美国境内居住的一大批人也曾遭受过类似非洲大地人民所遭受的超级剥削。即使在今天,美国的反种族主义运动日渐增多,也依然没有达到反越战运动时期的程度。事实上,这两种运动面对的是同一个敌人。要理解今天的帝国主义,很关键的一点是认识到这样一个事实:所有战争局势都直接来自对美帝国主义统治的抵制。现代统治政权下的非洲已深度种族主义,是维护帝国主义基本文化不可或缺的一部分。

巴勒斯坦学者萨义德曾经论述过帝国统治文化和帝国主义思想对人们意识的影响。和卡布拉尔一样,他将帝国主义与殖民主义区分开来,同时又将资本主义与帝国主义统一起来。萨义德将帝国主义定义为"想要并控制一块离你很远的、由其他人居住和享有的、并不属于你的土地,并在该土地上定居"[18]。他没有把时间花在帝国统治的金融和公司形式上,因为马克思主义学者和非马克思主义学者已经花费几十年在这项工作上了,如列宁、罗莎·卢森堡、尼古拉·布哈林、鲁道夫·希法亭和约翰·霍布森。20 世纪初期,这些学者就已认识到竞争性工业资本主义旧形式的终结和金融与垄断资本主义的出现。贯穿整个 20 世纪的资本聚集与集中,改变了资本主义的面貌。而到 20 世纪末期,有学者就提出了超级帝国主义和新帝国主义的概念[19]。

爱德华·萨义德的具体贡献在于揭示了资本深刻的种族主义文化,这种文化后来在 21 世纪爆发,我称之为全球军备文化。全球军备文化将华尔街的大亨和世界经济的金融化与武器制造商、媒体和形象管理者、信息和通讯管理者、军事企业家、国防合约商、国会代表、政策企业家、大学资金和人道主义专家联合起来。在这种背景下，现代帝国主义表现为种族化形式，而这种形式在帝国主义国家的公民看来，就是行善或"援助非洲"的机构。

三、美国帝国主义、国际体系军事管理和非洲

冷战期间，美国通过反共意识形态（如"极权主义与民主"）以及萨义德认为的文化对资本主义国际体系进行管理。随着1991年苏联解体，此前美国统治中的意识形态管理变得更加散漫，但军事抵抗不再是主要障碍。在后冷战时代，美国无疑愿意用武力来实现政治与经济目标。老布什在波斯湾战争背景下提出了旨在实现地缘政治目标（即控制世界主要石油地区）的世界新秩序。十多年后，他的儿子小布什入侵伊拉克，发动了美国所谓的伊拉克战争，以进一步实现前述目标，并向德国和日本等次等帝国施压，使之认识到美国在全球资本主义方面的绝对主导力量。波斯湾战争之所以成为可能，正是因为苏联的缺席——而且几乎与苏联的灭亡同时发生。对萨米尔·阿明来说，这种新的帝国统治的目的是为全球种族隔离创造条件[20]。

新兴的国际金融体系以各种伪装、间接或其他更为直接的方式进一步扩展了美国的全球统治。控制国际货币基金组织和世界银行的美国财政部官员及代理人决定对所谓主权国家的内政进行"重组"式干预，因而造成系统不再稳定，进而使美元从美国和英国银行家的欺诈行为所导致的危机中受益[21]。危机期间，美元就成了国际资本主义者的安全避风港。

华尔街大亨直接控制了各资源大国的投资活动。高盛投资所提供的广泛服务，及其与利比亚投资局的关系就是近期投机和诈骗的最新例子之一，运用复杂的新一揽子债务和利率衍生品来调整非洲最富国家的财务。掠夺性资本主义在整个非洲表现得最为明显，包括抢劫、掠夺、大规模暴力以及损毁自然环境[22]。

对非洲来说，这灾难性的几十年之前，是民族解放斗争时期，是短暂的胜利和痛苦的失败时期。从反帝国主义力量的角度来看，1945年以来，发生在印度支那、南部非洲、拉美的斗争塑造了国际政治体系[23]。维杰·普拉沙德同意阿明所提出的南北方之间自1955年万隆会

议到2008年全球金融危机这一时期内关系不稳定的言论。在此期间，帝国军事和经济力量的角色都发生了实质性变化，而一直保持不变的是非洲资源在欧洲各国的中心地位。比利时、英国和法国都曾计划在非洲维持殖民领地，并将非洲资源与英镑和法郎挂钩。冷战证明，尽管美国的政治逻辑具备了后殖民/新殖民主义基础，它依然会协助其余的欧洲殖民主义者镇压非洲的自由战士。美国选择离开欧洲军事力量来监管非洲经济。正是在这一时期，美国建立了统一的军事指挥结构，如欧洲司令部、太平洋司令部、南方司令部、北方司令部和中央司令部，每个指挥部都负责一个区域。

当这种全球指挥结构被完善时，非洲只是一个次要的考虑，因此落入了总部设在德国的欧洲司令部管辖区。非洲没有被纳入地理作战司令部，因为法国、英国、比利时、德国、西班牙、葡萄牙和其他殖民国家预计将保留军事力量，以保障西方的利益并维护非洲的"和平"。然而，在莫桑比克、安哥拉、几内亚和圣多美的葡萄牙殖民势力的崩溃，以及在南罗得西亚（现在的津巴布韦）的白人种族主义军事力量的崩溃，逐渐导致了其对这一战略的重新思考。与此同时，美国将所有非洲自由战士称为恐怖分子，也不曾支持任何一次非洲独立斗争。在刚果领导人帕特里斯·卢蒙巴被暗杀之后的三十五年时间里，西方一直支持刚果民主共和国蒙博托·塞塞·塞科的残暴独裁统治。每一位优秀的解放领袖，包括卡布拉尔、爱德华·多蒙德兰、萨莫拉·马歇尔、托马斯·桑卡拉、菲利克斯·穆米、克里斯·哈尼，都被杀了。而事实上，在美国与奥萨马·本·拉登和若纳斯·萨文比结盟的日子里，甚至连纳尔逊·曼德拉都被贴上了恐怖分子标签。在冷战的全球政治背景下，人们可以更好地理解为什么要将自由战士列为恐怖分子，以及为什么要支持非洲的种族隔离政策并破坏这里的稳定。

美元与英镑之间的关系因为"大西洋联盟"而变得特殊，这种特殊关系最终导致英国金融机构和前英殖民领土归属美国资本主义领域，因为大多数非洲国家现在选择了储备美元而非储备英镑。南非是英国在非洲最具价值的经济主导领域，随着相关政权的解体，种族隔离制度下的发展因素一并消失，取而代之的是新自由主义模式，这种模式迫使英国与美国公司和债权人共享控制权。相比之下，美元征服法国资本的过程要曲折得多。在戴高乐的统治下，法国放弃了阿尔及利亚和几内亚，但仍然顽强地坚守着剩余的非洲殖民地，直到21世纪，中非法郎仍然将 14 个前殖民地置于法国财政部的货币控制之下，同时对军事、文化和经济事务保持着支配性影响。法国就像当今帝国主义的宪兵，在非洲进行了三十多次干预，最近领导了北约对利比亚的破坏。

四、北约干预非洲的经验教训

面对民众对其统治的强烈抵制，美国宣扬非洲是不稳定的空间和国际恐怖分子的招募地。尽管有这样的宣传，曼德拉和德斯蒙德·图图等领导人还是反对美国非洲司令部。帝国主义以"人道主义干涉"为由对选定的非洲社会进行突袭，既助长了不稳定，也利用了不稳定，并在西方的想象中把非洲作为未开化的野蛮人合法和平共处的空间。约瑟夫·奈用"软实力"一词来掩饰美国粗暴的军国主义，而一些学者则将"人道主义干预"和"保护责任"视为实用的意识形态武器，以此证明帝国武装对所谓主权国家的干预是正当的[24]。这可以视为一场针对西方公民的心理战，要求他们在父权制慈善（非洲悲剧）形式之外与非洲脱离，以此为西方势力的每一次创意正名和辩护。在华尔街崩盘和欧洲经济失去安全之后，对人道主义干预（新的"白人负担"理念）的强调得到了进一步加强。长期以来，利比亚领导人对西方的态度都是矛盾的，他们一贯推行的经济民族主义对西方帝国主义形成了威胁，特别是在穆阿迈尔·卡扎菲发起一项讨论，旨在研究如何将利比亚的财政储备作为拟议的非洲共同货币的基础时。北约以保护利比亚人民为借口入侵利比亚，但在入侵之时和之后，大量利比亚人民却被杀害。他们先是为入侵部队所杀，然后又为接替卡扎菲的部队所杀，如此种种，导致利比亚社会现在一贫如洗，并饱受各方掠夺势力的践踏。在"保护责任"的借口下，这种入侵在意识形态上是合理的，得到了各类自由主义者甚至一些西方左派人士的热烈欢迎。

非洲一直是北约的弱势阵地，尽管有许多专制领导人，但其反帝国主义传统是如此之深，以致没有一个非洲大国愿意为美国军队提供非洲司令部基地。尽管最理想的干预和控制形式是成千上万的国际非政府组织，却只有少数真正将资源用在了有用的项目上，相反，为了使用武力而做出的各项准备工作却越来越多。作为五角大楼资本主义的一部分，以及对高优先级军事开支的促进，美国国家安全局正在完善一项大规模的情报和监视系统，以控制所有形式的信息，包括制造恐怖主义来证明在非洲部署军事资源是合理的。杰里米·基南记录了美国的战略规划人员是如何制造恐怖主义以及美国的反恐倡议是如何在萨赫勒地区使不稳定情况升级的[25]。

即使有大约 5 000 名美国士兵入驻，非洲也是所有大陆中军事化程度最低的。梅尔文·古德曼在《国家不安全：美国军国主义的代价》一文中给出了美国军事基地、小型军事基地和前沿阵地的数量，以及美国境外的陆地和海上部队的数量[26]。在东亚，有 8 万多名美国军事人员；在欧洲，军事人员总数超过 8 万，仅德国就有 4 万人，意大利有 1.1 万人，英国有 9 000 多人；在波斯湾，军事人员超过 15 000 人，11 000 人在科威特，驻扎在巴林的第五舰队有 3 000 多人，这还不包括中东和阿富汗中央司令部的美军人数。美国军事力量薄弱的两个地区是非洲和南美洲。

在非洲，现代帝国主义通过部署非政府组织和私人军事合约商来应对非洲持续至今的反帝国主义思潮。非政府组织在破坏非洲和拉美（古巴和委内瑞拉）行动中的角色最近被揭露出来，事实表明，非军事人员在工作过程中带有明确的情报和军事目的。这些非政府组织显然就是美帝的力量倍增器[27]。

五、非洲各帝国主义势力之间的竞争？

虽然欧洲与美国之间的帝国主义竞争曾被压制，但在二战后依然存在；而如今却已淹没在 2008 年 9 月西方金融体系崩盘之后所发生的深刻的全球变化中[28]。新的全球秩序出现后，自 18 世纪以来就一直统治着国际政治体系的西欧和大西洋强国的经济实力轨迹和结构发生了初始转变。这种不断演变的国际体系是东盟（东南亚国家联盟）和拉美各国崛起的一部分成果。此前，在苏联解体后就不曾有对手的西方帝国主义，通过国际货币基金组织实施的各种结构调整计划向非洲国家施压。美国非洲司令部成立时，J. 皮特·范在为美国的《世界防务评论》供稿时写道，非洲新军事化的目标之一是"保证可获取非洲丰富的碳氢化合物和其他战略资源，包括确保这些自然财富不受损害，并确保所有对此类资源感兴趣的第三方，如中国、印度、日本或俄罗斯，都无法获得垄断或优待"[29]。

随着中国经济的快速增长，出现了对非洲的新争夺，中国在非洲的行为引起了一些争议。此时出版的一些书籍，包括霍华德·弗伦奇的《中国的第二个大陆：百万移民在非洲打造新帝国》，都指出了国际力量平衡的变化[30]。本书的论点具有"黄祸"和东方威胁论调，其中提到了土地掠夺、中国投资，以及在非洲大量使用中国劳工。这场关于中国在非洲行为的辩论给进步人士带来了新的挑战，促使他们抓住中国社会本身的本质和中国与西方资本主义关系的未来[31]。这场辩论自始至终都很肤浅，并没有考虑金融化时期资本主义扩张模式的动态变化。此前就有学者指出，列宁曾写过，资本主义在帝国主义阶段的一个显着特征就是存在资本输出。但是仅仅由于中国在非洲进行了大规模投资，就认为中国是帝国主义者未免过于草率。实际上，中国在非洲的投资水平根本不及中国在欧洲、北美或东欧的投资量。此外，这些批评论调的重点许多都是中国国有企业的投资，而西方跨国公司那种更大更明确的剥削却由于其投资的私人属性而遁形。具有讽刺意味的是，这种针对中国的观点也主要由西方势力而非非洲本土势力提起。在非洲，中国的参与和截然不同的经商方式通常被视为与三位一体的集体帝国主义相对立。

中国在开放经济方面非常成功，成为西方企业的廉价劳动力储备地，以至于中国工人现在依赖与非洲和其他国家工人联盟以超越资本主义。中国对非洲基础设施的投资为非洲创造了一个替代方案，取代了美国主导的现有国际金融控制形式，但被美国视为一种威胁和挑战。正是在这个星球上新的反帝国主义（尤其是南南）联盟中，人们可以将阿明的呼吁定位于激进左翼，以规划一条超越过时资本主义的新道路。

结　论

在各帝国主义中心都发出了全球战争压力的背景下，呼吁建立新的反帝联盟显得更为恰当。距离 1914 年第一次帝国主义战争爆发一百年后，在一个美国通过控制美元就可以在全球范围内攫取价值并统治国际政治体系的世界里，在美国发现其统治地位受到威胁的背景下，存在着另一次重大国际大战的危险。当前的挑战之一是加强美国的反帝国主义与和平力量，以打破美国统治阶级中那些愿意通过战争来维持美国霸权的势力。在这一挑战中，美国的非洲人口在与全球反帝国主义力量的合作中发挥着战略作用；这一人口中的先进阶层长期以来一直与非洲的反帝和支持民族解放的力量结盟。正是从这个意义上说，"黑人的命也是命"运动成了全球反帝国主义链条上的一环，这一运动还试图动员年轻公民反击美国军方和情报部队的操纵，曾动员数百万人干预科尼2012年的竞选活动。

本文开头，我们关注了国际形势的变化，以及突尼斯和埃及的人民起义如何让新的政治斗争形式得到大众关注。从早期反对种族隔离的索韦托开始，直到大规模游行示威活动将埃及的胡斯尼·穆巴拉克推下政坛为止，非洲大地上出现了悠久的政治活动组织传统，而前述斗争都建立在这些传统之上。他们呼吁从新的资本主义剥削形式导致种族隔离全球化的那一刻起，保持国际团结。从反种族隔离的斗争来看，出现了一种新的人性观念，即乌班图理念，或人道待人理念。曼德拉和图图都阐明了这种理念，这是对坚持人类等级论的种族主义概念的直接挑战。图图对乌班图的意思进行了总结，他说："这是做人的本质，强调的是我的人性与你的人性相互交织、融为一体且不可分割；我是人，因为我属于这个群体。"正是这种反对帝国主义和种族主义统治本体论的并置，为新型的反帝国主义团结提供了基础。

激发非洲环境正义运动的行为并非偶然，而是同样的能量——使地球人性化的需要。图图将乌班图原则纳入了寻求气候公正的斗争中，并与那些希望修复地球的人展开合作，将这些斗争与寻求修复性正义的国际斗争结合起来。在寻求气候公正的斗争中，出现了新的全球联盟，特别是在南方，那里现在有一种共同的斗争语言。来自全球南方的积极分子呼吁国际反帝势力在这个资本主义危机的时刻为反对战争而共同奋斗。尼日利亚，特别是尼日尔河三角洲人民的经验，已经加深了全球对石油公司贪婪活动的了解。非洲的活动家利用尼日尔河三角洲的经验，谴责全球资本主义对地球的破坏。

对环境公正进行呼吁是新国际团结的一个主要方面。然而，在和平与重建方面，传统的左翼运动尚未理解当代帝国主义的阴谋。由于存在针对西欧和北美公民的信息和心理战，他们对美帝国主义的侵略本质知之甚少。因此，在对非洲进行的所谓人道主义干预实例中，当北约干预利比亚并支持叙利亚圣战分子时，传统左派基本都保持沉默，或者表现得更为糟糕。

杜波伊斯最初提倡的那种泛非团结和前述以修复公正为目的的斗争，将美国未来的斗争条件与非洲的和平与变革斗争连在了一起。南方进步人士从帝国主义对非洲的干预中吸取了教训，而非洲知识分子则对发生在伊拉克、叙利亚和乌克兰的帝国主义阴谋的本质有了明确认识。

从1927年反帝国主义联盟开始，通过万隆会议和不结盟运动，非洲人民一直站在反殖民主义、反种族主义和反种族隔离斗争的前列。当帝国主义者准备并愿意挑起战争来拯救他们的社会制度时，这些斗争传统正在成熟。全球反帝势力面临的诸多挑战之一，将是超越沙文主义和种族主义。这种沙文主义和种族主义将工人基于宗教、种族、性别或国籍对立起来。在21世纪的今天，为和平、重建和世俗的非洲而进行的斗争是一场更大的斗争的一部分，这场斗争的目的是培养勇气，使另一个世界成为可能。

在非洲，抵抗态度是一种不断重新肯定自我的永久现实，也是卡布拉尔革命哲学的一个核心概念。他一直坚信"面对外国统治时，人民群众所表现出来的坚不可摧的文化抵抗性质"。他认为，"文化根植于它所处的环境中，并……反映社会的有机结构"。以原住民为基础的抗争在世界各地，尤其是非洲大陆蓬勃发展，这有助于理解帝国主义价值观念下的北约在试图控制非洲及其资源的过程中表现出来的日益增长的干涉主义问题。尽管身处最为野蛮的帝国主义渗透环境，非洲人民依然在一次次将文化抵抗转变为复兴整个世界的政治斗争中，显示出了极大的韧性，并对全球种族隔离制度的稳定性形成了威胁。因此，非洲的反帝国主义在确立21世纪的历史框架以及新世界革命的可能性方面都起到了关键作用[32]。

注释

[1] Nouri Gana. The Making of the Tunisian Revolution. Edinburgh: University of Edinburgh Press, 2013; Al Amin. The Arab Awakening Unveiled. Washington, DC: American Educational Trust, 2013.

[2] Horace G. Campbell. Global NATO and the Catastrophic Failure in Libya. New York: Monthly Review Press, 2013.

[3] Lewis Gann, Peter Duignan. Burden of Empire. London: Pall Mall, 1968.

[4] Patrick Manning. Imperial Balance Sheets Revisited: African Empires of France and Britain 1900-1960. http://lse.ac.uk.

[5] Michael Hardt, Antonio Negri. Empire. Cambridge, MA: Harvard University Press, 2000.

[6] Amilcar Cabral. The Weapon of Theory//Revolution in Guinea: Selected Texts by Amilcar Cabral. New York: Monthly Review Press, 1970: 90-111.

[7] Ronald Edwards Robinson, John Galager, Alice Denning. Africa and the Victorians. New York: Anchor, 1968; Bill Warren. Imperialism: Pioneer of Capitalism. London: Verso Books, 1980.

[8] Walter Rodney. The Imperialist Partition of Africa. Monthly Review, 1970, 21 (11): 104-105.

[9] W.E.B. DuBois. The African Roots of War. Atlantic Monthly, 1915, 115 (5): 707-714.

[10] Walter Rodney. The Imperialist Partition of Africa. Monthly Review, 1970, 21 (11): 103.

[11] Vladimir Ilyich Lenin. Imperialism, the Highest Stage of Capitalism. New York: International Publishers, 1939: 84; Walter Rodney. The Imperialist Partition of Africa. Monthly Review, 1970, 21 (11): 104.

[12] Vladimir Ilyich Lenin. Imperialism, the Highest Stage of Capitalism. New York: International Publishers, 1939: 126.

[13] Sven Linqvist. Exterminate all the Brutes. New York: New Press, 1997.

[14] Cynthia H. Enloe. Globalization and Militarism. Lanham, MD: Rowman & Littlefield, 2007.

[15] Edward Said. Culture and Imperialism. New York: Alfred A. Knopf, 1993.

[16] 安妮·麦克林托克的书中总结了资本主义的消费文化，在这种文化中，公民不再把自己视为生产者，而是外来产品的消费者，参见 Anne McLintock. Imperial Leather. New York: Routledge, 1995。

[17] Rudyard Kipling. Kipling's Verse. New York: Doubleday, 1940.

[18] Edward Said. Culture and Imperialism. New York: Random House, 1993: 7.

[19] Michael Hudson. Super Imperialism. New York: Holt Rinehart and Winston, 1972; David Harvey. The New Imperialism. Oxford: Oxford University Press, 2004; Robert Biel. The New Imperialism. London: Zed Books, 2000.

[20] Samir Amin. The Law of Worldwide Value. New York: Monthly Review Press, 2010; The Liberal Virus. New York: Monthly Review Press, 2004.

[21] Matt Taibbi. Everything Is Rigged: The Biggest Financial Scandal Yet. Rolling Stone, May 15, 2013. http://rollingstone.com.

[22] Nimmo Bassey. To Cook a Continent. Cape Town: Pambazuka Books, 2012.

[23] Vijay Prashad. The Poorer Nations. London: Verso Books, 2012.

[24] Jean Bricmont. Humanitarian Imperialism: Using Human Rights to Sell War. New York: Monthly Review Press, 2006.

[25] Jeremy Keenan. The Dying Sahara. London: Pluto Press, 2013.

[26] Melvin Goodman. National Insecurity. San Francisco: City Lights, 2013.

[27] James Petras. NGOs: In the Service of Imperialism. Journal of Contemporary Asia, 1999, 29 (4): 429-439.

[28] Paul Krugman. End This Depression Now. New York: W. W. Norton, 2012.

[29] J. Peter Pham. Africom Stands Up. World Defense Review, October 2, 2008. http://worlddefensereview.com.

[30] Howard French. China's Second Continent. New York: Doubleday, 2014.

[31] Alison Ayers. Beyond Myths, Lies and Stereotypes: The Political Economy of a "New Scramble for Africa". New Political Economy, 2013, 18 (2): 227-257.

[32] Amilcar Cabral. Return to the Source. New York: Monthly Review Press, 1973: 39-69.

第四编　经典理论的当代价值

第13章　虚拟资本和罗莎·卢森堡帝国主义理论的现实意义[*]

[美] 洛仁·戈尔德纳 著　车艳秋　房广顺 译

人们知道，中国经济增长的停滞，更不用说经济衰退，足可以使目前世界范围内的经济繁荣戛然而止（多年来，中国经济持续增长，年均增长率超过 10%；而英国在 19 世纪全盛时期的 3% 到 4% 的增长率已经非常令人印象深刻了）。

回顾历史，我们可以想起 20 世纪 80 年代晚期日本经济腾飞的神话。我们还能够想起，20 世纪 90 年代日本股市和房地产崩盘，持续 16 年左右，使神话终结。现在看来，未来我们以相似的方式回忆当前中国神话的终结，也不是没有可能的，而且其后果将更为深远。

但是，这些都是表面现象，类似于新闻界的观察而已。这些现象背后是一些真正的问题，即世界经济实际上是怎样运行的，或者更准确地说，世界经济的运行是怎样背离了大多数人的利益。

事实上，我们今天看到的现象只不过是一个过程的高潮，而这个过程早在 20 世纪 50 年代就已经开始了（如谚语所言从"蚁穴"到"溃堤"）。在这个过程中，世界经济体系中四处流动的美元越积越多，而没有真正的财富与之对应。这些美元被中央银行视为烫手的山芋，被不断倒手；并期望有一天最终贬值时，被一个"更蠢的傻瓜"买进。亚洲中央银行（中国大陆、日本、韩国、中国台湾）目前持有两万亿

---

[*] 原载：《国外理论动态》2009 年第 1 期。文献来源：Loren Goldner. Fictitious Capital for Beginners：Imperialism，"Anti-imperialism" and the Continuing Relevance of Rosa Luxemburg，August 21，2007. http://www.counterpunch.org.

美元，预计 2008 年中国将独自持有两万亿美元。

我们可以把这些美元称作"虚拟资本"，它代表着无法收回的债务，其形成的首要原因甚至唯一原因是过去 50 年里美国的国际收支赤字。虚拟资本这个概念能直指资本主义过去 50 年历史的核心，并能为我们所处的危险境地指点迷津。

下文旨在证明，虚拟资本与当今的主要政治问题直接相关，最重要的是，与国际左翼如今面临的所有问题直接相关。

一、列宁与卢森堡的争论

大约 90 年前，列宁写了一本名为《帝国主义论》（1916）的书，宣称揭示了第一次世界大战的成因，以及为什么卑鄙的社会党人（少数高尚的人除外）在 1914 年支持其所在国家的资产阶级参战。列宁描绘了"垄断资本"和巨大的卡特尔为世界控制权而斗争的世界经济。他宣称帝国主义列强（如欧洲、美国和日本）向外"输出资本"（这个概念是从英国费边主义者霍布森那里借用的），因为这些资本无法在资本主义中心地带获利；资本输出获得的"高额利润"帮助资产阶级收买了西方工人阶级中的"工人贵族"，说明了这些国家的"工人贵族"与资产阶级达成了和解。

列宁当时已经与一位同时代的革命者——罗莎·卢森堡发生了不太愉快的小争论。罗莎·卢森堡在她的《资本积累论》（1913）——这本著作要比列宁的小册子更植根于马克思的问题——中提出：帝国主义将继续沿用马克思所谓的"原始积累"方式，资本主义必须利用这种新的"掠夺"方式来补偿其内部矛盾运动产生的不平衡。卢森堡的分析暗示了大量增加的掠夺财富实际上已经取代了资本主义的商品和机器输出（参见卢森堡对美国农民、非洲部族、埃及、中国农民遭受掠夺的生动描述），这种掠夺已经通过纳税的形式延伸至资本主义内部的工人阶级，目的是支付 1914 年之前军备竞赛所产生的费用，其结果是使工人阶级的真实工资低于其再生产所必需的工资水平。在卢森堡看来，资本主义内部的工人阶级远远没有变成贵族；原本只发生在非资本主义世界的小生产者身上的原始积累已经延伸至工人阶级，这是原始积累的补充形式，且剥削的程度愈来愈深。这些内部和外部的

"掠夺",事实上预见了20年后德国和其他地方法西斯主义的出现。

我与卢森堡的看法稍有不同,但她提出的问题比列宁的问题更有利于我们了解今天的世界。

二、帝国主义仍然存在

帝国主义仍然存在——尽管我们时常会听到哈特、奈格里等人的后现代主义陈词滥调,以及意大利保罗·朱萨尼学派的宣示。在过去30年里,国际左翼的严重理论健忘症和倒退使我们不得不多此一举,简要描述一下最近发生的事件。不提伊拉克,那我们就从美国在110个国家的公开和隐蔽的军事参与说起吧。20世纪80年代在拉丁美洲和加勒比海地区大体上成功地镇压叛乱(尼加拉瓜、萨尔瓦多、危地马拉、洪都拉斯)、入侵格林纳达、为帮助墨西哥政府对付萨帕塔民族解放阵线的军事行动而派遣军事顾问、2002年颠覆查韦斯的企图等;美国公然或隐蔽地支持一些地区的"颜色革命",如在塞尔维亚、格鲁吉亚、乌克兰(基辅的美国大使馆有750名员工)。这些行动构成了其地缘政治战略的一部分,目标指向俄罗斯和中国的边陲。这是19世纪"大竞赛"的经典再现。美国支持北约扩张,将大部分前华沙条约缔约国纳入其中,在俄罗斯的门前重设了20世纪20年代的封锁线(后者目的是遏制布尔什维克革命)。美国干预了前南斯拉夫的战争,并对塞尔维亚进行军事上的侮辱。最近,美国向所有人保证,由其提议的在波兰和捷克共和国建立反导系统的方案对俄罗斯不构成威胁。

美国通过官方和非官方形式对中国在非洲和第三世界其他地区(特别是那些与石油相关的地区)的新势力扩张表示"严重关切"。

在东亚,美国在韩国维持35 000名军力;在日本设立了一些重要的基地并和日本建立了密切的同盟;美国时刻准备保卫中国台湾的海军舰队。目的都是遏制中国——美国中央情报局公开表明的其未来的主要对手。最近,当中国向世界展示了新式高效反卫星导弹时,美国,这个将成百上千个核弹头对准中国的国家,咆哮着谴责中国追求"和平崛起"的虚伪。

我还用不用提一提中东?美国对以色列给予全力支持;在黎巴嫩帮助煽动反叙利亚的"雪松革命"(多么短命的革命!);密切与北约伙

伴土耳其的关系，以制约伊朗。全世界范围内，除了在德国，美国在海湾小国卡塔尔拥有最多的军事设施。

我们也不要忘记200多个跨国公司——其中大部分是美国公司——仍然占有世界生产的最大份额（并且份额越来越大）。

此外，我们还可以举出一些国际机构来显示美国的重要性，如联合国、国际货币基金组织、世界银行（后两个机构将"结构调整"项目强加在100多个发展中国家身上，制造了60多个崩溃或几近崩溃的国家）。还有，30年来，尽管一些国家（如中国、巴西和最近的印度）有了重大的发展，但是西方与发展中国家的收入比仍大幅上升。上述军事扩张是众所周知的历史上的炮舰政策在21世纪的延伸，目的是推行国际货币基金组织和世界银行的规则。"自由市场"只是幻想，资本从来没有脱离国家、脱离"武装的人的特殊团体"而独自存在，这个团体在必要的时候就会为国家收债。

一些怀疑主义者问："当一个像中国这样年人均收入达到1 200美元的国家，向'唯一的超级大国'借出了近2万亿美元时，帝国主义意味着什么？"这就使我们又回到列宁和罗莎·卢森堡的理论上来。

迈克尔·赫德森在其优秀著作《超级帝国主义》中预见到这个问题并对此做了回答。赫德森指出：二战以来，美国帝国主义没有按照列宁的模型发展，而是使"通过破产维持帝国"的策略日臻完美。中国银行里的1万亿到2万亿美元只是换取真实的中国商品的一张张美国纸币而已，然后这些纸币又会借给"美国消费者"，这样他们便可以购买那些通过剥削中国工人生产出的商品。美国永远不会真正偿还这些钱；如果美国政策制定者能够为所欲为，那么当中国人按照美国人期望的汇率（4元人民币＝1美元）来重估他们货币的价值时，中国的外汇储备就会自动缩水一半。1971年尼克松解散旧的布雷顿森林体系时，日本人也经历过手中美元贬值的情况，现在他们可以将一些体会告诉中国人了。当然，中国人已经非常了解此中风险并开始公开探讨这个问题。

三、卢森堡理论的意义

上文分析的军事、地缘政治和时事现象是任何一个知识不多的左翼人士都可以指出的，现在，让我们深入到"深层次"经济问题中去。

卢森堡提出的"资本主义原始积累的永久性"是绝对正确的。原始积累是帝国主义的实质，是违背了资本主义"价值规律"的非等价交换的积累。原始积累在现代历史早期（17世纪到20世纪）始发于英国农村的圈地运动，而这种积累在如今可能会被称作"经济改革"。

大部分马克思主义"经济学"都只关注《资本论》第三卷第一部分的数学公式，认为其充分揭示了资本主义经济危机的根源。其实，利润率的相关章节同等重要。这些章节提出了一个大胆的假设：社会再生产就是具体过程的再生产。简而言之，社会再生产包括两个方面：一方面替换或扩充磨损的机器、基础设施和消耗的材料；另一方面使工人能生产出掌握新技术的未来一代工人。

卢森堡在回应批评时说，真正的问题不是数学的问题，而是对真实过程的具体分析的问题。当西方资本将第三世界劳动力拖入世界劳动分工而没有付给其再生产成本时，无论发生的地点在印尼还是洛杉矶，这都是原始积累。当资本掠夺了自然环境而没有付出环境恢复费用时，这也是原始积累。当资本过度使用基础设施（20世纪60年代以来美国经济和英国经济的主流现象）时，这也是原始积累。当资本付给工人的工资低于再生产成本（工资过低不能进行新一代工人的再生产）时，这还是原始积累。列宁从来没有讨论这些问题，据我所知，他从未提及社会再生产；但是罗莎·卢森堡就此写了一整本书。对于那些自鸣得意、想抛弃这些"陈旧"思想的批评家们，我只能说那是他们的损失。

问题是，当代国际左翼在第一次世界大战前夕和之后的时间里继承的理论体系，现在变成了一种非常有问题的"思想倾向"。几十年来，列宁的观点被斯大林主义、毛泽东主义、第三世界主义和如今的"反全球化主义"进一步发挥；到现在基本已经——如果没有全部的话——遮蔽了卢森堡的理论，尤其是卢森堡对发达资本主义社会中工人阶级的分析。他们认为其不过是积极推动社会改变的国际力量中可有可无的一种，而在我看来，发达资本主义社会的工人阶级仍然是取代资本主义的主要的、积极的力量。

列宁的帝国主义理论和其衍生出的理论的影响在20世纪60年代到70年代之间达到顶点。当时民族解放斗争（阿尔及利亚、印度、安哥拉、莫桑比克）和古巴革命形成了"三大洲格局"，仿佛验证了"社会主义"是欠发达国家唯一的出路。运动的火种来自"不结盟国家"（即冷战中不结盟）于1955年举行的印尼万隆会议和早期反殖民主义英雄，如恩克鲁玛（刚果）、苏加诺（印尼）、尼赫鲁（印度）、纳赛尔（埃及）。不幸的是，"三大洲"民族国家的发展主义政权并不是社会主义的；西方工人阶级本来有可能将帝国主义从其前进道路上消灭，但却缺席了聚会。在1978年和1979年，柬埔寨、越南、中国、苏联相互之间几近爆发战争。此次大溃败之后就是30年来新自由主义的"华盛顿共识"的胜利，建立在旧模式上的以民族国家为中心的发展方式被宣布为不可能。在"华盛顿共识"的高潮期，世界目睹了西方工人阶级和"反帝"阵营遭受的攻击。

我之所以认为罗莎·卢森堡的基本理论体系与我对马克思的诠释最为接近，主要是因为她对纯粹资本主义系统内部和外部（参见下文）的再生产和非再生产的关注。但是，就像我之前所说，我的基本体系与她的略有不同。

先来回顾一下一些基本理论。我们可以从当代历史开始，到抽象理论，然后再回来以新的方式看待现在。首先，我们需要分析卡尔·马克思的一些基本观点。

马克思《资本论》第一卷和第二卷的大部分内容都只是分析封闭资本主义系统——只包含资本家和雇佣工人以及主要关注单个公司。在第二卷的最后一部分，马克思转向了"社会总资本"和扩大再生产。

为清楚起见，这个"纯粹的系统"（资本家和雇佣劳动者）必须一方面与广大的非生产性消费者（靠剩余价值生活而不生产价值）相区分，这些消费者包括金融、保险、房地产部门、执法/监狱部门的人员；另一方面，和自然生产者和小生产者（目前主要存在于第三世界）相区分。在前两卷中，只有第二卷的一些题外话和中间章节（保险、簿记、其他非生产性"虚假成本"的章节）才有这部分人的相关内容。在第一卷和第二卷的简单再生产（"零增长"的绝对假设）中，资本是圆环；在扩大再生产中，资本是螺旋。没有完成循环的商品，即没有被第一部门（被马克思定义为机器生产部门）或第二部门（消费品生产部门）用于生产性消费的商品（坦克或制导导弹不属于这两个部门，但仍让资产阶级付出了开销），无论来自第一部门（新的生产资料）或第二部门（新劳动力），都不再是资本。但这些被主流"经济学"嘲笑、被一些自称马克思主义者的人忽视的定义，可以使我们重新审视当前的世界经济，并分清何为真正的财富，何为维持现状的成本。

罗莎·卢森堡另一大功绩是强调了资本主义是欧洲封建主义和社会主义之间的过渡生产方式。在对古典政治经济学从重农主义到李嘉图学派的兴衰考察中，她指出了只有一个社会主义者（即马克思）才可能解决利润和扩大再生产的源泉问题。也就是说，必须将资本主义看成一种不完备的、暂时的生产方式；对前资本主义生产方式的掠夺是其存在的部分基础；掠夺仍将持续；只有眼光"超越"该阶段的人才能看到资本主义的全面危机。因此，关于资本主义体系"内"的所有观点，如关于单个资本家、社会总资本、劳动力商品的观点，都不能直接和现实对应。从11世纪的意大利海盗到今天多米尼加共和国和巴西的奴隶劳动力，资本主义从未停止将手伸出等价交换的封闭系统（第一卷和第二卷），向"外""掠夺"劳动力和资源。资本对非资本主义财富资源的掠夺，今天仍然在持续。并且根据卢森堡的理论，这种掠夺也可能导致资本主义迈向其野蛮终点（即使资本主义没有被先进的无产阶级革命取代），而两次世界大战期间的法西斯主义只不过是其餐前开胃品。

在资本家看来，资本不是"社会生产关系"（这些是马克思的基本原理词汇），而是财富的所有权，即利润、利息、地租的所有权；其价值是预期的未来现金流的资本化。当然，马克思只在提出探索式的纯粹系统之后才引进了股票、债券、租金等财富所有权，在第二卷的最后几章中使纯粹系统运转起来（扩大再生产），然后在第三卷的开篇几章中讨论了价格和利润率的决定因素。而资本家所说的资本，包括过去25年来所有的"金融产品"，如衍生工具、对冲基金，都是总现金流的"留置权"——代表"纯粹系统"内部的总剩余价值加上掠夺所得（即非生产性交换，开始是对外掠夺，最终会扩大到对内掠夺）。我们非常了解在资本主义长周期中，这些"留置权"可能会严重偏离价格/价值决定因素（只有这些因素才能最终决定现金流），直到出现周期性经济危机才会贬值。

资本主义财富所有权的价值、剩余价值、掠夺（掠夺是前两者的基础）之间的关系当然不是任意的、无章可循的。

我们先回到纯粹的系统：只有资本家、工人，没有银行，没有失真的"财富所有权"。我们再进一步设想整个世界都是资本主义的，所有物品都以其价值交换。随着生产力的提高，越来越多的资本由越来越少的活劳动使用，根据马克思的观点，对活劳动的剥削是所有利润的来源。因此，经过一些起伏涨落，用来保持所有权的利润率下降了，并永久下降，除非通过我所说的"掠夺"进行充分的补充。

但是，正如卢森堡在《反批判》中指出的，利润率下降不能使资本家"自动将工厂的钥匙交给工人阶级"，她的基本理论体系使她可以预见资本主义可能最终毁灭社会——她所说的野蛮主义，或1848年《共产党宣言》中所说的"斗争的各阶级同归于尽"，原因是资本主义不得不进行更多原始积累和非再生产。今天，这个预言正在我们眼前变成现实。

四、对卢森堡理论的发展

现在我们要讨论卢森堡没有触及的层面。在马克思看来，无数个人资本家"追逐利润"最终会导致资本成为自己的障碍、自己灭亡。因为当资本使生产力提高到一定水平时，由劳动力的再生产价值决定的再生产社会必要劳动时间，不能再作为系统日常运行的普遍决定因素和"计价单位"。资本需要活劳动，并以劳动价值作为计价单位。与此同时，资本通过创新将活劳动驱逐出生产过程并削弱其作为计价单位的作用。这是纯粹模型的根本矛盾。

当然，资本主义的纯粹模型从未存在过，也永远不会产生。财富所有权（利润、利息、地租）、中央银行控制财富所有权市场、国家执行财富所有权，这些现象都在资本主义全盛期（即生产资料和劳动力向商品的转化是财富的主要来源）之前出现。

一旦我们在纯粹模型中加入财富所有权——马克思在《资本论》第三卷的中间和结束部分也加入了财富所有权——我们就会看见一个不同的画面。正是因为这些财富所有权以及资本主义对非资本主义人口和自然的掠夺，所以在很长时间内，我们看不到资本主义利润率的机械下降。这些所有权往往在一个周期结束（通过贬值的方式）和下一周期开始时，才等于或低于其潜在价值。贬值危机是一种"追溯式的设计"，可以使资本主义所有权与其潜在利润率（即纯粹系统中的利润率）重新达到平衡。这在19世纪是非常明显的，当时经济危机每十年左右爆发一次（如1808年—1819年—1827年—1837年—1846年—

第13章 虚拟资本和罗莎·卢森堡帝国主义理论的现实意义 / 245

1857年—1866年—1873年，等等）。从1914年开始不那么明显了，因为国家更加积极地尝试通过技术手段，往往是"凯恩斯主义"相关手段，使资本保值、避免贬值。2007年我们显然处于信贷泡沫中——并且可能是资本主义历史上最大最虚幻的信贷泡沫。长久以来，特别从20世纪70年代早期至今，我们一方面经历着信贷的不断累积，这种累积是由世界中央银行操控的，旨在维持现存财富所有权的纸面价值；另一方面，工人阶级薪水和未投资于工厂或基础设施的资本被大量转移以支撑这些所有权。后一现象就是我所说的"原始积累"机制（即前文所说的非再生产）转向内部时的系统"自我吞噬"现象。

卢森堡未能亲眼看到1933年后的美国或德国的军事生产——由工人阶级付税买单的几乎永不停歇的军事生产；更看不到1944年后，美国借助金融市场和布雷顿森林体系通过美元的铸币税（铸币税是美国通过"破产维持帝国"的方法而获得的"免费午餐"），可以染指资本主义世界的任何一处财富。显然，信贷作为一种暂时延长经济周期的手段，其重要性与卢森堡时代相比已翻了千倍，但并没有改变系统的根本矛盾。

毫无疑问，这个过程的最终结局就是系统内部自我吞噬——当"封闭系统"的外部可掠夺资源消耗殆尽后。在美国掌控世界霸权的时代，我们还没有看到这种外部掠夺向内部掠夺的剧烈转变。但是历史提供了德国纳粹内部掠夺的先例：希特勒的经济部长雅尔玛·沙赫特一方面使真实工资保持在1929年一半的水准，另一方面高筑债台，为德国在1933—1938年的军备改善融资。彼时德国与今日美国的区别是：德国在1918年战败后被剥夺了掠夺外部资源的机会，因此必须在1938年后通过武力攫取。

当美国丧失了在世界范围内通过美元优势攫取财富的能力时，同样的事情也可能发生在以美国为中心的体系中。毫不夸张地说，我们完全可以将美国现行外交政策看成希特勒德国扩张的内在动力在世界范围内的蔓延。

因此，我想对卢森堡理论做一些"修正"："纯粹系统"对外关系的主要方面并不是售卖剩余产品——按照将工业产品售卖给单个农民的模式（当然这种形式也存在）——而是不断增大的虚拟泡沫（虚拟资本）的循环，通过国际贷款的形式尽可能从小生产者的劳动或自然中进行掠夺。所以我认为虚拟泡沫首先合法产生于纯粹系统内部，而且《资本论》第三卷的中间章节探讨过这个问题。这就是系统永远需要原始积累的内因。

我们来分析一下原因。

如果在封闭系统中加入了资本主义财富所有权（即资本化的预期现金流），财富所有权自然与资本市场、中央银行、强制实行这两者的国家和最终的国家债务（又都是第三卷中出现的现象）交织在一起。因为资本主义是无政府体系（康德所说的"他律"体系），因此使这些资本形式（最直接的就是股票）与现金流（现金流以资本内在价值，即当前的再生产成本为基础）协调一致只是幻想而已。劳动生产力的增长，特别是在系统内影响范围较大的增长，如19世纪建造运河、铁路和最近几十年的航空、航海、通信的创新，都不会立刻以所有资产的资本化价值显现。渐渐地，这些创新使资本总额（现金流所有权）被高估，生成一个虚拟增量，必须定期通过价值暴跌进行清理，如我们在20世纪90年代经历的互联网狂热和2000年的互联网暴跌。中央银行调控信贷市场的目标是：至少使一些资本化的财富所有权不因劳动生产率上升而贬值。信贷市场、中央银行和政府债务都是为此而设计的，目的是尽可能地长期"控制"全部财富所有权——虚拟泡沫——和其纯粹系统价值之间越来越大的偏离，尽管官方意识形态从不或甚少提及此问题的严重性。

当前世界的虚拟泡沫首先是巨额的美元"剩余"（目前保守估计3万亿到4万亿美元），即主要由各中央银行持有的美国净外债（国外持有的11万亿到12万亿美元减去8万亿美元的美国海外资产）。资本家想尽办法防止其贬值，美国政府忙着"通过破产管理帝国"的方式使其贬值。外国的持有者因持有的美元流失而焦虑，但他们会再次把钱借给美国政府和美国金融市场，从而导致美国国内信贷增加、消费增强、从其债权国进口更多的商品。因为美元完蛋，他们也跟着完蛋，所以他们目前别无选择。

第 14 章 列宁关于帝国主义的论题及其在当代的有效性*

［英］哈帕·布拉尔 著 梁燕 译

把列宁思想与 21 世纪关联起来是一个非常宏大的主题，以至于在一篇文章中无法使之得到详尽讨论。因为列宁的思想覆盖了经济、政治、意识形态以及哲学诸多问题。基于这一观点，我将讨论的主题限定在列宁思想的一个方面，即他的帝国主义理论及其与当今世界的关联。

一、帝国主义是垄断资本主义

列宁反复强调"帝国主义最深厚的经济基础就是垄断"①；"这种从竞争到垄断的转变，不说是最新资本主义经济中最重要的现象，也是最重要的现象之一"②。"而生产集中产生垄断，则是现阶段资本主义发展的一般的和基本的规律"③，并且"垄断正是'资本主义发展的最新阶段'的最新成就"④。

在分析帝国主义的源头时，列宁写道："帝国主义是作为一般资本主义基本特性的发展和直接继续而生长起来的。但是，只有在资本主

---

* 原载：《学习与探索》2013 年第 5 期。
① 列宁. 列宁全集：第 27 卷. 2 版. 北京：人民出版社，1990：411.
② 同①333.
③ 同①336.
④ 同①345.

义发展到一定的、很高的阶段，资本主义的某些基本特性开始转化成自己的对立面，从资本主义到更高级的社会经济结构的过渡时代的特点已经全面形成和暴露出来的时候，资本主义才变成了资本帝国主义。在这一过程中，经济上的基本事实，就是资本主义的自由竞争为资本主义的垄断所代替。自由竞争是资本主义和一般商品生产的基本特性；垄断是自由竞争的直接对立面，但是我们眼看着自由竞争开始转化为垄断：自由竞争造成大生产，排挤小生产，又用更大的生产来代替大生产，使生产和资本的集中达到这样的程度，以致从中产生了并且还在产生着垄断，即卡特尔、辛迪加、托拉斯以及同它们相融合的十来家支配着几十亿资金的银行的资本。同时，从自由竞争中生长起来的垄断并不消除自由竞争，而是凌驾于这种竞争之上，与之并存，因而产生许多特别尖锐特别剧烈的矛盾、摩擦和冲突。垄断是从资本主义到更高级的制度的过渡。"①

列宁对帝国主义的阐述主要有如下要点：第一，生产和资本的集中发展到这样高的程度，以致造成了在经济生活中起决定作用的垄断组织；第二，银行资本和工业资本已经融合起来，在这个"金融资本"的基础上形成了金融寡头；第三，和商品输出不同的资本输出具有特别重要的意义；第四，瓜分世界的资本家国际垄断同盟已经形成；第五，最大资本主义大国已把世界上的领土瓜分完毕。

二、垄断的巨大发展

无论你在哪儿，无论你从哪个方向来看，不管你在工作还是在家，不管你是醒着还是睡着，你都无法摆脱垄断。世界 500 强企业，其雇员只占世界人口的 0.05%，却控制着世界经济产量的 25%。根据《经济学人》的数据，不包括金融机构在内的排名前 300 的跨国公司，占有了世界生产资本的 25%[1]。据《经济学人》估计，世界最大的 50 家银行以及各种金融公司的联合资产达 20 万亿美元，占全球生产资本的 60%（参见 1993 年版《胡佛全球商业手册》）。仅 1% 的跨国公司就占有全球外商直接投资 50% 的股份（参见 1993 年《联合国世界投资报

---

① 列宁. 列宁全集：第 27 卷. 2 版. 北京：人民出版社，1990：400-401.

告》)。2011年10月最新的研究表明,有1 318家公司采用连锁占有,这些公司中的每一个都与两家以上的公司联结着。通常,它们会与20家公司有关联。进一步来说,尽管它们代表了全球营业收入的20%,但根据各自的股份进行集体占有。世界上多数的绩优股和从事制造业的公司代表了全球收益的60%。更深入的调查发现,超过147家联系紧密的公司组成一个"超级实体",掌握着网络总财富的40%。"事实上,不足1%的公司就能够掌控网络总收益的40%。"前20强企业多数都是金融机构,其中包括巴克莱银行、摩根大通银行和高盛集团。这份研究的作者以麦克莫兰铜金公司为例,这家公司是世界上最大的金矿、铜矿提炼商。它的董事持有全球1%的股份,"不仅控制世界上最大的金矿和铜矿公司,还与超过24家大型跨国公司、银行、基金会、军事机构以及政府机构有业务往来。这12人的董事会是一张由多个个体组成的紧密的网,它们密切联系并且影响着其他大型公司的决策,它们年收益约2 000亿美元"[2]。

世界30%的产出来自跨国公司,它们占有70%的世界贸易以及80%的全球投资[3]。这些企业中最大的一家所拥有的收益几乎超过个别国家的国民生产总值。据1996年的一份研究显示,世界前200强企业的总销售额远远大于世界经济活动的1/4,除世界九大经济强国外,它们的联合销售额大于所有国家的总经济收入。换言之,它们超过了182个国家总共的经济份额——据最新数据显示,已经达到191国。除去九大经济体(美国、日本、德国、法国、意大利、英国、巴西、加拿大和中国),剩下的182个国家国内生产总值的总和为6.9万亿美元,而200强企业的联合销售额就达到7.1万亿美元。

200强企业有着巨大的经济影响力,它们所拥有的财富几乎是人数占世界人口4/5的贫民的2倍。全球45亿贫民仅占有经济活动中的3.9万亿美元,这仅仅只是200强企业高达7.1万亿美元的总收益的一半多,这意味着全球财富不均衡地集中在富人手里。联合国开发计划署的一项数据显示,世界各国85%的国内生产总值被全球1/5的富人控制;而4/5的穷人只掌握着15%(参见安德森和卡瓦纳的《200强——全球企业力量的崛起》)。

15个跨国公司中的少数几家控制着20个关键的商品市场。它们控制着世界上90%的小麦贸易,70%的大米贸易,80%的茶叶和咖啡贸易,90%的木材、棉花和烟草贸易,80%的铜矿贸易,60%的石油贸易，90%的铁矿石贸易，以及90%的凤梨贸易。

排名前五的公司其多种商品销售的市场份额占到35%～70%。1993年3月27日的《经济学人》展示了1992年五强跨国公司全球销售总额的百分比。它们在耐用消费品市场占到70%的销售额，而汽车和卡车市场为58%，航空领域为58%，航天领域为55%，电子元器件市场为53%，石油、个人电脑和媒体产业为50%，钢铁市场为50%。

从我完成《帝国主义，腐朽的、寄生的、垂死的资本主义》一书到现在只有很短的时间。而正是在这段时间里，经济垄断以前所未有的速度进行着。到1999年，疯狂的企业并购获得了里程碑式的进展。它们的交易总值达到了令人无法想象的34 350亿美元（参见2000年1月28日的《金融时报》）。仅就美国而言，1999年企业并购带来的财富就达到17 300亿美元——超过1998年的16 300亿。1999年上半年，TMT产业（互联网科技、媒体和电信公司）以4 450亿美元的成交额完成了2 900笔交易，而1998年全年的成交量为4 880亿美元。

如果将1999年作为标志性的一年，企业并购的利润在2000年仍有所攀升。正是这一年出现了公司史上里程碑式的并购案，沃达丰通信公司以2 030亿美元收购曼内斯曼集团，而美国在线公司以1 820亿美元收购时代华纳。总之，根据《汤姆森金融》的一项记录，2000年企业对外公布的交易额超过34 950亿美元。随着时间的推移，并购的数额变得越来越庞大。

在2005年4月到2009年9月如此短的时间内，单就英国来说，公司的国外收益就达1 911亿美元（参见2010年5月4日的《金融时报》）。2010年，全球并购总额达2.4万亿美元，较前一年上升7%；而2011年则超过2.5万亿美元[4]。

不断发展的垄断以及高度集中的经济权力，掌控着不断合并的企业。这些现象都在向哪怕是最坚决的垄断资本主义的辩护者发出警报。面对着世界最大的商品贸易商嘉能可国际公司以及矿业巨头斯特拉塔公司之间至今仍未完结的并购案，甚至英国金融资本的发言人也在《金融时报》上表达了内心的不安："联合的企业将控制国际贸易中大约1/3的热煤生产。同样在石油市场，沙特阿拉伯一国生产的原油将是过去的3倍。嘉能可和斯特拉塔公司将享有国际锌市场股份的1/4。在铜矿方面，跨国公司将通过市场的力量控制世界供应的上限而占尽先机。这样的局面会让任何一家企业都感到焦虑，甚至成为能源生产和制造的一种关键投入方式。由于缺乏竞争,生产者的定价能力会增强。这不仅仅对商品所有者而言(这常常是穷国家),也包括石油购买者。"另外,合并后的企业"能够轻易地为实物交割提高额外津贴或者为产品生产以及装船进度设定时限,以使商品购买者自愿付出最高的价钱"。《金融时报》总结道:"对这两家企业和它们的投资者来说,毫无疑问存在着天造地设的姻缘。而对顾客而言,企业合并的结果仿佛使人堕入了地狱。"[5]

6年前,新美国基金会的巴里·林恩是如此关注经济联合力量的壮大,以至于他问:"应该采取怎样的措施来摇醒我们,去驱逐日益握紧国际市场的金融寡头?尽管它们不断增长的力量扭曲了我们的生产系统和自由市场,但警钟却没有长鸣。"[6]

问了这个问题之后,他还参照2005年宝洁和吉列公司的大型并购案、食品加工企业的合并、沃尔玛占有美国商品市场30%的份额、四家公司攫取英国超市94%的销售额、耐克和阿迪达斯持有全球运动服饰60%的市场份额这些事实,以及实际上三家公司就掌握了全球铁矿生产的75%这样的垄断状况,说道,这些会导致通过腐败产生垄断利润和争抢政治权力。但情况常常如此,善意的垄断资产阶级评论家认为,这座高峰常常以一件小商品的交付而终结。无须讶异,林恩先生总结道:"如果有什么区别的话,他们(比如垄断)的目标是成为商业中最长寿的一个——生意做到哪儿,他们的边界就圈到哪儿,并设法使生产者和消费者负担重税。我们很快意识到,保卫我们自由市场的行动是必须的。在其他行动中,更多的反托拉斯强制行为被需要。简单地禁止垄断力量发生作用还不够。真正相信自由市场的人承认,除了收回垄断所被赋予的权力之外别无选择。"

很明显林恩先生没有注意到,他如此渴望的自由市场系统早已远离我们。当市场从自由竞争转变为垄断资本主义时,自由市场在一百年前就已结束,并且再也没有返回,未曾有过从垄断资本主义向自由竞争的资本主义的复辟——除非通过垄断资本主义的垮台而走向社会主义。

三、全球化——传统帝国主义的新标签

全球化(对帝国主义的精确且科学的资产阶级的表述)只不过是

以帝国主义和投资机会不足为中心的资本过度积累的进一步显现。全球化的主要特征是：（1）通过并购、原国家产业的获得和私有化而实现的经济的高度垄断；（2）还有我们短期能看到的，银行合并和金融资本对经济的进一步支配；（3）不断增加的资本输出；（4）国际垄断企业合并的加速进行以及对世界再划分的激烈反抗；（5）通过削减社会福利支出而减少社会工资；（6）通过使各种规则，尤其是劳动力市场规则失效而加强对劳动力的剥削；（7）最后，在国与国之间不平等现象的增加；（8）强势国家之间重新划分世界的激烈争斗，以及受压迫民族不断反抗帝国主义的战争——从伊拉克、阿富汗和巴勒斯坦到哥伦比亚和南斯拉夫。因此，无论你在哪儿，无论你从哪个方向来看，不管你在工作还是在家，不管你是醒着还是睡着，从你出生到死亡，你都无法摆脱垄断。用列宁的话来说："以小业主的劳动为基础的私有制，自由竞争，民主，——所有这些被资本家及其报刊用来欺骗工农的口号，都早已成为过去的东西。资本主义已成为极少数'先进'国对世界上绝大多数居民实行殖民压迫和金融扼杀的世界体系。瓜分这种'赃物'的是两三个世界上最强大的全身武装的强盗……"①

四、银行资本

"生产的集中；从集中生长起来的垄断；银行和工业日益融合或者说长合在一起，——这就是金融资本产生的历史和这一概念的内容。"②"随着银行业的发展及其集中于少数机构，"列宁说道，"银行就由中介人的普通角色发展成为势力极大的垄断者，它们支配着所有资本家和小业主的几乎全部的货币资本，以及本国和许多国家的大部分生产资料和原料产地。为数众多的普通中介人成为极少数垄断者的这种转变，是资本主义发展成为资本帝国主义的基本过程之一。"③

银行合并，甚至是在列宁的时代，迫使银行家"决不越出最温和、

---

① 列宁. 列宁全集：第27卷. 2版. 北京：人民出版社，1990：327.
② 同①362.
③ 同①346.

最谨慎的资产阶级改良主义范围"① 来观察经济问题，列宁如此总结道。德国在 1914 年被 300 个金融巨头控制，并且这一数字在不断减少。

金融资本的集中以不可逆转的速度在加快。如果说 1997 年 31 家银行聚合了 10.4 万亿美元的资产，那么到 2004 年仅世界前十强的银行就融合超过 7.5 万亿美元。像工业那样，银行业也如此，帝国主义时代的特征就是集中再集中。伴随着每一个十年的过去，金融资本以这样的方式增长，银行的数量在快速地减少。从 1890 年到 1920 年的 30 年间，英国银行的数量从 104 家降到 20 家，减少的比例达 4/5。并且，所有存款和现金都落入了几家银行的手中。而在 1900 年，24 家银行掌握 68% 的股份制存款。到 1920 年，5 家银行就掌控这类存款的 86%。

1997 年，英国银行业被资本主义经济学家称为的"四巨头"控制，即巴克莱银行、国民西敏寺银行、米德兰银行以及劳埃德银行。如果是在 1953 年，当时最大的 5 家银行的收益几乎有 1 000 万英镑。据《周日独立报》预测，1997 年 5 家银行（因为从它们中脱离后，阿比国民银行实际上就成了第五家大型银行。很快，哈里法克斯银行也效仿此举）中的任何一家税前盈利超过 10 亿英镑[7]。今天，经过多次合并和收购后，英国零售银行业务依然由 4 家联合银行控制着，它们分别是如今收购米德兰银行的汇丰银行、收购国民西敏寺银行的苏格兰皇家银行、劳埃德 TSB 集团以及巴克莱银行。它们高达 7.7 万亿英镑的联合资产已经是英国国内生产总值的 5.5 倍。

欧洲其他国家的银行业也大同小异。法国被 3 家银行控制——法国巴黎银行、法国农业信贷银行和法国兴业银行。这 3 家银行旗下的资产是法国国内生产总值的 2.5 倍多。瑞士则被 2 家银行控制——瑞士联合银行和瑞士信贷银行——其所拥有的资产相当于瑞士 GDP 的 7 倍。仅荷兰国际集团这一家银行就控制着荷兰的银行业，其资产是荷兰 GDP 的 3 倍。甚至是相对而言发展规模较小的德国银行业，也由 4 家银行控制着——德意志银行、德国商业银行、德国裕宝地产银行以及德国邮政银行，它们的资产相当于整个国家的 GDP。

在美国，最大的 5 家银行握有一半的银行资本，这几乎是其 20 年

---

① 列宁. 列宁全集：第 27 卷. 2 版. 北京：人民出版社，1990：351.

前资产的2倍。这5家银行分别是摩根大通银行、美国银行、花旗银行、美国富国银行集团和美国合众银行，其联合资产超过48万亿美元，相当于美国GDP的一半多。所有这些银行被认为太大以至于会衰败。自从近期由金融系统引发的帝国主义经济危机迫使美国、欧洲和英国政府投入庞大的救市资金以来，甚至资产阶级的评论员也开始说，如果这些金融机构因为过大而将倒闭，那么也正因为它们太大而可能得救，到最后政府将不得不放弃暗地里保障银行偿债能力的承诺。通常的银行仅仅是帝国主义金融构架的可见部分。此外还存在价值16万亿美元的影子银行业，操控外部的银行监管，行使着史无前例的权力。影子银行业的资产比严格意义上的银行资产多出13万亿美元。这些资金的流向"是如此复杂，以至于成百上千的钱箱制造出一幅可与高科技配件组合成的电路板相媲美"的图景，吉里连·戴特在2010年11月19日发表于《金融时报》的文章中这样写道（参见《影子银行发展蓝图的公开》）。

帝国主义金融机构的工作提醒我们，卡尔·马克思在观察他所处时代的信贷系统时做出如下报告："那种以所谓国家银行为中心，并且有大的货币贷放者和高利贷者围绕在国家银行周围的信用制度，就是一个巨大的集中，并且它给予这个寄生者阶级一种神话般的权力，使他们不仅能周期地消灭一部分产业资本家，而且能用一种非常危险的方法来干涉现实生产——而这伙匪帮既不懂生产，又同生产没有关系。"[1] 马克思那个时代的高利贷活动以及银行系统的寄生现象和今日类似，但与规模庞大的金融活动相比不过是小巫见大巫。

五、金融资本的统治和腐败

影响力、权力、庞大垄断的统治，甚至让全身心为资本主义辩护的资产阶级知识分子也感到害怕。迈克尔-平托-杜欣斯基在1999年5月12日的《泰晤士报》上写道，这是他关于垄断能引起的灾难性影响所不得不说的："目前我意识到一个令人不安的事实：不见得偏执的人

---

[1] 马克思，恩格斯. 马克思恩格斯全集：第46卷. 2版. 北京：人民出版社，2003：618.

或者马克思主义者才能对大型银行和工业巨兽产生深刻的怀疑。事实上，认识垄断企业和跨国企业是现今对自由最大的威胁，是民主主义者最迫切的任务……"[8]

忘记或无视"自由竞争产生生产集中，而生产集中发展到一定阶段就导致垄断"① 这一事实；不在意过去资本主义市场中自由竞争反抗垄断的事实，迈克尔补充道，这些"利维坦们不靠自由市场的规则运转，他们至高无上，几乎超越了民主的控制……选民们仍然对此挑衅不得而知"。他举了德国尤其是德意志银行的例子来论证他的观点。在此，他强调了与本文论证无关的几个注意事项，但并没有丝毫减损他论证本身的有效性。"如此巨兽（德意志银行和类似垄断组织），"他说道，"靠威胁政府将它们的资产和工厂转移至其他国家如此简单的说辞来说服政府。这种威胁能够有效地保证德国财政部长奥斯卡·拉方丹下台。像德意志银行这样的机构拥有着深层的能产生微妙影响的资源。它们的收入和管理层对于上述政客和官员具有如同磁石一样的吸引力。对部长或官员关于就业前景的暗示能对稳固合作产生奇特的效果。"[9]

不过，根据这位绅士的观点，马列主义已经过时！但事实胜于雄辩。事实是"垄断既然已经形成，而且操纵着几十亿资本，它就绝对不可避免地要渗透到社会生活的**各个**方面去，而不管政治制度或其他任何'细节'如何"②。事实是"垄断组织在一切地方用一切办法为自己开辟道路"③，事实就是"帝国主义是金融资本和垄断组织的时代，金融资本和垄断组织到处都带有统治的趋向而不是自由的趋向。这种趋势的结果，就是在一切政治制度下都发生全面的反动，这方面的矛盾也极端尖锐化"④。事实就是"金融资本竭力追求的是统治，而不是自由"⑤，并且"统治关系和由此产生的强制，正是'资本主义发展的最新阶段'的典型现象"⑥。

不可能回到传统自由竞争的资本主义。帝国主义小资产阶级的危机过后，人们以最反叛的方式追逐自由资本主义。人类只能在科技革

---

① 列宁. 列宁全集：第27卷. 2版. 北京：人民出版社，1990：336.
② 同①372.
③ 同①343.
④ 同①432-433.
⑤ 列宁. 列宁全集：第28卷. 2版. 北京：人民出版社，1990：70.
⑥ 同①343.

命、生产和资本的集中以及帝国主义时期所获得的社会主义生产基础上，通过无产阶级革命和对帝国主义的推翻而前行。

六、资本输出

我们现在必须处理资本输出这个问题。"对自由竞争占完全统治地位的旧资本主义来说，典型的是**商品**输出。对垄断占统治地位的最新资本主义来说，典型的则是**资本**输出。"① 资本主义的特征是资本所有者和商品生产者的分离，金融资本从工业资本（这是从企业家那里吃股息生活的人的结果）中分离。这种情形在帝国主义时期达到前所未有的比例——金融资本利用依靠股息生活的人和金融寡头的优势而统治时代。

资本主义最后一个阶段的特征不仅表现为所有发达的资本主义国家都有了资本家的垄断同盟，还出现"少数积累了巨额资本的最富的国家处于垄断地位"，引发"大量的'过剩资本'"②。这种"4个最富的资本主义国家是多么突出……世界上其他各国，差不多都是这样或那样地成为这4个国家、这4个国际银行家、这4个世界金融资本的'台柱'的债务人和进贡者了"③。资本输出之所以出现，在于少数国家中"资本主义'已经过度成熟'，'有利可图的'投资场所已经不够"④。因此"过剩资本"的输出成为必要。进一步来说，在经济活动的每个角落创造国际垄断组织的压力远远大于列宁时代。这要求对垄断和攫取来的过剩资本进行输出——这种现象主要发生在帝国主义国家中。当然，如果资本主义能够用过剩资本来提高大众的生活水平，自然不会有过剩的问题——这是资本主义小资产阶级常常论争的一个问题。但是资本主义如果这样做，就不是资本主义。资本主义应当存在于获取利润的生意中，所以，输出"过剩资本"，将其分配到可以自己创造利润的地方。

---

① 列宁. 列宁全集：第27卷. 2版. 北京：人民出版社，1990：376.
② 同①.
③ 同①375.
④ 同①377.

第14章 列宁关于帝国主义的论题及其在当代的有效性

"假如资本主义能发展现在到处都远远落后于工业的农业，假如资本主义能提高在技术获得惊人进步的情况下仍然到处是半饥半饱、乞丐一般的人民大众的生活水平，那当然就不会有什么过剩资本了。用小资产阶级观点批评资本主义的人就常常提出这种'论据'。但是这样一来，资本主义就不成其为资本主义了，因为发展的不平衡和民众半饥半饱的生活水平，是这种生产方式的根本的、必然的条件和前提。只要资本主义还是资本主义，过剩的资本就不会用来提高本国民众的生活水平（因为这样会降低资本家的利润），而会输出国外，输出到落后的国家去，以提高利润。在这些落后的国家里，利润通常都是很高的，因为那里资本少，地价比较贱，工资低，原料也便宜。其所以有输出资本的必要，是因为在少数国家中资本主义'已经过度成熟'，'有利可图的'投资场所已经不够了……"[1]

自列宁时代尤其是第二次世界大战结束以来，资本的输出已经得到巨大发展。在1983年至1995年这12年间，根据1995年6月24日的《经济学人》的分析，对外直接投资同贸易相比增长了5倍，比世界产出高出10倍。

尽管可以把跨国组织亲切地称为增长的引擎，1992年联合国世界投资报告为我们提供的丰富数据资料，还是让我们看清了少数帝国主义列强通过跨国公司向外国直接投资的方式重新瓜分世界的企图。1990年，这份报告指出，对外直接投资（FDI）额达到2 250亿美元这一史无前例的数字。1985年到1990年，FDI年增幅为35%，超过世界13%的出口以及12%的GDP。在1987年到1992年这5年中，FDI加倍增长。在接下来的5年即1992年到1997年里，FDI再次成倍增长，1997年达到4 640亿美元的巨额收入（远远超过了世界产出或贸易增量），1996年时仅3 330亿美元。1997年的巨额收入中，有1 490亿美元流入发展中国家。接下来的3年见证了FDI持续陡峭的上升：1998年达6 500亿美元（其中1 780亿美元流入发展中国家）；1999年上升为8 650亿美元（其中2 080亿美元流入发展中国家）；到了2000年，突破1万亿美元的大关。直到2007年，经济合作与发展组织成员的FDI已攀升至19 318亿美元。此后，由于帝国主义近期的危机，增速有所放缓，但数量依然大于2000年所达到的。例如，2008年FDI达

---

[1] 列宁. 列宁全集：第27卷. 2版. 北京：人民出版社，1990：376-377.

16 408亿美元，2009年戏剧性地降到了9 059亿美元，到了2010年又增加到10 787亿美元，2011年继续增加到12 933亿美元。目前这些巨额资本输出以及并购活动正主导着对外直接投资流入工业化（帝国主义）国家。

为了避免帝国主义国家巨额利润的不断下降，来自帝国主义国家的主要跨国公司在发展中国家大力投资（从1998年的1 780亿美元增长到1999年2 080亿美元），2000年对外直接投资的1万亿美元中，大约1/4流入发展中国家。发展中国家是帝国主义资本输出的重要渠道，它可以增加后者的盈利。我们还可以根据如下事实得出上述判断，20世纪80年代后半期，互联网的私人资本开始涌入发展中国家，并且以年均150亿美元的速度增长，到1996年已经增长到2 410亿美元。

发展中国家的对外直接投资也要列入考虑范围，它们中有2/3是这样几个国家——中国、新加坡、马来西亚、泰国、印度、墨西哥、巴西、阿根廷、埃及。仅中国1998年就有450亿美元的对外直接投资，1999年为350亿美元。

在20世纪90年代中期，帝国主义国家在第三世界国家的直接投资的回报率被估计为17%，两倍于在帝国主义国家的直接投资的回报率。因此，制造业和服务业的一个显著增长得益于第三世界国家密集且廉价的劳动力。无须惊讶，在1996年11月2日的《经济学家》上，摩根士丹利就考虑过不同国家的工资率。而美国投资银行会这样问："你愿意雇佣谁：1个德国工人，2个美国工人，5个中国台湾人或者128个中国大陆人？"

所有这些却在给帝国主义国家和受压迫国家的无数工人制造着痛苦，所有科技的收益和劳动生产的巨大回报都在催生金融处理的天才。用马克思的话来说，这"在一极是财富的积累"，在马克思的时代达到了非常大的规模；"同时在另一极，即在把自己的产品作为资本来生产的阶级方面，是贫困、劳动折磨、受奴役、无知、粗野和道德堕落的积累"[1]，除非并且直到无产阶级和被压迫人民推翻帝国主义，这将是他们的清除剂。

---

[1] 马克思，恩格斯. 马克思恩格斯全集：第44卷. 2版. 北京：人民出版社，2001：743-744.

七、贫富差距

资本主义垄断阶段造就了少数几个放贷国家,它们进行资本输出,剥削世界上余下的所有国家。在这一过程中,当这些资本输出国的资本主义加速发展,"那也一定会有扩大和加深资本主义在全世界的进一步发展作为补偿的"①。尽管如此,但这一方面导致帝国主义国家和被压迫国家之间不均衡的发展;另一方面使帝国主义国家和受压迫国家内部存在贫富差距。

近 200 年来,富国和穷国生活水平的比率被刊登于 1999 年夏天的《人类发展报告》:1820 年为 3∶1,1913 年为 11∶1,1950 年为 35∶1,1973 年为 44∶1,1997 年为 72∶1。有许多国家的年人均 GDP 为 300 美元,少数帝国主义国家的年人均 GDP 达到 2.5 万美元!只占世界人口的 0.13% 就拥有 32.8 万亿美元的资产,即 56.6 亿人口年收入的 2 倍多。这说明 80% 的世界人口都生活在低收入和中等收入国家中。目前世界上仅 1 000 多个亿万富豪就坐拥 3.6 万亿美元。世界上最富的人——卡洛斯·斯利姆的资产估计有 530.5 亿美元,比尔·盖茨以 530 亿美元居于第二位,沃伦·巴菲特则以 470 亿美元居第三位。根据联合国的估计,占世界人口 2% 的富人享有全球过半的财富,而世界底层的一半人口只拥有世界财富的 1%。甚至在富裕国家,大多数人口也只有少量的财富。在英国,一半的平民共有 5% 的财产;在美国,则是 2.8%。

八、富裕国家中的贫穷

富国的部分人口并未免除资本主义普通工人的待遇。以下是若干事实:经合组织成员以及发展中国家,有超过 1 亿人活在贫困线下。他们中有超过 4 000 万的失业者,每年仅毒品的支出就超过 80 个国家 GDP 的总和。5 000 万美国公民没有医疗保险,并且每 5 个成年人当中

---

① 列宁. 列宁全集:第 27 卷. 2 版. 北京:人民出版社,1990:378-379.

就有一个是文盲。

1999年10月美国农业部的研究表明，9.7%的美国家庭在1996—1998年这三年间"食品得不到保障"（用简单的语言表达即忍饥挨饿）。而这一时期是二战后，美国作为最富裕和最有权威的帝国主义国家和作为"自由"世界的领导最繁荣的时期。在英国，即另一个富裕且有权力的帝国主义国家，5 600万人中有1 200万人生活在"相对贫困"中，比如收入在人均家庭收入一半以下。这1 200万人中有400万是孩童。可见资本主义很少能够面向绝大多数人：要么是帝国主义国家的核心，要么是受压迫和被剥削的人民。

九、东方国家的资本主义复辟

苏联和其他东欧国家的资产阶级常常受到抑制，这些国家的人民被剥夺自由且被限制进行经济活动。所以，只有回到（资产阶级）民主和"自由市场"才能保证空前的繁荣。既然如此，感谢赫鲁晓夫修正主义的变节行为，那么复辟发生了吗？苏联的产量和人均收入都减少一半以上；生活水平有明显的下降；男性的平均寿命在1990年到1994年减少了6岁（从64岁降到58岁）；曾是苏联人民引以为傲的免费的医疗服务、教育、育婴堂、幼儿园和度假村消失殆尽。原世界排名第二的苏联经济下降到像荷兰这样一个小国家的经济水平；1932年以来，苏联不存在失业现象，而俄罗斯的失业人口估计达到4 000万。苏联工人阶级所生产的财富被贪官污吏和黑手党人侵占，而多数人民已经到了贫困边缘；兄弟之间友好的情谊已经被利益代替而手足相残；卖淫、酗酒、吸毒、贩毒、贩卖人体器官和暴力犯罪、无家可归以及自由市场的种种衍生物流行起来。总而言之，过去伟大的社会主义苏联降为了第三等的资本主义国家，一方面负担着累计近2 000亿美元的外债，另一方面在过去10年间国有资产流失约3 000亿美元。

根据1999年秋天发布的数据，今天35.3%的俄罗斯人（总人口数为1.46亿）即约515万人生活在官方公布的最低生活水平线以下，并且通过出生率减少和死亡率增长的相互抵消，这部分人口每年以近100万的数字在减少。

自从资本主义在苏联复辟,东欧的国家也出现了类似的情况。而妇女和儿童遭受了最深重的灾难。根据1999年11月发布的联合国儿童基金会报告,1.5亿来自东欧和原苏联的儿童中约有20%无家可归。根据1999年《人类发展报告》,性奴的现象迅速蔓延到这些国家。报告说:"估计每年有50万来自东欧和独联体的妇女被交换至西欧。估计有1.5万名俄罗斯人和东欧人在德国红灯区工作。在荷兰,57%的应召女郎年龄在21岁以下。"如此这些,为了完美的自由和繁荣,苏联回到资本主义,今天这些国家的民族尤其是俄罗斯人民都曾亲眼见证并受益于社会主义的伟大成就,他们因此怒火中烧。推翻盗贼统治只是一个时间的问题,因为其统治缺乏合法性。人民要求抹去资本主义复辟的卑鄙以及社会所面临的痛苦。这些国家的偷窃兄弟会和普通大众之间的矛盾到今日已经变得越发尖锐。

十、帝国主义列强对世界的划分

"毫无疑问,"列宁说道,"资本主义向垄断资本主义阶段的过渡,即向金融资本的过渡,**是同瓜分世界的斗争的尖锐化联系着的**。"[①] 无疑,19世纪末20世纪初(恰恰是前垄断资本主义向垄断发展阶段的转变时期)见证了帝国主义之间为争夺全球资源而展开的惊人且无比激烈的抗争。但全世界并未被这些力量占有。曾经全球各部分是完整的,但因为帝国主义国家间发展不均衡,只能再次划分和分割。这个观点只适用于一战和二战时期。

第二次世界大战后,这种解释的理由无效了。多数殖民地都试图获得政治独立,但帝国主义能够制定机制,使这些形式上独立的殖民国家受控于帝国主义而彻底被财政、外交和军事独立绊住。换言之,殖民主义为新殖民主义开道。事实上,自苏联解体以来,存在一种从政治独立退回到半殖民国家的运动,诸如韩国、沙特阿拉伯、海湾国家、许多非洲和拉丁美洲国家、巴尔干半岛各国以及尤其重要的阿富汗、伊拉克、利比亚和叙利亚都是这个倒退运动的例子。

联盟、军事基地的分布、一系列傀儡政权的扶植、经济力量、金

[①] 列宁. 列宁全集:第27卷. 2版. 北京:人民出版社,1990:391.

融资本，都能够使全球几乎陷入一张依赖的网中。实际上，有一种说法是：几乎没有一寸土地没被践踏过。因此，尽管不存在许多真正意义的殖民国家，尽管多数国家被赋予政治的独立，现今世界的特征大体上和20世纪初是一样的，即分区成为众多帝国主义国家的势力范围。事实上，以美国、欧盟和日本这3个帝国主义集团对势力范围的再次划分已经陷入疯狂的争斗。南斯拉夫战争，对海湾地区的占领，英美帝国主义对伊拉克在战前实行的狂轰滥炸，在朝鲜半岛的战争挑衅，好战的北约联盟欲扩大版图至俄罗斯的疆界，在南斯拉夫战争期间美国对中国大使馆的轰炸，近期美国间谍飞机侵犯中国领空，对台出售精密武器，欧盟企图建立欧洲军队，美国违反1972年反弹道导弹条约而建立导弹防御计划的决议，对非洲的代理人战争，美帝国主义对阿富汗人民的野蛮战争，英美帝国主义对伊拉克的掠夺性战争以及持续对他国的殖民占有，利比亚战争，建立第三经济集团的尝试（在美国、欧洲和亚太地区）——所有这些只能解释为一种复杂但疯狂的违背道义的公然的瓜分世界的内容。或早或晚，除非有无产阶级革命的阻止，这些帝国主义集团或者其中一些国家联盟会彼此开战。

阿富汗战争与"反恐"无关，而伊拉克则与限制"大规模杀伤性武器"有关。这些几乎使美帝国主义垄断了从中东地区到原苏联的东方共和国广袤地区的石油资源，确立了美国在世界范围内不可撼动的霸主地位。美国统治阶级坚持对受压迫民族和与之竞争的帝国主义力量的霸权统治——部分是因为在武器装备上的绝对优势，部分是因为对中东和中亚石油资源的控制。

现阶段，美帝国主义正加紧对中国的包围，它认为中国是真正威胁其在亚太地区霸权统治的国家。美帝国主义被最深刻的资本主义经济危机打击，试图通过战争来延长生命，这些企图不仅指向受压迫国家，还指向社会主义中国。因此，在澳大利亚驻军，在中国附近水域增加敌对活动，支持中国台湾地区，巩固与日本的联盟孤立中国，支持中国西藏达赖喇嘛的叛变活动以及试图鼓动东南亚国家反对中国。并不令人惊讶的是，美帝国主义支出7 000亿美元军费，其中大部分用于防御。

美国庞大的军事支出是侵略战争的前兆，它正在为全世界人民储备弹药。用美国一位将军的话来说，"你不认为我们是在把所有的钱财都花费在军事上并且让军备停放在车库里吗？"托马斯·弗里曼，一位反动记者，在1999年3月28日的《纽约时报》上极其公正地说道：

"对于为全球化工作，美国不必担心要表现得像万能的超级大国那样。市场经济看不见的手没有隐藏的拳头是没法工作的。麦当劳没有麦道公司F15的设计师就不能繁荣，让硅谷科技能够安全发展的看不见的手是美国陆军、空军、海军和海军陆战队。"美国拥有的数以百计的海外军事基地有超过25万美国士兵在伊拉克战争和阿富汗战争之前就已驻扎。此外美国正努力构建其导弹防御基地，这一基地旨在使俄罗斯和中国的防御形同虚设。

十一、帝国主义列强内部矛盾的加剧

当所有帝国主义列强联合起来对付被压迫国家和社会主义国家时，它们处理自己阵营内部矛盾的方法都是一样的。德国帝国主义试图在它的领导下建立一个强大的欧洲帝国主义集团。日本帝国主义也想效仿德国在自己的领导下建立独立的亚太集团。这时候，情况是非常不稳定的。这些力量之间的流向是不明确的——哪一个集团会留存下来，哪一个会被瓦解。但是，有一点是肯定的，自从苏联解体以及东欧剧变后，众多帝国主义国家之间基本利益的不协调性已经显现，狂热的争斗持续发生。它们以和平的方式表达自己，但事实上远非和平，而是用"战争是政治的延续（有效的）方式"。

事态在帝国主义国家间的贸易战这个方向上快速发展。作为真正战争的一个准备阶段，其目的在于对现存势力范围、原料和商品及资本输出的再分配，除非被革命停止。我们应该看到所有帝国主义引起和唆使的全球范围内的战争和武装冲突——从残暴的海湾战争到北约对南斯拉夫的种族屠杀侵略战争，再到现在对阿富汗人民的战争，包括英美帝国主义企图垄断从中东到中亚地区的丰富石油资源而对伊拉克人民的战争。在这些战争中，有帝国主义国家对当地民族的联合打击，也有单独的帝国主义力量为保护自己的优势地位而进行的打击。

十二、反对机会主义的斗争

对帝国主义和帝国主义的好战分子的反抗与对机会主义的斗争和

对机会主义经济根源的了解是紧密联系在一起的。帝国主义国家工人阶级中的机会主义并非偶然现象;相反,它有着深刻的经济根源,即帝国主义国家的资产阶级从全球攫取的巨大利益的一部分也通常被用来收买工人阶级上层——劳动贵族——并且在工人阶级中引起分裂;"工人贵族"——这一阶层按生活方式、工资数额和整个世界观来说已经完全是市侩化的工人阶层,充当了"**资产阶级**的主要**社会支柱**⋯⋯因为这是**资产阶级在工人**运动**中**的真正**代理人**,是资本家阶级的工人帮办(labor lieutenants of the capitalist class),是改良主义和沙文主义的真正传播者。在无产阶级同资产阶级的国内战争中,他们有不少人必然会站在资产阶级方面,站在'凡尔赛派'方面来反对'公社战士'"①。

列宁补充道:"如果不懂得这个现象的经济根源,如果不充分认识这个现象的政治意义和社会意义,那么,在解决共产主义运动和即将到来的社会革命的实践任务方面,就会一步也不能前进。"②

自一战以来,工人贵族的政治代表在英国是劳动党,在西欧是社会民主党。他们过去是、将来也一定会是反革命的力量。这一趋势的个案来自工人阶级,社会民主党作为一个整体在国内和外交政策这些重要问题上总是会站在帝国主义一边。

在看待海湾、巴尔干半岛、阿富汗、伊拉克发生的战争,以及对待这些战争的机会主义者的态度上,从工会到社会民主党的领导都为列宁上述表述的正确性做了佐证。在我们自己的国家英国,除尊敬的阿瑟·斯卡吉尔和一两个他的同伴外,没有一个有地位的工会成员谴责对南斯拉夫的帝国主义战争或者对伊拉克长达10年的空袭。今天,当英国资产阶级政府连同美国展开对伊拉克人民的残忍战争时,许多工会领导人忙于为这场野蛮行动给予默认的支持。任何领导,哪怕稍微对国际无产阶级公开表示忠诚,都能使帝国主义侵略战争在一定程度上遭到挫败。但是工人贵族,作为工会的领导而坐拥特权者位置,却持续着帝国主义对亚洲、非洲和拉丁美洲民族的剥削与压迫。所以,无须讶异这些领导无法进行反帝国主义的活动。欧洲的共产主义运动有为工人阶级还原真相的使命,社会民主党已经不是无产阶级的朋友,而是他们的敌人。

---

① 列宁. 列宁全集:第27卷. 2版. 北京:人民出版社,1990:330.
② 同①.

结 论

根据前述事实，可以看到帝国主义的所有主要矛盾都以过去未曾有过的程度在加剧——在受压迫国家和帝国主义国家之间，在劳动和资本之间，在不同帝国主义国家之间。人类面临着这样的选择：要么革命，要么选择战争和野蛮。他们有责任在无产阶级中传扬"一个严峻的真理：**不经过布尔什维克的斗争和布尔什维克的革命，就不能摆脱帝国主义战争以及必然会产生这种战争的帝国主义世界（如果我们还用老的正字法，我就会在这里写上两个含义不同的'мир'），就不能摆脱这个地狱**"[1]。列宁关于革命的理论和列宁主义的组织策略及方法是为无产阶级提供的唯一出路，其使无产阶级认清了摆在眼前的选择："或者向资本屈服，依旧过着每况愈下的非人生活；或者拿起新的武器，——这就是帝国主义在千百万无产阶级群众面前提出的问题。帝国主义把工人阶级引向革命"[2]。在攫取利润的交易中，帝国主义进退两难："或者是毁灭全部文化从而毁灭人类自己；或者是用革命的办法摆脱资本的桎梏，推翻资产阶级统治，赢得社会主义和持久和平。"[3] 同时随着帝国主义所有矛盾加剧极端化，帝国主义列强对人类的欺压必然刺激着工人阶级和被压迫人民的革命。尽管在过去的 30 年里，社会主义遭受重创，感谢赫鲁晓夫修正主义的成就和变节，尽管这些抗争经历了曲折，但没有任何事情能够阻止无产阶级革命在世界范围内的胜利。"帝国主义是无产阶级社会革命的前夜。"[4]

注释

[1] A survey of multinationals: everybody's favourite monsters. The Economist, Special Supplement, March 27, 1993.

[2] Andy Coghlan, Debora MacKenzie. Revealed—The Capitalist

---

① 列宁. 列宁全集：第 42 卷. 2 版. 北京：人民出版社，1987：174.
② 斯大林. 斯大林全集：第 6 卷. 北京：人民出版社，1956：65.
③ 列宁. 列宁全集：第 33 卷. 2 版. 北京：人民出版社，1985：171.
④ 列宁. 列宁全集：第 27 卷. 2 版. 北京：人民出版社，1990：330.

Network that Runs the World. New Scientist, October 24, 2011.

[3] Paul Hawken. The Power of Transnationals. The Ecologist, July-August, 1992.

[4] Anousha Sakoui. Harder to Slot Together. Financial Times, February 29, 2012.

[5] A Merger Fit for World Domination. Financial Times, February 6, 2012.

[6] Wake Up to the Old-fashioned Power of the New Oligopolies. Financial Times, February 14, 2006.

[7] Paul Farrelly. Banks to Report £10 Billion Record Profits. Independent on Sunday, January 26, 1997.

[8] Michael Pinto-Duchinsky. Giants that Make Nations Tremble. The Times, May 12, 1999.

[9] Ibid.

第15章 马克思《资本论》中的帝国主义和资本主义发展[*]

[意] 露西娅·普拉德拉 著 田世锭 译

引　言

作为对新自由主义全球化及西方国家领导针对全球南方人民的长期战争的回应，一场关于帝国主义的新论争已经兴起。本文旨在呈现根据马克思论殖民主义和前资本主义社会的著述和笔记，以及各种版本的《资本论》第一卷，来阅读马克思《资本论》所取得的一些成果，以对此做出贡献。马克思的笔记还没有在《马克思恩格斯全集》历史考证版第二版（MEGA2）[1]中全部出版，他发表在《纽约论坛报》上的文章花了很长时间才得到承认。马克思论殖民问题的著作，主要源自莫斯科1959年出版的《论殖民主义》和《第一次印度独立战争》，以及随后出版的《著作集》，其中第11卷至第17卷和第19卷为马克思和恩格斯在《纽约论坛报》上发表的文章全集。这些编辑的变迁解释了为什么第二国际关于殖民主义的讨论没有提到这些著作，以及为什么在第一次世界大战之前及期间就帝国主义进行大辩论时，罗莎·卢森堡和列宁都完全没有意识到这些著作的存在。然而，即使出版之后，这些著作仍然被置于"次要地位"，而没有被与马克思的其余著作联系

---

[*] 文献来源：Lucia Pradella. Imperialism and Capitalist Development in Marx's Capital. Historical Materialism, 2013, 21 (2): 117-147.

起来加以分析。

凯文·安德森的著作《边缘地带的马克思》(Anderson 2010),介绍了19世纪50年代以后马克思论前资本主义和非西方社会的著作,并因此为分析其所谓马克思的理论研究和政治兴趣的非次要问题,提供了重要的工具。本文旨在考察这些著作与马克思的政治经济学批判之间的关系,反驳当代马克思主义关于帝国主义的论争中存在的一种主要假设:"在其主要的理论著作中,马克思关注的是封闭的资本主义经济","分析的是单一民族国家内部资本主义的起源和发展"(Brewer 1990:19)[2]。在大卫·哈维看来,马克思的《资本论》没有考虑国际体系的空间重构;积累是"在'和平、繁荣和平等'条件下运行"(Harvey 2005a:144)的封闭经济内部的扩大再生产而展开的。艾伦·梅克森斯·伍德坚持认为,马克思通过"或多或少抽象地"将资本主义视为"一个自我封闭的系统"(Wood 2007:458-459),考察了资本主义的具体动力。在对哈维《新帝国主义》的评论中,萨姆·阿什曼和阿列克斯·卡利尼科斯认同权力的领土逻辑与资本逻辑之区分的正确性(Ashman, Callinicos 2006:108),并与哈维一样认为,马克思发展了一种关于资本主义生产方式之矛盾的"内在"分析。同样的立场还预示了卡利尼科斯在《帝国主义与全球政治经济学》中,对这一论争重要而又新近的贡献。这种路径,恰如贾斯廷·罗森伯格所说,将"国际"外在化,并以"在资本主义发展的理论与其作为历史过程的现实之间,打开一条不可逾越的鸿沟"(Rosenberg 2006:108)而告终。

在本文中,我想证明,马克思的《资本论》通过发展价值理论和剩余价值理论,克服了古典政治经济学国家主义的矛盾假设:通过考察作为一种分化世界和不断扩张之体系的英国资本主义,马克思发展了关于英国"自由贸易帝国主义"的系统分析。资本主义积累的一般规律,必须被理解为世界规模的资本积累规律,而且,必须被理解为帝国主义规律,因为国家在这一过程中保持着根本性的作用。为了证明这一点,我将聚焦于与《资本论》第一卷的分析领域有关的具体问题。这将为进一步研究马克思有关资本主义与帝国主义之关系的思想及其从理论上理解国际体系之现实状态的应用奠定基础[3]。

本文第一部分将讨论在《资本论》第一卷中马克思如何论述国际投资和扩张主义;第二部分将致力于探讨包括对列宁而言标志着资本

第15章 马克思《资本论》中的帝国主义和资本主义发展/269

主义发展之帝国主义阶段的那些过程在内的资本积累的动力；第三部分将阐明马克思分析的发展过程与他对国际革命前景所做的不断变化的评论之间的联系；第四部分将初步思考第二国际内部——尤其是伯恩斯坦和考茨基——有关马克思著作和反映德国社会民主党日益改良主义化立场的各种解释。罗莎·卢森堡和列宁在政治和理论层面上与这一倾向进行了斗争。卢森堡因其所认为的缺陷而批评《资本论》，并力图将马克思的方法运用于帝国主义研究，以克服这些缺陷。列宁力图"更新"马克思的分析，以解释资本主义发展的新阶段。这里探讨的问题是，这些尝试是否基于对马克思主要著作的充分理解。

一、资本：一种全球化的体系

在《资本论》中，马克思以英国——世界性霸权主义国家和完全发达的资本主义生产方式之范例——为主要例证，考察了资本主义生产方式，以及与资本主义生产方式相一致的生产条件和交换条件，因为一直到那时，英国都是它们的经典例证。根据英国资本主义的具体特征，马克思确定了资本主义生产方式本身的对抗性发展规律。因此，《资本论》并不局限于分析一个特定的历史阶段，即19世纪中期的英国资本主义，而是考察其发展的一般规律（Marx 1996：9）。而且，第一卷所思考的并非个人资本——如同列宁和罗莎·卢森堡似乎都认为的那样——而是"**社会总资本**"①的生产和再生产，既包括个人资本，也包括所有现有资本的总和。社会总资本概念——或者，更简单地说，"资本"概念——指的是一个不受国界限制的"给定社会"的所有分支。在分析一种资本时，马克思能够分析资本整体，因为多元性和竞争性是其本质所固有的。资本概念反映了主要国家的资本走向普遍统治的趋势。然而，由于竞争是资本的本质，积累——正如我们将看到的——会在更高的层次上再次不断地引起竞争（Marx 1996：414），从而加剧资本家之间以及国家之间的对抗。

马克思的笔记和文章证明，19世纪40年代以来，马克思不是将英国资本主义作为民族体系，而是将其作为殖民体系来加以考察的。例

---

① 原文中用以强调的斜体部分，译文中均用黑体标示。

如，在他 1846—1847 年有关古斯达夫·冯·居利希《关于现代主要商业国家的商业、工业和农业的历史叙述》的笔记（Marx 1983：3ff.）中，他区分了世界市场形成和发展的两个主要阶段，即 15、16 世纪地理大发现的"前工业化世界市场"和以大工业为基础的世界市场。与冯·居利希相反，马克思认为欧洲国家的经济体系是一体化的体系，其中也包括其正式和非正式的殖民地。这些研究是以马克思和恩格斯那个时期的著作为基础的，例如，《德意志意识形态》（1845）、《哲学的贫困》（1847）、《关于自由贸易的演说》（1848）和《共产党宣言》（1848）。马克思在关于中国和印度的著作中，既考察了与所谓"原始积累"时期相应的"旧殖民制度"，又考察了工业时代的英国"自由主义的帝国主义"。他坚持认为，英国工业在印度的破坏性影响是资本主义生产方式的"有机结果"。

> 这个生产建立在资本的绝对统治上面。资本的集中是资本作为独立力量而存在所十分必需的。这种集中对于世界市场的破坏性影响，不过是在广大范围内显示目前正在每个文明城市起着作用的政治经济学本身的内在规律罢了。（Marx，Engels 1979：222）①

在关于鸦片战争的文章中，马克思谴责英国的抢劫和统治及其议会支持者，并将鸦片贸易和对中国的殖民侵略界定为保护曼彻斯特自由贸易者利益和将世界制造业集中在英国的**自由主义手段**。"任何时候只要我们仔细地研究一下英国的自由贸易的性质，我们大都会发现：它的'自由'说到底就是垄断"②（Marx and Engels 1980：17-21）。在马克思的一篇关于美国内战的文章中，他展示了英国工业、爱尔兰和美国南方各州之间的联系，将它们视为一个单一经济体系的各个部分[4]。马克思既用"殖民地"一词界定**殖民地**，也用它界定**自治领**。正如美国所表明的，马克思认为，美国 1866 年仍然是欧洲的殖民地（Marx 1996：454-455），对他来说，政治上的从属地位对界定"殖民地"并不是必要的。殖民主义被看作是一种剥削制度，它所需要的不是对其他国家的正式吞并，而是其他国家**在经济上从属于主要国家资**

---

① 马克思，恩格斯. 马克思恩格斯文集：第 2 卷. 北京：人民出版社，2009：691.
② 同①636.

本的再生产。殖民地的具体情况取决于历史和政治因素——例如土地和人口的比例——而且必须逐一加以分析（Marx 1996：741）。

马克思在《资本论》中系统地分析了这些过程吗？如果是，他又是**如何**分析的呢？在《资本论》第一卷第15章描述工业时代新国际分工——"它使地球的一部分转变为主要从事农业的生产地区，以服务于另一部分主要从事工业的生产地区"①——的段落开头，马克思说，他指的是"理论叙述本身还没有涉及的一些纯粹事实方面的情况"②（Marx 1996：453）。我认为，在本卷第七篇"资本的积累过程"中，我们可以找到这种理论研究的**初步**展开。在《资本论》讨论"剩余价值转化为资本"的第二十四章开始，马克思指出：

> 这里我们把出口贸易撇开不说。一个国家借助出口贸易可以使奢侈品转变为生产资料或生活资料，或者也可以反过来。为了对我们的研究对象在其纯粹的状态下进行考察，避免次要情况的干扰，我们在这里必须把整个贸易世界看做一个国家，并且假定资本主义生产已经到处确立并占据了一切产业部门。（Marx 1996：580）[5]③

根据列宁和罗莎·卢森堡以及后来的解释者[6]，这种抽象意味着英国与世界市场的隔绝：马克思将分析一个"封闭的国家系统"和**国内市场的发展**[7]。然而，在这一章中，马克思批判了古典政治经济学的再生产理论。它对资本与雇佣劳动之间自相矛盾的关系的和谐解释，引发了从价值分析向"国家"分析的"转变"，是关于世界市场之原子化、和谐化观点的基础（Shaikh 1979，1980）。因为缺乏对剩余价值源泉的系统分析，古典经济学家混淆了总产品与新创造的价值，后者包括可变资本和剩余价值，而前者还包括固定资本。他们将固定资本排除在国家总产品之外，并断言，积累涉及的是国家收入的增长，似乎资本主义生产的目的是满足"国家"的需要，而不是涉及不断扩大固定资本和国外市场的利润积累。由此产生的关于世界市场的和谐观，反映了英国在"自由贸易帝国主义"时代的利益，当时英

---

① 马克思，恩格斯. 马克思恩格斯文集：第5卷. 北京：人民出版社，2009：520.
② 同①518.
③ 同①670（21a）.

国已经实现了工业垄断,并决心将世界转变为其制成品的原料库和市场。

生产要素在某一特定国家内部流动却从未跨越国界的基本假设,日益与英国资本"作用范围"的扩大以及工人在英国和其各殖民地之间日益增多的国际迁移相冲突。在《资本论》第二十四章中,马克思追溯了政治经济学家对资本再生产的立场从亚当·斯密向杰里米·边沁和亨利·福塞特的演变。在《英国工人的经济状况》(1865)中,福塞特坚持工资-基金理论——根据这一理论,每个劳动者所得到的平均货币工资,等于一国资本量除以该国劳动人口数(Lapides 1998)——并肯定,英国每年所积累的总财富中有更大一部分被输往国外[8],"但是同追加资本一起输出的,还有上帝和边沁所发明的'劳动基金'的一部分"①(Marx 1996:606-607)。因此,马克思在这一章中解释了为什么他"把整个世界看作一个国家":因为英国的资本和工人的输出,不仅有福塞特所说的雇佣工人(Fawcett 1865:227),还有"被剥夺的"农民(Marx 1996:606-607)[9]。这些过程与福塞特所支持的工资-基金理论形成了鲜明的对比,后者的矛盾是古典政治经济学本身固有矛盾极端而荒诞的表现。相反,马克思在第一卷最后一章中所引用的殖民地改革派运动领袖爱德华·吉本·威克菲尔德,以及爱德华·梅里韦尔(Merivale 1861),肯定了通过"自由贸易"和正式帝国延伸所实现的资本"作用范围"扩大的结构性改变。

在1872—1875年《资本论》第一卷的法文版中,马克思在章末进一步解释了这一假设,在机器大工业时代,外部市场压倒内部市场,从而推动了对新国家的兼并,并使工业大国之间的竞争加剧[10]。正如凯文·安德森所说,"世纪之交的主要理论家,比如罗莎·卢森堡,显然不知道这段话,可能助长了关于帝国主义的论争。马克思在《资本论》第一卷中,正是在这里,直接描绘了其危机理论与现代帝国主义现象之间的关系"(Anderson 1983:74)。在这一章中——用哈维的术语——马克思系统地将地理扩张作为吸收过剩的一种途径(Harvey 2007:59,62)。

投资海外的英国资本被认为是"社会总资本"的一部分。因为在

---

① 马克思,恩格斯. 马克思恩格斯文集:第5卷. 北京:人民出版社,2009:706.

第一卷中，马克思并没有考虑流通中的关系和国家的多样性[11]，所以，它的分析不要求具体的界定。他认为，英国的殖民地在经济上是占主导地位的国家体系中的特定地区，是可以在当地或通过国际迁移加以利用的巨大劳动力储备库。在第一卷第八章中，马克思提到了劳动力市场的国际化，并将"工业时代"的"自由"迁移界定为奴隶贸易的一种新形式。迁移所造成的似乎取之不尽的劳动力供应，使资本家得以一直剥削他们的工人（Marx 1996：272）。

虽然在全球范围内，绝大多数资源和劳动力不是以**资本主义形式**被利用的，但在《资本论》中，马克思假定了资本-雇佣劳动关系的普遍延展，而没有考虑现实存在的不同剥削形式。一方面，这种抽象反映了资本可以**整合**那种与"自由"工资关系不同，却包含在资本积累之中的剥削形式，**并使之处于从属地位**的事实。正如贾拉斯·巴纳吉所指出的，在一些国家，特别是在特定资本主义生产方式尚未在全国范围内建立起来的殖民世界中，**资本主义的剥削关系仍然是广泛和占主导地位的**（Banaji 2010：282）。另一方面，资本-雇佣劳动关系在全世界范围内的建立，是资本主义发展的**极限**[12]，它是一种工业生产竞争和国家直接干预导致农民、工匠和个体经营者的持续征用和无产阶级化的过程[13]。

因此，"剩余价值转化为资本"这一章表明，与后来的解释不同，《资本论》第一卷已经就国际投资和劳动迁移进行了结构性考量。扩张主义是资本**在其发展的每一个阶段**的内在需要，并允许其"作用范围"的扩张独立于其实际层面。对马克思来说，"资本不是一个固定的量，而是社会财富中一个有弹性的、随着剩余价值分为收入和追加资本的比例而不断变化的部分……即使执行职能的资本的量已定，资本所合并的劳动力、科学和土地（经济学上所说的土地是指未经人的协助而自然存在的一切劳动对象），也会成为资本的有弹性的能力，这种能力在一定的限度内使资本具有一个不依赖于它本身的量的作用范围"①（Marx 1996：604）。这恰恰意味着罗莎·卢森堡所说的，"为了不受限制地积累，资本需要全球的生产资料和劳动力；没有所有地区的自然资源和劳动力，资本就无法运作"（Luxemburg 1951：365）。

---

① 马克思，恩格斯. 马克思恩格斯文集：第 5 卷. 北京：人民出版社，2009：703.

二、积累与帝国主义

根据这一解读，马克思在《资本论》第一卷第二十四章中坚持认为，扩张主义是资本在其发展之每一个阶段的内在需要。随后的一章则表明，积累增加了资本的扩张能力，并趋向于绝对和普遍财富的**极限**。然而，由于竞争是资本的本质，这一限度实际上是不会达到的。积累不断地在更高的层次上造成竞争，并使其自身表现为日益加剧的资本家之间以及国家之间的对立。

在1872—1875年的《资本论》法文版中，马克思第一次区分了资本积聚和资本集中，这意味着资本的分配和运作方式的改变，意味着现有资本的融合和股份制公司的形成。从19世纪70年代开始，马克思研究了经济发展速度超过英国的德国和美国"托拉斯"的成长，并认为美国是注定要取代英国掌握全球霸权的力量（Marx 1996：764，703）。德国和美国资本国际化的形式与英国资本不同，因为这是在经历国内的积聚过程之后，通过工业资本与银行资本之间的联系才实现的。相反，最初与对外直接投资有关的英国"独立公司"，却没有以在英国建立的企业为基础[14]。

在1879年给丹尼尔逊的信中，马克思声称，铁路公司是股份公司的第一个历史性例证，并形成了从股份银行开始的**其他各种**股份公司的一个新的起点。它们是在国家的支持下形成的，只有在英国才可能没有国家的支持，但这也要归功于巨额殖民利润的再投资（Williams 1964：105）。在其他国家，如美国，这一过程得到了联邦政府所提供的补贴和土地特许的支持。铁路公司因此成了主要的土地所有者，并因而导致了工业资本与地租的融合。铁道建设"给**资本的积聚**以一种从未预料到的推动力，而且也加速了和大大扩大了**借贷资本的世界性活动**，从而使整个世界陷入金融欺诈和相互**借贷**——资本主义形式的'国际'博爱——的罗网之中"①。马克思在信中考察了信贷体系的世界性活动，以及铁路和国际贷款给主要工业国家和"农业"国家造成

---

① 马克思, 恩格斯. 马克思恩格斯文集：第10卷. 北京：人民出版社，2009：433-434.

的相反后果,"在奥地利,特别是在意大利,铁路成了难以承受的国债和群众负担的一个新的根源"①(Marx, Engels 1991:356-357)。在1881年2月19日给丹尼尔逊的另一封信中,他还考虑了印度这样的殖民国家中的铁路与公共债务系统之间的关系(Marx, Engels 1992:63)。

在《资本论》中,马克思将其经验和历史研究予以系统化之后断言,集中导致了越来越少参与直接生产过程的金融贵族的成长。资本的概念表达了"工业资本"与"金融资本"的统一,或者更好地说,"处在生产过程**以内**的资本"与"资本**所有权**,即处在生产过程**以外**的、本身提供利息的资本"之间的统一[15]。马克思批评后者的独立是拜物教的最高形式(Marx 1998:396-397)。在他看来,信用制度加强了征用权力和资本集中,加快了商品的流通,并促进了一般的再生产过程:"在一个生产部门中,如果投入的全部资本已融合为一个单个资本时,集中便达到了极限。在一个社会里,只有当社会总资本或者合并在唯一的资本家手中,或者合并在唯一的资本家公司手中的时候,集中才算达到极限"[16]②。集中发生在工业的"任何一个生产部门中",也发生在一个特定社会的不同部门之间。它的作用是尽可能地消除它们之间的界限,加强资本的内在特征而忽略部门和地理边界。最集中的资本日益增加的流动性,及其对具体投资领域的漠不关心,加剧了它与雇佣劳动的对立。最终,集中加强了扩大资本运营规模和劳动协作的趋势[17],还加速了资本技术构成的变革,以牺牲可变资本为代价,提高了不变资本的份额[18]。资本积聚和资本集中的长期综合效应,是资本有机构成的提高和劳动力需求的相对减少,以及随之产生的无产者数量的绝对增加。由于活劳动是价值的唯一源泉,这将导致越来越多的并发症,因而强化资本在强度和时间上极度利用劳动力的必然性。

为了这一目的,扩张主义允许资本"作用范围"的扩大,及相应产业后备军的扩大,包括殖民地相对过剩人口的增加(Marx 1996:634)。在第三卷中,对利润率更高的殖民地的投资,被当作抵消利润率下降规律的因素,使"这个规律只是作为一种趋势发生作用"③

---

① 马克思,恩格斯. 马克思恩格斯文集:第10卷. 北京:人民出版社,2009:434.
② 马克思,恩格斯. 马克思恩格斯文集:第5卷. 北京:人民出版社,2009:723.
③ 马克思,恩格斯. 马克思恩格斯文集:第7卷. 北京:人民出版社,2009:266.

(Marx 1998：236)。在阐述资本主义积累的一般规律的第一卷第二十五章末尾，马克思将爱尔兰界定为"英格兰的一个被大海峡隔开的农业区，它为英格兰提供着谷物、羊毛、牲畜、工业新兵和军事新兵"①（Marx 1996：694）。正如我将在下一节讨论的那样，《资本论》第一版（1867）之后，马克思通过共产国际越来越多地参与到了爱尔兰问题之中。在1867年12月17日给恩格斯的一封信中，马克思表明，爱尔兰必须在《资本论》中发挥适当作用（Marx，Engels 1987：504）。在《资本论》法文版中，他给这一章补充了几段，考察了饥荒所致的"农业革命"——耕地转化为牧场，采用机器、土地集中和最严格的节约劳动形式——之后爱尔兰工人和农民的境况。"从1846年以来，压迫的形式虽然不那么野蛮了，但实质上却是毁灭性的，而除了或者英国自愿给爱尔兰以自由，或者作一场殊死的决战之外，别的出路是没有的。"②（Marx，Engels 1985b：194）在同一节中，马克思考察了农业发展和移民在英国等工业国家与爱尔兰等农业及殖民地国家的相反影响：移民是爱尔兰出口贸易中利润最丰厚的部门之一，也是导致其农村地区人口减少和每年人口水平绝对下降的系统过程[19]。

马克思在他的文章中考察了英国殖民主义在亚洲的类似影响，正如我前面提到的，他认为这是工业系统的"有机结果"。民众的极端贫困化使印度成了廉价的劳动力储备库，因此资本家得以将工资固定在远远低于劳动力价值的水平上，并组织印度劳工大规模迁移到因奴隶制废除而越来越需要他们的英国各殖民地的种植园。在中国的鸦片战争也有类似的结果。对本地或其他英国殖民地的种植园和工厂中的工人状况的调查，显示了工作时间不正常且是令人无法忍受的漫长、过度劳累、过早死亡、低于维持生计水平的工资、各种形式的暴力和对起义的镇压[20]。

这些考量是很重要的，因为它们使我们能够将资本主义积累的一般规律理解为全球规模的资本主义积累规律，并因此理解为帝国主义规律。列宁所强调的资本输出、"金融资本"崛起、企业规模扩大以及资本主义同盟瓜分世界等过程，都内在于资本主义的积累，从属于工人阶级贫困的绝对规律[21]。

---

① 马克思，恩格斯. 马克思恩格斯文集：第5卷. 北京：人民出版社，2009：808.
② 马克思，恩格斯. 马克思恩格斯全集：第16卷. 北京：人民出版社，1964：507.

此外，马克思的《资本论》并没有考察一种"纯粹的经济积累"——这一概念反映了古典政治经济学矛盾地主张的"国家"与"市场"的分离[22]——而是将国家干预作为其重要的组成部分。在所谓原始积累这一章，他将**国家制度**纳入了对资本积累的分析之中。在这一章中，他并不是像罗莎·卢森堡所争辩的那样描述"偶然"过程，"仅仅说明资本的起源，及其在世界上的首次出现"（Luxemburg 1951：364），而是分析了国家在形成国内国际资本主义关系和重塑整个社会秩序中的基本作用。对马克思来说，国家的逻辑内在于资本的逻辑[23]。因此，虽然**在历史上**国家干预是产业资本产生的首要原因，但对它的**分析在逻辑上**却从属于对积累的分析。这种辩证关系体现了以世界市场形成为特征的国家间竞争过程与工业资本主义扩张的融合（Callinicos 2009：146），从而导致了列宁在其著作中所论述的那种企图扩大其"势力范围"的列强之间的尖锐对立。在马克思看来，国家的集中性暴力是在内部——加之对阶级冲突的调节——和外部扩大和增加对工人的剥削所必要的一种**经济力量**。正如我们在载于阿诺德·赫尔曼·路德维希·冯·海滕《欧洲国家体系及其殖民地历史手册》（*Handbuch der Geschichte des europäischen Staatensystems und seiner Colonien*）的马克思笔记中可以读到的，殖民扩张与欧洲国家体系的全球扩张是相呼应的：伴随着英国对印度的征服，一个"全球国家体系"诞生了（Marx 1991：515）。因为考虑到了国家干预的两个方面，马克思没有把国家建设过程与帝国建设过程分开（Stone 1994；Brewer 1989），并克服了迈克尔·曼（Mann 1988）所界定的现代国家解释中的二元论。这种二元论所看到的，一方面是集中于内部方面的自由主义传统，另一方面是集中于国家干预之地缘政治方面的军国主义传统。由此可见，马克思的主要著作，为将帝国主义理解为世界范围内资本积累的具体形式奠定了基础。

三、帝国主义与世界革命

只有当工人们没有联合起来，并因此被资本的集中力量抑制的时候，积累的一般规律才显得自然。但是，资本主义是以一种矛盾的方式发展的：被归入资本的社会劳动生产力的任何增长，都是协作产生的，这种协作随着资本"作用范围"的扩大而扩大，并具有同样的普遍趋势。资本的发展就是无产阶级的发展，为无产阶级在世界层面创造其历史选择奠定了基础。

> 随着这种集中或少数资本家对多数资本家的剥夺，规模不断扩大的劳动过程的协作形式日益发展，科学日益被自觉地应用于技术方面，土地日益被有计划地利用，劳动资料日益转化为只能共同使用的劳动资料，一切生产资料因作为结合的、社会的劳动的生产资料使用而日益节省，各国人民日益被卷入世界市场网，从而资本主义制度日益具有国际的性质。随着那些掠夺和垄断这一转化过程的全部利益的资本巨头不断减少，贫困、压迫、奴役、退化和剥削的程度不断加深，而日益壮大的、由资本主义生产过程本身的机制所训练、联合和组织起来的工人阶级的反抗也不断增长。① (Marx 1996：750)

工人们只是作为在市场上出卖其劳动力的孤立个体而创造价值，但积累增加了他们协作的规模，为他们组织起来并反对积累的毁灭性后果提供了可能性（Marx 1996：634）[24]。通过斗争，工人们可以限制其社会状况的**相对**恶化，但不能阻止它，除非推翻这一制度本身（Marx 1996：616）。由于国际环境是每一国家工人阶级条件的内在部分，工人们不能将自身局限于经济斗争及更好地分配"国民"产品的要求[25]。在 1867 年代表国际工人协会总委员会所写的关于洛桑代表大会的呼吁书中，马克思解释了为什么这种方法对国际投资和移民的影响软弱无力，以及为什么工业化国家的工人建立国际团结是至关重要的。

> 在资本的权力面前，人失去了他个人的力量；工厂中的工人成了机器的一部分。为了恢复自己的个性，工人不得不团结起来，建立协会以保障自己的工资和生活。到目前为止这些协会还带有地方性质；但是资本却由于新的工业发明而日益强大起来；国家范围内的协会在许多场合都暴露出自己软弱无力。在研究英国工人阶级斗争的时候可以看到，厂主为了对抗自己的工人，不是把外国工人运进来，就是把活儿交到劳力最便宜的国家去。在这种

---

① 马克思，恩格斯．马克思恩格斯文集：第 5 卷. 北京：人民出版社，2009：874.

第15章　马克思《资本论》中的帝国主义和资本主义发展／279

情况下，工人阶级要想比较顺利地继续自己的斗争，就必须把全国性的协会变为国际性的协会。①（Marx，Engels 1985a：422）

虽然马克思对工业化国家的国际主义立场一直很明确，但他关于无产阶级斗争与反殖民斗争之间关系的观念，却有过重大的变化[26]。在《关于自由贸易的演说》（1848）中，马克思因自由贸易将加速欧洲的社会革命并导向所有国家的解放，而赞成它。在《共产党宣言》中，马克思和恩格斯仅仅在**形式上**而非**内容上**将无产阶级斗争界定为国内斗争，并指出，殖民地的解放依赖于西欧革命的胜利。他们的革命乐观主义——也是由对资本的不充分分析所造成的——是马克思和恩格斯在《共产党宣言》中，只就工业化国家，而没有就殖民地，来强调资产阶级"文明"之矛盾特征的原因之一。罗斯多尔斯基（Rosdolsky 1986）认为，这也有助于解释他们对1848年革命期间"斯拉夫民族问题"所持立场的局限性，以及恩格斯对征服阿尔及利亚和墨西哥所做的肯定性评论（Marx，Engels 1976：471；Marx，Engels 1977：365）。

正如埃里卡·本纳所注意到的，"在1848年革命失败后的几十年里，马克思和恩格斯把注意力转向了迫使他们澄清对这些问题之看法的两种新情况。其一，向非欧洲国家殖民扩张的步伐加快，提出了'进步'与合理抵制外国剥削之间关系的新问题。其二，不同工人阶级运动的出现，揭示了远比《共产党宣言》所设想的更为复杂的民族主义倾向"（Benner 2006：171）。在关于印度和中国的文章中，马克思证明，工业积累增强了"原始积累"过程对这些国家的破坏性影响[27]。然而，他并没有把欠发达作为所有殖民地国家的宿命，而是承认了反殖民斗争对于世界革命和这些国家发展的潜在重要性。在1850—1853年发表于《纽约论坛报》的关于印度的文章中，马克思不仅指出了征服的破坏性影响，而且指出了印度人民统一进行反殖民起义的**物质条件**。因此，在19世纪50年代初，马克思承认了当时大多数资产阶级思想家所否认的被殖民、被压迫人民的力量：一个在马克思的后殖民批判中不是被完全忽视，就是常被轻视的方面[28]。4年之后，印度的反殖民斗争确实出现了，这部分地印证了马克思的分析。1857年爆发

---

① 马克思，恩格斯. 马克思恩格斯全集：第16卷. 北京：人民出版社，1964：607-608.

的西帕依起义,是印度人民第一次统一的反殖民运动,初次克服了穆斯林与印度教教徒之间的分裂。马克思**无条件地**支持了印度起义和中国的太平天国运动,将其解释为"伟大的亚洲国家"反对英国殖民主义之普遍起义的一部分。

有人认为,这些运动可能会对欧洲产生反作用,促进其走向危机和产生革命。世界市场的扩大,为斗争在国际范围内相互增援奠定了基础。但与此同时,马克思和恩格斯认识到,英国对整个世界的剥削造成了"资产阶级化的无产阶级",这使这种相互联系变得越来越困难(Marx,Engels 1983:342)。如果反殖民斗争与无产阶级斗争的联系没有发生,那么对马克思来说,反殖民革命就可能成为这些国家资本主义民族发展的起点,就像20世纪的反殖民运动与现代资本主义国家的诞生一样。在马克思看来,资本在世界范围的扩张矛盾地为发展新的资本主义积累中心创造了基础,就像19世纪末美国所发生的那样。对外贷款制度是一种经济剥削和控制手段,**但是**,在特定条件下,却可以成为新资本主义国家民族发展的一种手段[29]。但是,对马克思来说,尽管因为不同国家的条件不同,但每一种可能性的发展都从属于统一的积累规律,这种规律导致了**整个**工人阶级的贫困[30]。

马克思认为,商业和帝国的巨大扩张是使英国摆脱1847—1848年危机的主要因素之一,但它也扩大了新危机的范围和风险。这一分析很快便得到了验证。在论1857—1858年危机的三本书[31]中,马克思将亚洲的反殖民运动指认为席卷世界市场之1857年经济危机的原因之一。危机和克里米亚战争推动了一系列社会运动:俄罗斯废除农奴制;美国废除奴隶制;而在欧洲,工人开始在工会和政治层面被再次动员起来。"正是在内战和欧洲工人的反应以及波兰起义的影响下,第一国际诞生了。"(Dunayevskaya 2000:83)在《资本论》1867年序言中,马克思写道,美国内战是社会主义革命的先兆。安德森认为,马克思论美国内战的文章表明,他对工人阶级内部种族主义问题的理解有所深化:"到19世纪60年代,除了废奴主义观点外,马克思已经认识到非裔美国人是革命的主体。"(Anderson 2010:85)

19世纪60年代,芬尼亚运动既在爱尔兰,又在英国和美国的爱尔兰移民中,获得了强大的力量。1867年11月,共产国际发起了一场团结运动,马克思也想尽一切办法,促使英国工人举行支持芬尼亚共和主义的示威游行。第一国际内部的政治论争,使马克思进一步发展了其关于国际革命的辩证观。1869 年,他声称支持爱尔兰人民的民族斗争,符合"英国工人阶级直接的和绝对的利益",爱尔兰人民的解放是英国无产阶级革命胜利的基础。在 1869 年 12 月 10 日给恩格斯的一封信中,马克思说他**改变了**对爱尔兰问题与英国无产阶级解放之间关系**的看法**。

> 我长期以来认为可以借英国工人阶级的崛起来推翻统治爱尔兰的制度。我在《纽约论坛报》上总是维护这种观点。但是我更加深入地研究了这个问题以后,现在又得出了相反的信念。只要英国工人阶级没有摆脱爱尔兰,那就毫无办法。杠杆一定要安放在爱尔兰。① (Marx, Engels 1988:398)[32]

马克思对其有关爱尔兰的新观点的最长论述,体现在 1870 年 4 月 9 日写给齐格弗里德·迈耶尔和奥古斯特·福格特的信中,其中提到了 1 月份由他本人草拟并由总委员会发布的一份秘密通告。这篇文章不仅分析了英国地主贵族和资产阶级在爱尔兰的经济利益,而且分析了爱尔兰移民对英国工人阶级运动的影响。

> 由于租地日益集中,爱尔兰就不断为英国的劳动市场提供自己的过剩人口,因而压低了英国工人阶级的工资,使他们的物质状况和精神状况恶化。
>
> 而最重要的是:英国所有的工商业中心的工人阶级现在都**分裂为**英国无产者和爱尔兰无产者这样两个**敌对**阵营。普通的英国工人憎恨爱尔兰工人,把他们看做会降低自己生活水平的竞争者。英国工人在爱尔兰工人面前觉得自己是**统治民族**的一分子,正因为如此,他们就把自己变成了本民族的贵族和资本家用来**反对爱尔兰**的工具,从而巩固了贵族和资本家**对他们自己**的统治。他们对爱尔兰工人怀着宗教、社会和民族的偏见。他们对待爱尔兰工人的态度和以前美国各蓄奴州的白种贫民对待黑人的态度大致相同。而爱尔兰人则以同样的态度加倍地报复英国工人。同时,他们把英国工人看做**英国对爱尔兰统治**的同谋者和愚笨的工具。
>
> 这种对立就是英国工人阶级虽有自己的组织但**没有力量的秘密所在**。这就是资本家阶级能够保持它的权力的秘密所在。这一

---

① 马克思,恩格斯. 马克思恩格斯文集:第 10 卷. 北京:人民出版社,2009:316.

点资本家阶级自己是非常清楚的。① （Marx，Engels 1988：473）

在本文中，马克思指出制度性种族主义的主要目标之一是攻击工人阶级的一部分以降低整个工人阶级的条件，以及制造分层和分裂以阻碍其共同组织。正是在这里，对马克思来说，国际的作用变得至关重要。加速英国社会革命的唯一办法，实际上就是促进工人阶级对爱尔兰民族斗争的支持，以作为"**他们自己的社会解放的首要条件**"②（Marx，Engels 1988：473-475）。马克思的努力在一定程度上取得了成功，1869年底，总委员会通过了一项非常有力的支持爱尔兰的声明。其成员因此打破了几十年来英国人对爱尔兰人的敌意。马克思认为，这一结果为英国工人与爱尔兰工人和小农之间前所未有的国际团结，打开了大门。

在普法战争和镇压巴黎公社之后，情况发生了变化。如果说控制法国首都两个月的武装工人显示了工人阶级夺取政权的能力，那么，在其被镇压之后，共产国际就从根本上被削弱了。它不仅在英国（在这里，工会领导人因对其共产主义倾向感到担忧而辞职了），而且在法国和德国这两个欧洲大陆的主要国家（在这里，对公社的镇压产生了瓦解性的影响），迅速失去了大部分力量。发表论爱尔兰和巴黎公社的文章之后不久，马克思为法文版修订了《资本论》第一卷。

19世纪70年代西方列强日益增长的帝国主义扩张及其对工人阶级运动的影响，可能是马克思的研究越来越集中于全球历史，以及深化对殖民主义、前资本主义社会和西方以外资本抵抗形式之研究的原因之一（Kräder 1972，1975；Anderson 2010：196-236）。他还计划以俄罗斯为历史样本，重写《资本论》第三卷中论租金的章节。为了反对那些断言其理论中的资本主义生产方式的普遍化不可避免的人，马克思和恩格斯在《共产党宣言》俄文第二版序言（1882）中写道，假如俄国革命将成为西方无产阶级革命的信号而双方互相补充的话，那么现今的俄国土地公有制便能成为共产主义发展的起点。他因此再次否认了关于革命的任何单线论。

马克思的《资本论》和第一国际的活动所指向的革命主体，都是

---

① 马克思，恩格斯. 马克思恩格斯文集：第10卷. 北京：人民出版社，2009：328.
② 同①329.

欧洲和美国的无产阶级，因为在那里，社会主义革命的物质条件得到了发展，但是，马克思对爱尔兰的思考却为将国际革命理解为一个统一的过程奠定了基础，在这个过程中，反殖民斗争与无产阶级斗争是紧密相连的，也是全球统一革命运动的一部分。

四、关于《资本论》和帝国主义的马克思主义论争

从马克思逝世到第一次世界大战的这段时期，对把马克思的著作解释和系统化为一个统一整体，并因此形成"马克思主义"，都至关重要。在我看来，尽管存在一些对马克思著作和恩格斯贡献的公开质疑，但正是在这一时期，我们可以找到解读马克思《资本论》时仍占主导地位的"方法论民族主义"的主要来源。尽管引言中提到的"文献"限制是重要的，但这并不是影响这一解释的主要因素；最根本的是它发生时的社会条件，以及正在转变为西欧大众政党的社会民主党的国际政策。

虽然所有的西欧国家都受益于殖民主义，并迅速追随英国的帝国主义扩张，但正如第二部分所提到的，德国资本的国际化形式在一定程度上偏离了英国资本的国际化形式。恰如卡利尼科斯所正确指出的，这是"在希法亭的观点与古典帝国主义时代全球主要大国英国的经济结构之间缺乏经验契合"（Callinicos 2009：48）的原因之一。根据希法亭的解释，资本集中对推动垄断资本和帝国主义的兴起起着决定性的作用，而这种现象在霍布森的解释中却完全不存在。值得注意的是，希法亭在《金融资本》中对保护主义制度的考察，更多的是受到了李斯特"幼稚产业"论的影响，而不是马克思分析所谓原始积累的影响（Hilferding 1976：397）。

此外，社会民主党的国际政策也未能幸免于"殖民主义和种族主义精神"的影响，例如，德国社会民主党的一些成员对苦力移民和侵华战争的态度，就证明了这一点。其中的一些人认为，苦力制度是对西方无产者的一种"威胁"（Fischer 1906－1907），而中国工人是欧洲工人自然希望"排除于**他们的**劳动市场之外"的"竞争者"（粗体的重点为笔者所加）（Bauer 1906－1907：489）。社会党的芝加哥会议（1885）就"苦力问题"进行了辩论，多数代表通过了一项决议，要求

"禁止""黄种人"——特别是日本和中国的工人——移民到美国(Potts 1990：102)。在德国社会民主党的美因茨大会(1900年9月17至20日)上，罗莎·卢森堡是强烈谴责对中国的帝国主义侵略并批评党的被动性的唯一成员[33]。

由于不可能在这里深入分析这个问题的所有方面，我只想强调几点。首先是考茨基在列宁认为他仍然是马克思主义者的时期反对伯恩斯坦的著作，即在他"完全背弃了这位著作家在几十年里，特别是在同社会主义运动中的机会主义(伯恩施坦、米勒兰、海德门、龚帕斯等人的机会主义)作斗争时所捍卫的那些马克思主义的革命原理"①(Lenin 1996：8)。伯恩斯坦指出，资本主义——在西方国家——正在克服失业，因此与马克思关于工人阶级贫困化的规律相矛盾。他在评论《共产党宣言》中"工人没有祖国"的论断时声称，对于1840年工人的状况而言，这可以说是对的，但在目前情况下，尽管帝国主义内部的冲突不断增加，但这一论断已不再有效。因为随着社会民主党的行动，工人正日益成为一名公民，获得了政治和社会权利[34]。社会民主党人的斗争在实质上是民族性的，他们的任务就是要将阶级利益和民族利益统一起来。伯恩斯坦不赞成对中国进行军事侵略，因为这不符合德国的民族利益，但他支持德国对中国施加"和平的"经济和政治影响(Bernstein 1969：177)。他认为，殖民问题对德国和欧洲的无产阶级并不重要，因为征服新的殖民地对工人没有任何影响。伯恩斯坦对无产阶级漠不关心，但对德国资本却并非如此：在"军事问题、对外政策和殖民地问题"一节的末尾，他声称，为了自己生产那些原本从热带国家进口的商品，德国有权征服新的殖民地。考茨基在反对伯恩斯坦的辩论中，并没有直接批评这种民族主义和帝国主义的立场，而是试图证明贫困化规律在国家层面的正确性(Kautsky 1976)。

考茨基对殖民主义的具体分析，可见于他发表在《新时代》上的一些文章及其著作《社会主义与殖民政策》(1907)。在这些著述中，他没有考察殖民主义在积累中的有机作用，而是——如列宁要做的那样——从根本上区分了"定居"(劳动)的殖民地与"剥削"(资本)的殖民地。考茨基将英国资本主义的"自由主义阶段"界定为"反殖民主义的"，并断言这是印度最自由的时期[35]。我们可以在列宁的《帝

---

① 列宁. 列宁选集：第2卷. 3版修订版. 北京：人民出版社，2012：580.

国主义论》中看到类似的论述[36]。恩格斯在给考茨基的一封信（1883年9月18日）中，评论了他的文章《移民和殖民活动》，并指出，由于"叙述的多半只是德国的材料，而这些材料照例毫无生气，既没有清楚说明对热带国家的殖民活动，也没有清楚说明殖民活动的最新形式"[37]①，所以具有一些局限。考茨基将大都会里的无产阶级斗争与殖民地和被压迫人民的斗争割裂开来。"剥削"殖民地的解放，将依赖西方无产阶级斗争的胜利，而且往往被认为是一个"人道主义的"问题。考茨基否认对工人存在物质上的直接"益处"，并以此批评了范·科布尔的立场——为支持"社会主义的殖民"，科布尔强调欧洲工人从殖民主义中获得的物质"益处"。

列宁写作《俄国资本主义的发展：大工业国内市场形成的过程》的社会背景与西欧大陆不同，与英国的区别就更大了。该书的主要目的是批判俄国民粹派的立场，他们断定资本主义不可能在俄国得到发展。恩格斯在1892年写给丹尼尔逊的一封信中说，"当俄国的工业还局限于国内市场时，它的产品只能用于满足国内的消费"，并将俄国界定为"一个**没有**国外市场的国家"，不能够像其他"可以通过贸易上的剧烈变化和用暴力开辟新市场"②的国家那样，在开放的世界市场上展开竞争[38]。在我看来，这可以解释为什么列宁著作的目标，如其标题所示，是国内市场形成的过程。他在序言中说，他"只是从国内市场的角度来研究俄国资本主义发展的问题，而不涉及国外市场的问题"[39]③。第一章中，列宁基于马克思在第一卷中的分析——列宁认为，这种分析仅限于国内市场——对亚当·斯密的再生产理论进行了批判。因此，即使列宁声称资本主义需要市场的稳步扩张，他的分析也没有一个这种主张的有机的位置，这与马克思形成了鲜明的对比[40]。而且，在《俄国资本主义的发展》中，列宁只引用了《资本论》德文第二版（1872），在这里马克思还没有区分积聚和集中。在我看来，这些是列宁断言为了分析帝国主义，有必要"更新"《资本论》的部分原因。

---

① 马克思，恩格斯. 马克思恩格斯全集：第36卷. 北京：人民出版社，1974：61-62.

② 马克思，恩格斯. 马克思恩格斯文集：第10卷. 北京：人民出版社，2009：635-636.

③ 列宁. 列宁全集：第3卷. 2版. 北京：人民出版社，1984：5.

罗莎·卢森堡对马克思再生产体系的批判，也是基于对《资本论》的"民族式"解读[41]。她指出，"对外借贷以及对外国铁路和矿山股份的资本投资所起的作用，是马克思积累图式之缺陷的一个很好的例证"（Luxemburg 1951：428）。必须强调的是，她在"积累的历史条件"最后一节中所提供的许多帝国主义的历史例证，马克思在其笔记和文章中已经进行过研究[42]。在《资本积累论》中，罗莎·卢森堡正确地注意到了资本积累的"双重"方面。她指出：

> 一方面，是商品市场和剩余价值被创造的地方——工厂、矿山、农场。从这个角度来看，积累是一个纯粹的经济过程，其最重要的阶段是资本家与雇佣劳动者之间的交易……在这里，和平、财产和平等至少在形式上处于支配地位，需要科学分析的敏锐辩证法来揭示，在积累过程中所有权如何演变为对他人财产的占有、商品交换如何转化为剥削，以及平等如何转变为阶级统治。资本积累的另一方面，是资本主义与非资本主义生产方式之间的关系，这种关系开始出现在国际舞台上。其主要方法是殖民政策、国际贷款制度——一种利息范围的政策——和战争。武力、欺诈、压迫、抢劫都是公开进行的，没有丝毫隐藏的企图，因此，需要努力在这种政治暴力和权力竞争的混乱中，发现经济过程的根本规律。（Luxemburg 1951：452-453）

她争辩说，积累的这两个方面是"有机联系的"，"只有把它们结合起来，才能理解资本主义的历史"（Luxemburg 1951：452-453）。这正是马克思所做的，他考察了社会总资本的发展规律及关于所谓原始积累的章节所描述的过程的永久性特征。虽然被不恰当地指向了马克思的《资本论》，但如果是针对直到今天仍然占据主导地位的对《资本论》的"民族式"误读，卢森堡的批评则是正确的。即使是关于"原始积累"和"剥夺性积累"——这是一个多余的概念，因为，对马克思来说，积累在结构上就意味着剥夺——之永久过程的争论，也是基于这一假设的（Harvey 2005a：143-144）。因此，由于强调资本主义与非资本主义生产方式之间关系的根本重要性，罗莎·卢森堡就使《资本论》第一卷已在更高抽象层次上展开的论题，变得明晰了。

虽然在这里不可能考察罗莎·卢森堡和列宁在民族问题和反殖民问题上的立场，但必须强调，马克思的政治著作对列宁发展其帝国主义分析及在这些问题上的立场,发挥了根本性作用。在其《关于帝国主义的笔记》(Lenin 1968)中,列宁主要概述了马克思的政治著作和信件,尤其是关于共产国际、爱尔兰、英国工人阶级运动及其政治领导人腐败的政治著作和信件。为了界定大都会工人的斗争与被压迫民族反帝国主义的民族解放斗争之间的联系——我们将看到,这种联系在第三国际第一次代表大会的声明中得到了明确的阐述——这些著作对列宁来说是必不可少的。

结　论

我的文章试图批评当前关于"新帝国主义"争论的主要基本假设之一,即马克思在《资本论》中考察的是一种民族体系,对今天帝国主义的任何分析都需要对其主要著作进行"整合",如果不是部分批评的话。我在第一部分中表明,《资本论》第一卷的分析领域不是民族经济,而是世界两极化且不断扩张的体系。这种抽象可以分析资本主义的发展规律及其对抗性,并反映各主导国家的资本通过长期采用所谓"原始积累"的方法扩大和增加对世界工人的剥削,同时又扩大和增加相互合作的趋势。在第二部分中,我讨论了资本在全球范围内积累的规律,并且主张,这一过程加强了资本走向普遍统治的趋势,从而加剧了资本家之间以及国家之间的竞争。

然而,积累是一个矛盾的过程,这一过程创造了废除它的前提。在其最初的革命乐观主义及其对西欧社会革命之普遍解放意义的信念之后,马克思深化了对全球范围内资本积累的分析,并由此形成了关于无产阶级斗争与反殖民运动之关系,以及帝国主义国家政治领导人和工人阶级中民族主义和种族主义情绪蔓延所表征的政治危险的政治观。

事实证明,这一分析在一定程度上是正确的。第二国际的社会民主党没有能够幸免于民族主义和种族主义。他们的领导人抛弃了马克思的国际主义观及其分析的全球维度,以至于他们中的一些人肯定了帝国主义和殖民主义的"文明化"和进步作用。

在反对这些倾向的斗争中,罗莎·卢森堡和列宁回到了马克思的观点,但在我看来,他们并没有从根本上克服运用一种民族框架来解释其著作的问题。然而，通过强调扩张主义及资本主义与非资本主义生产方式之间关系的根本重要性，罗莎·卢森堡阐明了马克思在《资本论》第一卷中已在更高抽象层次上展开的某些方面。通过考察资本输出、"金融资本"崛起、企业规模扩大，以及资本主义同盟和帝国主义列强瓜分世界等过程，并以此"整合"《资本论》，列宁强调了那些在马克思看来内在于资本主义积累且从属于其规律的过程在经济和政治上的中心地位。马克思论爱尔兰和英国工人阶级运动的领导人腐败问题的著作，对列宁发展其在民族和殖民问题上的立场，并在第三国际第一次代表大会上拟订国际主义纲领，发挥了根本性作用。

本文所做的分析并不意味着马克思已经发展了一切：他没有实现其六本书的计划，其中包括在关于国家、国外市场和世界市场的书中更详细地考察资本主义不均衡和联合发展的规律。不过，这里提出的重建，是理解马克思工作之未完成性的意义以及我们今天何以发展和应用它的开端。因此，根据马克思关于殖民主义的著作和笔记分析《资本论》，为反思历史和当代有关帝国主义的论争提供了重要的基础，而这一论争具有深远的政治意义。

注释

［1］马克思和恩格斯著作新的历史考证版。

［2］罗曼·罗斯道尔斯基也持这种观点。他断言，只有在马克思所计划的论国家、国际贸易和世界市场的著作中，马克思才打破所谓"民族的"框架，并展开一种"国际的"分析："国内经济必须在其与其他资本主义（和非资本主义）国家的外部关系中加以理解，并从根本上被理解为包含所有国家之整体的一个要素。只有那时，我们才能得到作为'具有许多规定和关系的丰富整体'的'世界市场'和'世界经济'范畴"（Rosdolsky 1989：27）。

［3］有关马克思《资本论》及其论殖民主义和前资本主义社会（特别是爱尔兰、中国、印度、俄国和美国）的文章和著作更为详细的分析，参见 Pradella 2010。在我的博士论文《全球化和政治经济学批判：来自 MEGA2 的新证据》中，我根据马克思的笔记，考察了马克思有关"国际"（包括国际投资和不平等交换问题）的分析之演进；研究了马克思 1857—1863 年《资本论》手稿中抽象范畴与具体测定之间的关系；一种关注南北分化，对帝国主义进行阶级分析的努力，参见

Smith 2010。

［4］Marx. The British Cotton Trade//Marx, Engels 1984：19-20；Anderson 2010：92.

［5］同样的论述参见 Marx 2008：73，651；"让我们把世界市场的所有生产都当作资本主义"，参见 Marx 2008：655，697。

［6］更近的讨论，参见 Hoe-Gimm 2012。

［7］在对马克思的批评中，罗莎·卢森堡预先假定他分析的是"民族经济"。尽管她认识到，"如果对再生产过程的分析实际意指的不是任何单一的资本主义国家，而是资本主义世界市场，那么，就不可能有对外贸易：所有的国家都是'本国'"。马克思在《资本论》第一卷中联系积累，已经提出了这一点："这里我们把出口贸易撇开不说……"（Luxemburg 1951：136）关于列宁的解释，参见第四部分。

［8］"在像英国这样的富裕国家，积累的资本远远超过了本国工业的需要。几乎没有一个政府未向我们借钱，在世界任何一个地区，几乎没有任何伟大的公共事业未得到英国资本的自由认购。在我们的帮助下，铁路将通往喜马拉雅山永久积雪之中；我们的轮船将横穿中亚的偏远地区；甚至刚刚开始进步事业的年轻国家也在寻求英国资本的援助……"（Fawcett 1865：121-123）

［9］也可参见《剩余价值理论》（Marx 1968：423；Marx 1971：253）。

［10］"当机器工业如此根深蒂固，以致对整个国民生产产生了决定性影响时；当对外贸易由于机器工业而开始超过国内贸易时；当世界市场逐渐兼并了新大陆、亚洲和澳洲的广阔地区时；最后，当走上竞赛场的工业国家为数众多时；——只是从这个时候起，才开始出现不断重复的周期，它们的各个相继的阶段都为时数年，而且它们总是以一场普遍危机的爆发而告终，这场危机既是一个周期的终点，也是另一个新周期的起点。"①（Marx 1989：557）

［11］正如马克思的笔记所证明的，他在 1857—1858 年打算在其计划的论外国和世界市场的书中加以分析的这些方面，一直是他研究的中心。

---

① 马克思，恩格斯. 马克思恩格斯全集：第43卷. 2版. 北京：人民出版社，2016：680.

[12] 资本主义的发展在逐渐实现这种限制：20世纪初，世界上绝大多数人口都是农民或生活在农村地区，而今天的世界已经不可阻遏地变成了城市（Büttel，Magdoff，Foster 2000：158）。这是人类历史上最根本和最戏剧性的变化之一。

[13] 这一抽象反映了罗莎·卢森堡所界定的那种"持续的过程，通过这种过程，农民和城市中间阶层因农民经济和小手工业企业的衰败而成为无产阶级。这也正是那种因前资本主义、非资本主义生产方式逐步崩溃和瓦解而被抛弃的劳动力从非资本主义向资本主义不断转变的过程。除了欧洲农民和工匠的衰败之外，我们在这里还必须提到非欧洲国家极为多样化的原始生产和社会组织形式的解体"（Luxemburg 1951：362）。

[14] 英国"独立公司"在国内的总部很小，从国内投资者那里筹集资金，并在国外将这些资金投入到技术相对简单的行业，主要是采矿、基础设施或种植项目（Wilkins 1988；Wilkins, Schröter 1998）。

[15] "对于用借入的资本从事经营的产业资本家和不亲自使用自己的资本的货币资本家来说，总利润在两种不同的人，即在两种对同一资本，从而对由它产生的利润享有不同合法权的人之间的单纯量的分割，都会因此转变为质的分割……因此，对于这种质的分割来说，资本家实际上是否和另一个资本家共分，是没有意义的。资本的使用者，即使是用自有的资本从事经营，也具有双重身份，即资本的单纯所有者和资本的使用者；他的资本本身，就其提供的利润范畴来说，也分成资本**所有权**，即处在生产过程**以外**的、本身提供利息的资本，和处在生产过程**以内**的、由于在过程中活动而提供企业主收入的资本。"① （Marx 1998：372-373）

[16] 《资本论》第一卷第二十五章第二部分。这一段没有出现在Marx 1996中，故而引自the Marx/Engels Internet Archive（http://www.marxists.org/archive/marx/works/1867-c1/ch25.htm）。

[17] 必须强调的是，马克思在《资本论》中并没有把协作当作资本主义生产方式发展之特定时代的一种固定形式来分析，而是作为资本主义发展的基本形式来加以分析的。这个词意指"人数较多的工人

---

① 马克思，恩格斯. 马克思恩格斯文集：第7卷. 北京：人民出版社，2009：420-421.

在同一时间、同一空间（或者说同一劳动场所）"① 工作的情况（Marx 1996：327）。我认为，即使不是肩并肩而只是在同一劳动领域工作，工人们也有相互协作的可能性，这一观点否定了对协作的"地方主义"解释，因为这种协作不一定要在一家工厂内进行，而是可以在不同但相连的地方进行。因此，过去30年工业生产的全球重组过程并没有否定协作的增加趋势，即使在不同工厂和公司的工人以及在家工作的工人，也在全球链中对生产做出贡献，尽管他们没有任何直接的协作。然而，这一论点使马克思乐观确认的协作与工人阶级组织之间的严格关系成了问题。

[18] 然而，合并和收购也会产生相反的趋势，因为它们通常会导致收购公司终止被收购公司的"过剩"生产能力，从而降低资本的技术构成。

[19] "我们记得，在英格兰农业无产阶级中我们已经看到过类似的现象。不过，不同的是，在工业国的英格兰，工业后备军是从农村得到补充，而在农业国的爱尔兰，农业后备军则是从城市，即被驱逐的农业工人的避难所得到补充。在英格兰，过剩的农业工人转化为工厂工人，而在爱尔兰，被驱逐到城市里去的农业工人，虽然对城市的工资形成压力，但仍然是农业工人，并不断地被送回农村去找活干。"② (Marx 1996：699-700)

[20] 在废除奴隶制之后，种植园的"工作日依然是由奴隶时代的习惯决定的"。在种植园里，劳动从清晨一直持续到日落，只是中午稍停了片刻。在工厂里，劳动时间甚至更长（Tinker 1974：189-190）。"我们见到，轧花厂的工人有时一天要工作17至18个小时；在米厂和面粉厂，男人有时不得不工作20或22个小时；在印刷厂，男人则不得不连续七天每天都工作22个小时"（Sen 1977：38）。

[21] 有关这一规律更为详细的分析，参见Pradella 2010a；2011。

[22] 古典政治经济学从来没有反对过国家，而只是反对其重商主义形式。古典经济学家希望将国家干预统一并限制在外交政策、国防、立法和司法等基本职能的范围之内。这种限制是为了加强国家。自由放任主义所否认的是国家内部介于它与个人之间的所有社会结构，如

---

① 马克思，恩格斯. 马克思恩格斯文集：第5卷. 北京：人民出版社，2009：374.
② 同①815.

传统公司、地方机构和工人协会（Heckscher 1955：324-325）。而且，尽管被认为是"反殖民主义"的，但古典经济学家——比如斯密和李嘉图——并不反对英国的殖民扩张，而只是反对其商业形式。有关亚当·斯密的第一大英帝国改革计划的更为详细的解释，参见Pradella 2010b。

[23] 尽管我不能在此深入分析这一点，但这种解释与大卫·哈维的解释是不同的。借用阿瑞吉的概念，哈维主张存在两种截然不同但相互交织的权力逻辑——经济的和领土的逻辑。阿列克斯·卡利尼科斯说，谈论两种逻辑具有误导性，但又坚持认为，"资本主义的帝国主义，是由经济和地缘政治两种竞争形式的交叉构成的"（Callinicos 2009：15）。在我看来，因为肯定国家的逻辑不能从资本的逻辑中推导出来，卡利尼科斯就给"自由时刻"和地缘政治留下了空间。根据冈萨洛·波佐·马丁的说法，"把帝国主义界定为两种独立逻辑的交叉，只不过是描述而已"（Gonzalo 2007：553）。另外，罗伯特·布伦纳断言，哈维自己对新帝国主义的解释实际上表明，权力的领土逻辑是从属于其资本逻辑的（Brenner 2006）。在本·费恩看来，"领土逻辑一定是资本主义的领土逻辑，而不是资本逻辑的对立面"（Fine 2006：142）。

[24] 关于日益增加的协作与工人阶级自主组织之间有问题的关系，参见注［17］。

[25] 福塞特认为，通过减少国外投资和发展国内市场，就可能解决英国的"社会问题"。霍布森提出了同样的解决办法，作为帝国主义的替代方案（Kemp 1967：34）。

[26] 关于限制工作日时长的斗争，马克思在《资本论》中更为明确地指出，"英国的工厂工人不仅是英国工人阶级的先进战士，而且是整个现代工人阶级的先进战士"①（Marx 1996：303-304），在其他国家激发了类似的斗争。

[27] 直到17世纪末，世界各地区经济发展的差异在很大程度上还是无关紧要的，但是，英国工业革命之后世界市场的扩大强化了这种分裂（Bairoch 1976：3）。

[28] 参见 Said 1985。尽管我不能在本文中更深入地讨论这一点，但值得一提的是，根据阿吉兹·阿罕默德的观点，英国殖民主义在印

---

① 马克思，恩格斯. 马克思恩格斯文集：第5卷. 北京：人民出版社，2009：346.

度具有"双重使命"的观念本身并不是欧洲中心主义的,而是必须被置入马克思的辩证法之中来加以理解。它遵循着他的历史理论框架,甚至是后来反殖民主义之民族主义者的共同思想(Ahmad 1992:226,234)。正如奥古斯特·尼姆兹(Nimtz 2002)所表明的,马克思的著作证明,他没有低估农民劳动的重要性或他们可能发挥的革命作用,也没有低估奴隶制的持续存在或殖民政权所特有的强迫性雇佣劳动。

[29] 马克思在《不列颠在印度统治的未来结果》①(Marx and Engels 1979:217-222)中的考虑,部分地预测到了罗莎·卢森堡在《资本积累论》中所做的论述:"现代对外贷款制度所固有的矛盾,是帝国主义阶段特征的具体表现。虽然外国贷款对新兴资本主义国家的解放是不可缺少的,但它仍然是老牌资本主义国家保持其影响力、实施金融控制和对年轻资本主义国家的关税、外交和商业政策施加压力的最牢固纽带。作为老牌资本主义国家所积累的资本在新势力范围中的主要投资渠道,这类贷款扩大了资本积累的范围,同时又因在投资国创造了新的竞争而被限制"(Luxemburg 1951:421)。

[30] 正因此,他邀请我们详细研究关于欧洲人在其殖民地对待奴隶的报告,以便"知道资产者在其能够随心所欲地按照自己的形象来塑造世界的地方,把自己和工人变成了什么"②(Marx 1996:739-740)。

[31] 将发表于《马克思和恩格斯》(即将出版)。

[32] 奥古斯特·尼姆兹认为,这一转变是"最重要的,因为它清楚地表明,对他来说,与一般马克思学的主张相反,革命'杠杆'并不只存在于发达的工业资本主义世界"(Nimtz 2000:204)。

[33] 她指出,党不能局限于媒体上的鼓动,因为媒体针对的是少数人,而不是大众。针对"联合起来的资本主义欧洲反对亚洲"的战争这一历史上具有划时代意义的事件,欧洲联合起来的工人政党必须予以回应。社会民主运动对沙文主义和帝国主义的平静态度,可能是致命的(Luxemburg 1972:800)。

[34] 我们可以在马歇尔的《公民和社会阶级》中看到类似的推论。

---

① 马克思,恩格斯. 马克思恩格斯文集:第2卷. 北京:人民出版社,2009:685-691.

② 马克思,恩格斯. 马克思恩格斯文集:第5卷. 北京:人民出版社,2009:861.

[35]"在曼彻斯特主义的时代,资本仍然在自由竞争和生产力最急速的发展中看到其统治的稳固基础。这也是印度的自由取得最显著进步的时代。"(Kautsky 1907:76)

[36]"在 1840—1860 年英国自由竞争最兴盛的时期,英国居于领导地位的资产阶级政治家是**反对**殖民政策的,他们认为殖民地的解放和完全脱离英国,是一件不可避免而且有益的事情。麦·贝尔在 1898 年发表的一篇论述'现代英国帝国主义'的文章中指出,在 1852 年的时候,像迪斯累里这样一个一般说来是倾向于帝国主义的英国政治家,尚且说过:'殖民地是吊在我们脖子上的磨盘。'而到 19 世纪末,成为英国风云人物的,已经是公开鼓吹帝国主义、肆无忌惮地实行帝国主义政策的塞西尔·罗得斯和约瑟夫·张伯伦了!"① (Lenin 1996:79)

[37]Engels 1993:57. 列宁在《帝国主义论》的序言中指出:"现在献给读者的这本小册子,是 1916 年春天我在苏黎世写成的。在那里的工作条件下,我自然感到法文和英文的参考书有些不足,俄文参考书尤其缺乏。但是,论述帝国主义的一本主要英文著作,即约·阿·霍布森的书,我还是利用了的,而且我认为是给了它应得的重视。"② (Lenin 1996:1)

[38]Engels 2001:537-538.

[39]Lenin 1977:25.

[40]列宁著作的重点是价值实现的问题,及对民粹派消费不足方法的批判。我的方法论讨论并没有质疑列宁关于俄国资本主义发展可能性的论点,而是旨在强调,正是因为俄国资本主义发展的特殊条件,列宁才把国内市场与国外市场严格分割开来,因而误解了马克思《资本论》中英国案例研究的意义。"在我们所关心的国内市场问题上,从马克思的实现论中得出的主要结论如下:资本主义生产的扩大,因而也就是国内市场的扩大,与其说是靠消费品,不如说是靠生产资料。"③ (Lenin 1977:54)

[41]在本文中,我不讨论其批判的内容,而只讨论她对《资本论》分析领域的解释。

---

① 列宁. 列宁选集:第 2 卷. 3 版修订版. 北京:人民出版社,2012:641-642.
② 同①575.
③ 列宁. 列宁选集:第 1 卷. 3 版修订版. 北京:人民出版社,2012:180.

[42]"反对自然经济的斗争":印度、中国和阿尔及利亚;"反对农民经济的斗争":美国、南非;"国际贷款":铁路建设和国际贷款,美国、亚洲和埃及。

参考文献

Adam Smith. An Inquiry into the Nature and Causes of the Wealth of Nations, Two Volumes. Frome, London: Butler and Tanner, 1961 [1776].

Aijae Ahmad. Theory: Nations, Classes, Literatures. London: Verso, 1992.

Alex Callinicos. Does Capitalism Need the State System?. Cambridge Review of International Affairs, 2007, 20 (4): 533-549.

——Imperialism and Global Political Economy. Cambridge: Polity, 2009.

Anthony Brewer. Marxist Theories of Imperialism: A Critical Survey. 2nd ed. London: Routledge, 1990.

Anwar Shaikh. Foreign Trade and the Law of Value, Part I. Science and Society, 1979, 43 (3): 281-302.

——Foreign Trade and the Law of Value, Part II. Science and Society, 1980, 44 (1): 27-57.

August H. Nimtz. Marx and Engels: Their Contribution to the Democratic Breakthrough. Albany: State University of New York Press, 2000.

——The Eurocentric Marx and Engels and Other Related Myths//C. Bartolovich, N. Lazarus. Marxism, Modernity and Postcolonial Studies. Cambridge: Cambridge University Press, 2002.

Ben Fine. Debating the "New" Imperialism. Historical Materialism, 2006, 14 (4): 133-156.

Colin Barker. A Note on the Theory of Capitalist States//Simon Clarke. The State Debate. Basingstoke: Macmillan, 1991 [1978].

Crystal Bartolovich, Neil Lazarus. Marxism, Modernity and Postcolonial Studies. Cambridge: Cambridge University Press, 2002.

David Harvey. The New Imperialism. Oxford: Oxford University

Press, 2005a.

——A Brief History of Neo-Uberalism. Oxford: Oxford University Press, 2005b.

——In What Ways Is "The New Imperialism" Really New?. Historical Materialism, 2007, 15 (3): 57-70.

David Ricardo. On the Principles of Political Economy and Taxation. London: Bell, 1891 [1817].

Donald Winch. Classical Political Economy and Colonies. Cambridge, MA. : Harvard University Press, 1965.

Eduard Bernstein. Die Voraussetzungen des Sozialismus und die Aufgabender Sozialdemokratie. Hamburg: Rowobt, 1969 [1899].

Edward Gibbon Wakefield. A View of the Art of Colonisation, with Present Reference to the British Empire. London: John W. Parker, 1849.

Edward Said. Orientalism. Harmondsworth: Penguin, 1985.

Eli F. Heckscher. Mercantilism. London: Allen and Unvvin, 1955 [1931].

Ellen Meiksins Wood. Logics of Power: A Conversation with David Harvey. Historical Materialism, 2006, 14 (4): 9-34.

Emil Fischer. Die Verwendung von Kulials Lohnarbeiter in der Deutschen Seeschilffahrt. Die Neue Zeit, 1906-7, 19 (25): 790-796.

Erica Benner. Really Existing Nationalisms: A Post-Communist View from Marx and Engels. Oxford: Clarendon Press, 2006.

Eric Eustace Williams. Capitalism and Slavery. London: André Deutsch, 1964.

Frederick Engels. Marx and Engels Collected Works Volume 47, Engels: 1883-1886. London: Lawrence and Wishart, 1993.

——Marx and Engels Collected Works Volume 49, Engels: 1890-1892. London: Lawrence and Wishart, 2001.

Frederick H Büttel, Fred Magdoff, John Bellamy Foster. Hungry for Profit: The Agribusiness Threat to Farmers, Food and the Environment. New York: Monthly Review Press, 2000.

Gong Hoe-Gimm. World Economy// Ben Fine, Alfredo Saad-Filho, Marco Boffo. The Elgar Companion to Marxist Economics. Cheltenham: Edward Elgar, 2012.

Gonzalo Pozo-Martin. Autonomous or Materialist Geopolitics?. Cambridge Review of International Affairs, 2007, 20 (4): 551-563.

Hans Peter Harstick. Kart Marx über Formenvorkapitalistischer Produktion. Frankfurt: Campus, 1977.

Henry Fawcett. The Economic Position of the British Labourer. London: MacMillan and Co. , 1865.

Herman Merivale. Lectures on Colonization and Colonies, Delivered before the University of Oxford in 1839, 1840 & 1841. London: Longman-Green-Longman and Roberts, 1861.

Hugh Tinker. A New System of Slavery: The Export of Indian Labour Overseas, 1830 - 1920. Oxford: Oxford University Press, 1974.

HusainIqbal. Karl Marx on India: From the "New York Daily Tribune". New Delhi: Tulika Books, 2006.

Jairus Banaji. Theory as History: Essays on Modes of Production and Exploitation, Historical Materialism Book Series. Leiden: Brill, 2010.

John A. Hobson. Imperialism: A Study. London: Allen and Unwin, 1948.

John Brewer. The Sinews of Power: War, Money and the English State, 1688-1783. London: Unvirin Hyman, 1989.

John Smith. Imperialism and the Globalisation of Production. Ph. D thesis. University of Sheffield, 2010.

Justin Rosenberg. International Relations: the "Higher Bullshit": A Reply to the Globalization Theory Debate. International Politics, 2007, 44 (4): 450-482.

Karl Kautsky. Auswanderung und Kolonisation. Die neue Zeit: Revue des geistigenundöffentlichen Lebens, 1883, 1 (9): 393-404.

——Sozialismus und Kolonialpolitik. Berlin: Vorwaerts, 1907.

——Bernstein und das Sozialdemokratische Programm: Eine Antikritik. 2nd ed. Berlin: Dietz Verlag, 1976.

Karl Marx, Frederick Engels. Collected Works, Volume 5, Marx and Engels: 1844-1845. London: Lawrence and Wishart, 1975.

——Volume 6, Marx and Engels: 1845-1848. London: Lawrence and Wishart, 1976.

——Volume 8, Marx and Engels: 1848-1849. London: Lawrence and Wishart, 1977.

——Volume 12, Marx and Engels: 1853-1854. London: Lawrence and Wishart, 1979.

——Volume 16, Marx and Engels: 1858-1860. London: Lawrence and Wishart, 1980.

——Volume 40, Marx and Engels: 1856-1859, Letters. London: Lawrence and Wishart, 198.

——Volume 19, Marx and Engels: 1861-1864. London: Lawrence and Wishart, 1984.

——Volume 20, Marx and Engels: 1864-1868. London: Lawrence and Wishart, 1985a.

——Volume 21, Marx and Engels: 1867-1870. London: Lawrence and Wishart, 1985b.

——Volume 15, Marx and Engels: 1858-1860. London: Lawrence and Wishart, 1986.

——Volume 42, Marx and Engels: 1864-1868, Letters. London: Lawrence and Wishart, 1987.

——Volume 43, Marx and Engels: 1868-1870, Letters. New York: International Publishers, 1988.

——Volume 45, Marx and Engels: 1874-1879, Letters. London: Lawrence and Wishart, 1991.

——Volume 46, Marx and Engels: 1880-1883, Letters. London: Lawrence and Wishart, 1992.

——Marx-Engels-Gesamtausgabe, Division IV, Volume 14, Berlin: Akademie Verlag, [forthcoming].

Karl Marx. Theories of Surplus-Value, Volume II. Moscow: Progress Publishers, 1968 [1863].

——Theories of Surplus-Value, Volume III. Moscow: Progress

Publishers, 1971 [1863].

——Grundrisse: Foundations of the Critique of Political Economy. Martin Nicolaus, trans. Harmondswortb: Penguin, 1981 [1939/41].

——Exzerpte und Notizen: September 1846 bis Dezember 1847/ Karl Marx//Marx-Engels-Gesamtausgabe, Division IV, Volume 6. Berlin: Dietz Verlag, 1983.

——Le Capital, Paris 1872-1875//Marx-Engels-Gesamtausgabe, Division II, Volume 7. Berlin: Dietz Verlag, 1989.

——Exzerpte und Notizen: Juti bis September 1851//Marx-Engels-Gesamtausgabe, DivisionIV, Volume 9. Berlin: Dietz Verlag, 1991.

——Marx and Engels Collected Works, Volume 35; Capital, Volume I. London: Lawrence and Wishart, 1996 [1867].

——Marx and Engels Collected Works, Volume 37; Capital, Volume III. London: Lawrence and Wishart, 1998 [1894].

——Notes on Indian History (664-1858). Honolulu: University Press of the Pacific, 2001.

——Manuskriptezumzweiten Buch des "Kapitals" 1868 bis 1881// Marx-Engels-Gesamtausgabe, Division II, Volume 11, Berlin: Akademie Verlag, 2008.

Kenneth Lapides. Marx's Wage Theory in Historical Perspective: Its Origins, Development and Interpretation. Westport, CT: Praeger, 1998.

Kevin B. Anderson. The "Unknown" Marx's Capital, Volume I: The French Edition of 1872-75, 100 Years Later. Review of Radical Political Economics, 1983, 14 (4): 71-80.

——Marx's Late Writings on Non-Western and Pre-Capitalistic Societies and Gender. Rethinking Marxism. 2000, 14 (4): 84-96.

——Marx at the Margins: On Nationalism, Ethnicity and Non-Western Societies. Chicago: University of Chicago Press, 2010.

Lawrence Krader. The Ethnological Notebooks of Karl Marx: Studies of Morgan, Phear, Maine, Lubbock. Assen: Van Gorcum, 1972.

——The Asiatic Mode of Production: Sources, Development and

Critique in the Writings of Karl Marx. Assen: Van Gorcum, 1975.

LawrenceStone. An Imperial State at War: Britainfrom 1689 to 1815. London: Routledge, 1994.

LelandHamilton Jenks. The Migration of British Capital to 1875. London: Thomas Nelson and Sons, 1963.

Lucia Pradella. L'attuatltà det Capitale. Accumutazione e impoverimento net capltatlsmogtobate. Padua: II Poligrafo, 2010a.

——Beijing between Smith and Marx. Historical Materialism, 2010b, 18 (1): 88-109.

Lydia Potts. The World Labour Market: A History of Migration. Terry Bond, trans. London: Zed Books, 1990.

Marcel Van der Linden. Labour History: The Old, the New and the Global. African Studies, 2007, 66 (2/3): 169-180.

Marx's Capital and Contemporary Capitalist Development. International Journal of Management Concepts and Philosophy, 2011, 5 (2): 118-126.

——Mondlalizzazione e criticadett'economlapotitlca atta luce dettanuovaedlzlonestorlcocriticadegtlscrittidi, Globalisation and the Critique of Political Economy: New Evidence from the MEGA2. Ph. D thesis. University of Naples Federico II and Paris X-Nanterre, 2012.

Michael Mann. States, War and Capitalism: Studies in Political Sociology. Oxford: Blackwell, 1988.

Mira Wilkins, Harm Schröter. The Free Standing Company in the World Economy, 1830-1996. Oxford: Oxford University Press, 1998.

Mira Wilkins. European and North American Multinationals, 1870-1914: Comparisons and Contrasts. Business History, 1988, 30 (1): 8-45.

Otto Bauer. Proletarische Wanderungen. Die Neue Zeit, 1906-1907, 41 (25): 476-494.

Paul Bairoch. Lo sviluppobtoccato. Turin: Einaudi, 1976.

Persia Crawford Campbell. Chinese Coolie Emigration to Countries within the British Empire. London: Frank Cass, 1971.

Raya Dunayevskaya. Marxism and Freedom: From 1776 until Today. Amherst: Humanity Books, 2000 [1958].

Renato Monteleone. Marxismo, intemazionatismo e questionenazionale: Dalla IIIntemazionatea lt'intemazionatecomunista. Turin: Loescher, 1982.

Robert Brenner. What Is and What is Not, Imperialism?. Historical Materialism, 2006, 14 (4): 79-105.

Robert Livingston Schuyler. The Fall of the Old Colonial System: A Study in British Free Trade, 1770-1870. Oxford: Oxford University Press, 1945.

Roman Rosdolsky. Engels and the "Non Historic" Peoples: The National Question in the Revolution of 1848. Glasgow: Critique Books, 1986.

——The Making of Marx's "Capital", Volume 1. London: Pluto.

Rosa Luxemburg. The Accumulation of Capital. Agnes Schwarzschild, trans. London: Routledge and Kegan Paul, 1951 [1913].

——Gesammelte Werke, Band 1, 1893 bis 1905. Zweiter Halbband. Berlin: Dietz Verlag, 1972.

Rudolf Hilferding. Il Capitalefrnanziario. Milan: Feltrinelli, 1976 [1910].

Sam Ashman, Alex Callinicos. Capital Accumulation and the State System: Assessing David Harvey's The New Imperialism. Historical Materialism, 2006, 14 (4): 107-131.

Sukomal Sen. Working Class of India: History of Emergence and Movement, 1830-1970. Calcutta: Bagchi, 1977.

Tom Kemp. Theories of Imperialism. London: Dennis Dobson, 1967.

Vladimir Ilyich Lenin. Notebooks on Imperialism, Volume 39. Moscow: Progress Publishers, 1968.

——The Development of Capitalism in Russia: The Process of the Formation of a Home Market for Large-Scale Industry. Moscow: Progress Publishers, 1977.

——Imperialism: The Highest Stage of Capitalism. London: Pluto, 1996.

第 16 章　共产主义：辩证和科学的马克思主义方法[*]

[美] 伯特尔·奥尔曼 著　田世锭 译

引　言

"马克思的共产主义愿景是什么？"这是个错误的问题。相反，我们应该问，"马克思是如何得出其关于共产主义的观点的，他通常是如何向他的读者呈现这些观点的？""愿景"问题的答案，无论是什么，都不能不与马克思一生致力分析的资本主义脱节，并与之处于外在的关系之中；无论人们如何力图用马克思的经验研究中取得的材料来描述它，也是如此。因为问题不仅在于太少、太迟的补充，而且在于第一个问题论述共产主义的角度使说者和听众都倾向于把共产主义当作一种成品。而判断共产主义是否可欲甚或可能的标准，只能是有关各方的道德原则或个人意愿和偏见。以这种方式来看待的话，马克思关于共产主义的观点——它们对马克思主义的传播做出了很大贡献——就不可能说服任何尚未准备好被其说服的人。

随着将马克思有关共产主义未来的观点与其对资本主义的分析放到完全不同的层面这种做法的流行，尤其是在近几年的流行，马克思

---

[*] 文献来源：Bertell Ollman. Communism：The Utopian "Marxist Vision" versus a Dialectical and Scientific Marxist Approach//Shannon Brincat. Communism in the 21st Century. Santa Barbara, California：Praeger, 2014：63-81。

的反对者对其无根据的未来愿景提出了许多与他自己对乌托邦社会主义者所提出的批评相同的评价，也就不足为奇了。这并不是要否认几位乌托邦作家对马克思早期思想的重要影响，也不是要否认马克思总是承认他们的思想流派对进步运动有许多积极贡献。例如，对未来的猜测，即使没有受到任何有关现在之分析的审查，也可能是一种非常具有解放性的经历，有助于一些人摆脱现状，哪怕只是在他们的想象中。因为触及了迄今为止毋庸置疑的快乐之源，它还能激起人们对更好事物的渴望，并引发一种更具批判性的观点。在如傅立叶——马克思和我自己最喜欢的乌托邦思想家——的那种更具创造性的头脑中，它也会导致发现一些只有后来的思想家才能实现的可能性。

一旦对资本主义的分析显示了我们的社会是如何运行的，以及它成为人类家园的真正潜力——简言之，一旦马克思主义出现——所有这些就都发生了变化。从那时起，乌托邦思想成了诋毁马克思主义的一种简单方式，因为后者可能被误认为仅仅是实现愿望的另一种形式。因此，马克思主义与共产主义常常被等同起来，似乎共产主义——而非资本主义——是马克思研究的主题。似乎下意识的结果便是，总将苏联和中国作为共产主义，并以此作为马克思主义如何在实践中发挥作用的证据。在马克思的思想所遭受的所有扭曲中，可能没有一种比这更难以纠正，因为问题不仅在于这两个国家发生了什么（或大多数人相信发生了什么），而且在于马克思的共产主义观与其在资本主义的历史根源之间实在太普遍的分离。因为没有认识到资本主义是研究共产主义是什么或可能是什么的恰当之处，所以，很容易代之以少数几个不断遭受外国侵略的威胁并自称是共产主义的欠发达国家中正在发生的事情，来决定马克思所有理论的价值。

当然，可以预料的是，只要能够避免应对马克思对资本主义的批评，大多数他的反对者都会采取这种方式。然而，因为对马克思的资本主义分析知之太少，而不能怀疑它可能在其共产主义思考中发挥作用，加之在意识形态上倾向于把过去、现在和未来视为完全分离的、在很大程度上彼此独立的历史"阶段"，他们也没有能力不这样做。对于那些赋予马克思的共产主义观以乌托邦形式，同时又否认他是乌托邦思想家的朋友和盟友而言，情况是或至少应该是完全不同的。不幸的是，从共产主义的角度（即始于描述共产主义如何运行而不是资本主义）提出共产主义，其形式并没有那么大的不同，而这是决定性的。典型的结果是，绝大多数受众发现很难相信这种社会的可能性，它只会增加他们对与这种"异想天开"之未来观相关的所有其他思想的怀疑。相反，鉴于马克思所有理论之间的内在关系，赢得人们对其中任何一种理论的支持，通常就会赢得他对其他理论的支持。这既适用于与共产主义关联、解释资本主义的理论，也适用于与资本主义关联、解释共产主义的理论，并坚持以马克思的方式将两者完全结合起来。马克思在分析资本主义的过程中，总是不失时机地指出共产主义的这种或那种特征，将其视为资本主义已经取得和正在经历的使之成为可能的发展，并在实际上将其作为资本主义本身某种潜在的延伸。

重要的是，近年来，非共产主义的左派出现了乌托邦思想的复兴——基于这种或那种原则，勾画出未来的理想图景，而对资本主义只是做了最肤浅的了解——它使马克思主义版本的乌托邦思想变得混乱了，而这只会增加一种普遍的信念，即为更美好的未来奋斗无须马克思对现在的分析。

在中止这个话题之前，我应该承认，至少在一定程度上我也犯过上面所批评的那种方法的错误[1]。我在这一问题上的思想变化，得益于更加深入地研究马克思的辩证方法，尤其是它在研究和叙述中的运用。

一、在资本主义内部寻找共产主义

那么，马克思是如何从他对资本主义的分析中得出共产主义观的呢？因为相信未来将产生于现在，就像现在产生于过去一样，马克思将他所发现的资本主义相互渗透、重叠和作用的过程予以扩展，涵括了其过去最为重要的先决条件，以及现在，特别是不仅在生产方式中，所发现的未来主要发展趋势和潜力。马克思运用了多种方法，将资本主义重构为一个由其真实的过去、现在及最有可能的未来组成的内在关系整体，来厘清从已然中对尚未发生事物的认识。

当然，许多马克思主义思想家都注意到了潜在观在辩证思维中的关键作用。C. L. R. 詹姆斯把现实性与潜在性之间的内在关系称为黑格尔辩证法的"全部秘密"（赋予了马克思辩证法以同样的意义）[2]。马尔库塞声称，就在马克思用以分析现在的那些概念的含义中，他发现了现在与未来之间无法解释的联系[3]。马克斯米里恩·鲁贝尔提出了相似的论点,他半认真地说,马克思发明了一种新的语法形式,即"预期的陈述",意指他面前事物的任何努力都预示着尚不存在的其他事物[4]。但这仍然没有解释清楚马克思是怎么做的。准确地说未来隐藏在现在的哪里?马克思的辩证方法是如何帮助他揭开未来的?事实上,马克思使用了一系列不同的方法来寻找资本主义内部的共产主义证据,其中最重要的是以下几点:

第一,挑出可以在资本主义内部看到的共产主义"萌芽",并指出,如果没有当前秩序的限制,它们将如何出现和运作。共产主义萌芽可以在合作社、工会和公共教育等发展中找到,尽管它们的运作方式受到了更大资本主义背景的严重制约,但它们已经显示出一些社会主义特征。这种萌芽在许多与晚期资本主义不同的条件和运作中——例如,银行系统对私人资本的逐步取代,以及正在每一家公司内部进行的广泛规划——也是显而易见的,一旦我们认识到它们同时也在为社会主义奠定必要基础的话。即使是失业这种主要的资本主义问题,从所有可以与目前的在职工人分享工作的工人角度来看,也因增加了每个人的"自由时间"而成了共产主义的萌芽。而且,任何资本主义问题——如利润驱动的环境破坏——只要被证明只有共产主义的解决办法,就增加了资本主义内部共产主义萌芽的数目,即增加了共产主义不仅可能而且必要的迹象。在马克思的著作中,我们可以找到许多这些萌芽的例子。这也是马克思在这个问题上最简单,也可能最有说服力的方法,这也是我选择在这篇文章中集中讨论它的原因。

第二,利用资本主义与产生它的必要前提之间的关系告诉我们,它在为随之而来的那种社会提供必要前提。

第三,将资本主义主要矛盾——例如那些导致周期性危机的矛盾——的发展,延伸到其解决之点,进而达到由其组成部分之剩余所呈现的新模式。

第四,如果我们认为,一旦工人掌握了权力,他们就会完全像资本家和贵族在有机会时所做的那样,建立一个为其阶级利益服务的社会,那就可以对——从资本主义那里继承了先进条件的——工人政府将要做什么做出大量的推断(他们那时的主要阶级利益是清除资本主义剥削他们的一切条件)。

第五,关于国家的性质——再一次,鉴于社会其他部门将会发生的所有变化——要追问:"那时,现代国家还会保留什么样的职能?"

第六，将处于异化劳动的核心的工人与其生产活动、产品、其他人（包括资本家和其他工人）及其作为人类成员的潜力之间的分裂作为支撑资本主义，包括其最为独特的形式（如一般价值和剩余价值）和问题（如周期性危机）的主要条件，并勾勒出异化的反面将是什么样子，这提供了一种即使非常抽象也有益的共产主义概念。如果资本主义下的异化关系是封建主义下人们与其活动、产品和其他人之间传统联系的实际"否定"（排斥和向对立面转化）之结果，那么，我们有理由相信，对资本主义中的这些关系进行同样的否定，就能够在很大程度上揭示一个很有可能继承它的社会。这种"否定之否定"（马克思的说法）恢复了一些被适当改造过的封建社会的社会联系，同时保留和扩展了许多资本主义的物质成就，使"螺旋"而不是"循环"成了这种运动的恰当隐喻。同样的方法也使"异化的终结"成为对全面共产主义生活最好的描述之一，并且马克思经常以这种方式使用它[5]。

这些研究资本主义内部之共产主义的不同方法在很大程度上是重叠的；即使是在一起，它们也没有——而且不可能——向我们提供一种某些人想要的完整或详细的图画；而且，毫无疑问，在马克思的著作中还可以找到研究这一问题的其他方法。但这里列出的这些方法，都是基于马克思对资本主义的理解。它们产生于他对历史上具体社会形态的辩证分析，并带有他作为研究在裂缝中充满共产主义潜力的资本主义之主要学者一生工作的印记和影响。正是这种归纳研究与演绎研究的独特结合，使他能够在其自身过去的与现在的产生和发展中，找到未来可能的广阔道路，并主张其全部著作的科学地位（与任何科学著作一样，它要解决的是可能性的程度，而不是绝对的确定性，并允许思想和方向的改变及偶尔的错误）。今天我们也应该在这个以资本主义为中心的方法家族中，也就是在这种背景和视角下，来研究共产主义，并将共产主义作为马克思主义目前——像以往一样——最吸引人的特征之一，展示给我们的同代人。

二、资本主义内部的共产主义萌芽[6]

1. 资本主义与共产主义关系的本质

（1）"在以交换价值为基础的资产阶级社会内部，产生出一些交往关系和生产关系，它们同时又是炸毁这个社会的地雷……另一方面，如果我们在现在这样的社会中没有发现隐蔽地存在着无阶级社会所必需的物质生产条件和与之相适应的交往关系，那么一切炸毁的尝试都是唐·吉诃德的荒唐行为。"[7]①

（2）"共产主义对我们来说不是应当确立的状况，不是现实应当与之相适应的**理想**。我们所称为共产主义的是那种消灭现存状况的**现实的运动**。这个运动的条件是由现有的前提产生的。"[8]②

（3）"我们不想教条地预期未来，而只是想通过批判旧世界发现新世界。"[9]③

2. "在我们这个时代，每一种事物好像都包含自己的反面"

"这里有一件可以作为我们 19 世纪特征的伟大事实，一件任何政党都不敢否认的事实。一方面产生了以往人类历史上任何一个时代都不能想象的工业和科学的力量；而另一方面却显露出衰颓的征兆，这种衰颓远远超过罗马帝国末期那一切载诸史册的可怕情景。

在我们这个时代，每一种事物好像都包含有自己的反面。我们看到，机器具有减少人类劳动和使劳动更有成效的神奇力量，然而却引起了饥饿和过度的疲劳。财富的新源泉，由于某种奇怪的、不可思议的魔力而变成贫困的源泉。技术的胜利，似乎是以道德的败坏为代价换来的。随着人类愈益控制自然，个人却似乎愈益成为别人的奴隶或自身的卑劣行为的奴隶。甚至科学的纯洁光辉仿佛也只能在愚昧无知的黑暗背景上闪耀。我们的一切发明和进步，似乎结果是使物质力量成为有智慧的生命，而人的生命则化为愚钝的物质力量。现代工业和科学为一方与现代贫困和衰颓为另一方的这种对抗，我们时代的生产力与社会关系之间的这种对抗，是显而易见的、不可避免的和毋庸争辩的事实。有些党派可能为此痛哭流涕；另一些党派可能为了要摆脱现代冲突而希望抛开现代技术；还有一些党派可能以为工业上如此巨大的进步要以政治上同样巨大的倒退来补充。可是我们不会认错那个经常在这一切矛盾中出现的狡狯的精灵。我们知道，要使社会的新生力量很好地发挥作用，就只能由新生的人来掌握它们，而这些新生的

---

① 马克思，恩格斯. 马克思恩格斯文集：第 8 卷. 北京：人民出版社，2009：54.
② 马克思，恩格斯. 马克思恩格斯文集：第 1 卷. 北京：人民出版社，2009：539.
③ 马克思，恩格斯. 马克思恩格斯文集：第 10 卷. 北京：人民出版社，2009：7.

人就是工人。工人也同机器本身一样,是现代的产物。在那些使资产阶级、贵族和可怜的倒退预言家惊慌失措的现象当中,我们认出了我们的勇敢的朋友好人儿罗宾,这个会迅速刨土的老田鼠、光荣的工兵——革命。"[10]①

3. 工人的合作工厂,是在资本主义内对资本主义打开的"第一个缺口"

"工人自己的合作工厂,是在旧形式内对旧形式打开的第一个缺口,虽然它在自己的实际组织中,当然到处都再生产出并且必然会再生产出现存制度的一切缺点。但是,资本和劳动之间的对立在这种工厂内已经被扬弃,虽然起初只是在下述形式上被扬弃,即工人作为联合体是他们自己的资本家,也就是说,他们利用生产资料来使他们自己的劳动增殖。这种工厂表明,在物质生产力和与之相适应的社会生产形式的一定的发展阶段上,一种新的生产方式怎样会自然而然地从一种生产方式中发展并形成起来。没有从资本主义生产方式中产生的工厂制度,合作工厂就不可能发展起来;同样,没有从资本主义生产方式中产生的信用制度,合作工厂也不可能发展起来。信用制度是资本主义的私人企业逐渐转化为资本主义的股份公司的主要基础,同样,它又是按或大或小的国家规模逐渐扩大合作企业的手段。资本主义的股份企业,也和合作工厂一样,应当被看做是由资本主义生产方式转化为联合的生产方式的过渡形式,只不过在前者那里,对立是消极地扬弃的,而在后者那里,对立是积极地扬弃的。"[11]②

4. 股份公司是"作为私人财产的资本在资本主义生产方式本身范围内的扬弃"

"Ⅲ. 股份公司的成立。由此:

(1) 生产规模惊人地扩大了,个别资本不可能建立的企业出现了。同时,以前曾经是政府企业的那些企业,变成了社会的企业。

(2) 那种本身建立在社会生产方式的基础上并以生产资料和劳动力的社会集中为前提的资本,在这里直接取得了社会资本(即那些直接联合起来的个人的资本)的形式,而与私人资本相对立,并且它的

---

① 马克思,恩格斯. 马克思恩格斯文集:第2卷. 北京:人民出版社,2009:579-580.
② 马克思,恩格斯. 马克思恩格斯文集:第7卷. 北京:人民出版社,2009:499.

企业也表现为社会企业，而与私人企业相对立。这是作为私人财产的资本在资本主义生产方式本身范围内的扬弃。

（3）实际执行职能的资本家转化为单纯的经理，别人的资本的管理人，而资本所有者则转化为单纯的所有者，单纯的货币资本家。因此，即使后者所得的股息包括利息和企业主收入，也就是包括全部利润（因为经理的薪金只是，或者应该只是某种熟练劳动的工资，这种劳动的价格，同任何别种劳动的价格一样，是在劳动市场上调节的），这全部利润仍然只是在利息的形式上，即作为资本所有权的报酬获得的。而这个资本所有权这样一来现在就同现实再生产过程中的职能完全分离，正像这种职能在经理身上同资本所有权完全分离一样。因此，利润（不再只是利润的一部分，即从借入者获得的利润中理所当然地引出来的利息）表现为对他人的剩余劳动的单纯占有，这种占有之所以产生，是因为生产资料已经转化为资本，也就是生产资料已经和实际的生产者相异化，生产资料已经作为他人的财产，而与一切在生产中实际进行活动的个人（从经理一直到最后一个短工）相对立。在股份公司内，职能已经同资本所有权相分离，因而劳动也已经完全同生产资料的所有权和剩余劳动的所有权相分离。资本主义生产极度发展的这个结果，是资本再转化为生产者的财产所必需的过渡点，不过这种财产不再是各个互相分离的生产者的私有财产，而是联合起来的生产者的财产，即直接的社会财产。另一方面，这是再生产过程中所有那些直到今天还和资本所有权结合在一起的职能转化为联合起来的生产者的单纯职能，转化为社会职能的过渡点。

……………

这是资本主义生产方式在资本主义生产方式本身范围内的扬弃，因而是一个自行扬弃的矛盾，这个矛盾明显地表现为通向一种新的生产形式的单纯过渡点。它作为这样的矛盾在现象上也会表现出来。它在一定部门中造成了垄断，因而引起国家的干涉。它再生产出了一种新的金融贵族，一种新的寄生虫，——发起人、创业人和徒有其名的董事；并在创立公司、发行股票和进行股票交易方面再生产出了一整套投机和欺诈活动。这是一种没有私有财产控制的私人生产。

（Ⅳ．……）在资本主义生产不很发达的阶段还有某种意义的各种观念，在这里变得完全没有意义了。在这里，成功和失败同时导致资本的集中，从而导致最大规模的剥夺。在这里，剥夺已经从直接生产者扩展到中小资本家自身。这种剥夺是资本主义生产方式的出发点;实行这种剥夺是资本主义生产方式的目的,而且最后是要剥夺一切个人的生产资料,这些生产资料随着社会生产的发展已不再是私人生产的资料和私人生产的产品,它们只有在联合起来的生产者手中还能是生产资料,因而还能是他们的社会财产,正如它们是他们的社会产品一样。但是,这种剥夺在资本主义制度本身内,以对立的形态表现出来,即社会财产为少数人所占有;而信用使这少数人越来越具有纯粹冒险家的性质。因为财产在这里是以股票的形式存在的,所以它的运动和转移就纯粹变成了交易所赌博的结果;在这种赌博中,小鱼为鲨鱼所吞掉,羊为交易所的狼所吞掉。在股份制度内,已经存在着社会生产资料借以表现为个人财产的旧形式的对立面;但是,这种向股份形式的转化本身,还是局限在资本主义界限之内;因此,这种转化并没有克服财富作为社会财富的性质和作为私人财富的性质之间的对立,而只是在新的形态上发展了这种对立。"[12]①

5. 银行制度是资本主义范围内资本私人性质的扬弃

"银行制度,就其形式的组织和集中来说,正如早在1697年出版的《对英格兰利息的几点看法》一书已经指出的,是资本主义生产方式造成的最人为的和最发达的产物。因此,像英格兰银行这样的机构,对商业和工业拥有极大的权力,虽然商业和工业的现实运动仍然完全处在它的领域之外,而它对于它们的现实运动也是采取被动的态度。当然,银行制度同时提供了社会范围的公共簿记和生产资料的公共分配的形式,但只是形式而已。我们已经知道,单个资本家或每个特殊资本的平均利润,不是由这个资本直接占有的剩余劳动决定的,而是由总资本占有的剩余劳动总量决定的,每个特殊资本仅仅是按照它在总资本中所占的比例从这个剩余劳动总量中取得自己的股息。资本的这种社会性质,只是在信用制度和银行制度有了充分发展时才表现出来并完全实现。另一方面,还不仅如此。信用制度和银行制度把社会上一切可用的、甚至可能的、尚未积极发挥作用的资本交给产业资本家和商业资本家支配,以致这个资本的贷放者和使用者,都不是这个资本的所有者或生产者。因此,信用制度和银行制度扬弃了资本的私

---

① 马克思,恩格斯. 马克思恩格斯文集:第7卷. 北京:人民出版社,2009:494-499.

人性质，从而自在地，但也仅仅是自在地包含着资本本身的扬弃。银行制度从私人资本家和高利贷者手中夺走了资本的分配这样一种特殊营业，这样一种社会职能。但是这样一来，银行和信用同时又成了使资本主义生产超出它本身界限的最有力的手段，也是引起危机和欺诈行为的一种最有效的工具。"[13]①

6. 在资本主义社会内部，生产过剩是"一个无政府状态的要素"

"这种过剩本身并不是什么祸害，而是利益；但在资本主义生产下，它却是祸害。"②

"再生产的资本主义形式一旦废除，问题就归结如下：寿命已经完结因而要用实物补偿的那部分固定资本……的数量大小，是逐年不同的。如果在某一年数量很大（像人一样，超过平均死亡率），那在下一年就一定会很小。在其他条件不变的前提下，消费资料年生产所需的原料、半成品和辅助材料的数量不会因此而减少；因此，生产资料的生产总额在一个场合必须增加，在另一个场合必须减少。这种情况，只有用不断的相对的生产过剩来补救；一方面要生产出超过直接需要的一定量固定资本；另一方面，特别是原料等等的储备也要超过每年的直接需要（这一点特别适用于生活资料）。这种生产过剩等于社会对它本身的再生产所必需的各种物质资料的控制。但是，在资本主义社会内部，这种生产过剩却是一个无政府状态的要素。"[14]③

7. 劳动生产率的增长与劳动的节约

"劳动生产力越是增长，工作日就越能缩短；而工作日越是缩短，劳动强度就越能增加。从社会的角度来看，劳动生产率还随同劳动的节约而增长。这种节约不仅包括生产资料的节约，而且还包括一切无用劳动的免除。资本主义生产方式迫使每一个企业实行节约，但是它的无政府状态的竞争制度却造成社会生产资料和劳动力的最大的浪费，而且也产生了无数现在是必不可少的、但就其本身来说是多余的职能。

在劳动强度和劳动生产力已定的情况下，劳动在一切有劳动能力的社会成员之间分配得越平均，一个社会阶层把劳动的自然必然性从

---

① 马克思，恩格斯. 马克思恩格斯文集：第7卷. 北京：人民出版社，2009：685-686.
② 马克思，恩格斯. 马克思恩格斯文集：第6卷. 北京：人民出版社，2009：525.
③ 同②526.

自身上解脱下来并转嫁给另一个社会阶层的可能性越小,社会工作日中用于物质生产的必要部分就越小,从而用于个人的自由活动,脑力活动和社会活动的时间部分就越大。从这一方面来说,工作日的缩短的绝对界限就是劳动的普遍化。在资本主义社会里,一个阶级享有自由时间,是由于群众的全部生活时间都转化为劳动时间了。"[15]①

8. 资本主义的过剩工人也证明了,在另一种社会组织中,每个人都有更多自由时间的可能性

"生产力的发展,如果会使工人的绝对人数减少,就是说,如果实际上能使整个国家在较少的时间内完成自己的全部生产,它就会引起革命,因为它会断绝大多数人口的活路。在这里,资本主义生产的特有限制又出现了,资本主义生产决不是发展生产力和生产财富的绝对形式,它反而会在一定点上和这种发展发生冲突。这种冲突部分地出现在周期性危机中,这种危机是由于工人人口中时而这个部分时而那个部分在他们原来的就业方式上成为过剩所引起的。资本主义生产的限制,是工人的剩余时间。社会所赢得的绝对的剩余时间,与资本主义生产无关。生产力的发展,只是在它增加工人阶级的剩余劳动时间,而不是减少物质生产的一般劳动时间的时候,对资本主义生产才是重要的;因此,资本主义生产是在对立中运动的。"[16]②

9. 单个资本家及工人与资本的日益分离(他们与资本分离,缺乏对资本的控制)"同时包含着把生产条件改造成为一般的、公共的、社会的生产条件"

"我们已经知道,资本积累的增长包含着资本积聚的增长。因此,资本的权力在增长,社会生产条件与实际生产者分离而在资本家身上人格化的独立化过程也在增长。资本越来越表现为社会权力,这种权力的执行者是资本家,它和单个人的劳动所能创造的东西不再发生任何可能的关系;但是资本表现为异化的、独立化了的社会权力,这种权力作为物,作为资本家通过这种物取得的权力,与社会相对立。由资本形成的一般的社会权力和资本家个人对这些社会生产条件拥有的私人权力之间的矛盾,越来越尖锐地发展起来,并且包含着这种关系

---

① 马克思,恩格斯. 马克思恩格斯文集:第5卷. 北京:人民出版社,2009:605-606.
② 马克思,恩格斯. 马克思恩格斯文集:第7卷. 北京:人民出版社,2009:293.

的解体，因为它同时包含着把生产条件改造成为一般的、公共的、社会的生产条件。这种改造是由生产力在资本主义生产条件下的发展和实现这种发展的方式决定的。"[17]①

10. 预测科学技术快速发展的影响（如果马克思还活着，则包括它们在自动化、计算机化和机器人化方面的延续，对价值生产及资本家与工人之间关系的影响）

"活劳动同对象化劳动的交换，即社会劳动确立为资本和雇佣劳动这二者对立的形式，是价值关系和以价值为基础的生产的最后发展。这种发展的前提现在是而且始终是：直接劳动时间的量，作为财富生产决定因素的已耗费的劳动量。但是，随着大工业的发展，现实财富的创造较少地取决于劳动时间和已耗费的劳动量，较多地取决于在劳动时间内所运用的作用物的力量，而这种作用物自身——它们的巨大效率——又和生产它们所花费的直接劳动时间不成比例，而是取决于科学的一般水平和技术进步，或者说取决于这种科学在生产上的应用。（这种科学，特别是自然科学以及和它有关的其他一切科学的发展，本身又和物质生产的发展相适应。）例如，农业将不过成为一种物质变换的科学的应用，这种物质变换能加以最有利的调节以造福于整个社会体。

现实财富倒不如说是表现在——这一点也由大工业所揭明——已耗费的劳动时间和劳动产品之间惊人的不成比例上，同样也表现在被贬低为单纯抽象物的劳动和由这种劳动看管的生产过程的威力之间在质上的不成比例上。劳动表现为不再像以前那样被包括在生产过程中，相反地，表现为人以生产过程的监督者和调节者的身份同生产过程本身发生关系。（关于机器体系所说的这些情况，同样适用于人们活动的结合和人们交往的发展。）这里已经不再是工人把改变了形态的自然物作为中间环节放在自己和对象之间；而是工人把由他改变为工业过程的自然过程作为中介放在自己和被他支配的无机自然界之间。工人不再是生产过程的主要作用者，而是站在生产过程的旁边。

在这个转变中，表现为生产和财富的宏大基石的，既不是人本身完成的直接劳动，也不是人从事劳动的时间，而是对人本身的一般生产力的占有，是人对自然界的了解和通过人作为社会体的存在来对自

---

① 马克思，恩格斯. 马克思恩格斯文集：第7卷. 北京：人民出版社，2009：293-294.

然界的统治,总之,是社会个人的发展。**现今财富的基础是盗窃他人的劳动时间**,这同新发展起来的由大工业本身创造的基础相比,显得太可怜了。一旦直接形式的劳动不再是财富的巨大源泉,劳动时间就不再是,而且必然不再是财富的尺度,因而交换价值也不再是使用价值的尺度。群众的剩余劳动不再是一般财富发展的条件,同样,**少数人的非劳动**不再是人类头脑的一般能力发展的条件。于是,以交换价值为基础的生产便会崩溃,直接的物质生产过程本身也就摆脱了贫困和对立的形式。个性得到自由发展,因此,并不是为了获得剩余劳动而缩减必要劳动时间,而是直接把社会必要劳动缩减到最低限度,那时,与此相适应,由于给所有的人腾出了时间和创造了手段,个人会在艺术、科学等等方面得到发展。"[18]①

结　论

谁能否认在资本主义中发现的共产主义萌芽?谁又能否认这种萌芽现在比马克思时代更多、更明显了?我们见证了自动化和机器人化、全球化的蔓延、每个公司所做的广泛的经济计划、交通和通信的发展、伴随资本主义产生的制成品及生产资料和劳动力的大量浪费、民主的进展及其在世界各地日益严重的滥用,以及所有可以用来(但没有被充分或适当地用来)解决失业率上升、经济不平等加剧、气候变化迅速、各种战争、大规模粮食短缺、新灾害的威胁和旧灾害的重新爆发,及——贯穿其中的——大多数学习形式日益严重的商品化(这使知识本身日益成为问题的一部分,而不是解决办法的重要组成部分)等问题的物质和智力手段。所有这些条件和问题都是共产主义萌芽的原因。解决这些问题的手段都是可以获得的——通常是导致这些问题本身的副产品——但在资本主义中,它们没有机会被使用。然而,几乎在我们所看到的任何地方,资本主义创造的新共产主义世界正直面着我们,尽管大多数人很难在其资本主义形式背后认识到它。

从我最开始写作关于共产主义的文章以来,"实际存在的社会主义"(在最好时期是一种奥威尔式的建设)的崩溃,使那些对资本主义

---

① 马克思,恩格斯. 马克思恩格斯文集:第 8 卷. 北京:人民出版社,2009:195-197.

不满的人加紧寻找另一种选择。不幸——而且有点令人惊讶——的是，甚至连从来没有把苏联视为榜样的社会主义者，对共产主义的可能性，似乎也从苏联的灭亡中吸取了负面的教训。如果说共产主义从来没有在物质上、技术上、社会上——其实是在除政治以外的一切方面——具有如此的可能性，那么它也从来没有遇到过如此普遍的怀疑。这种变化对我们阐述马克思共产主义观的一切努力有何影响？今天虽然更难使人严肃对待这一备受非议的问题，但是最需要它的时候。因为，正如柴郡猫告诉爱丽丝的，如果你不知道你想去哪里，那么任何一条路都行。我们一遍又一遍地被追问，在所有改革中，为什么优先选择某一项进行改革？

要重建马克思的共产主义道路，为广大工人阶级提供一个明确的斗争方向，第一步就是打破共产主义与苏联的联系。不幸的是，这是大多数人继续思考共产主义的方式。相反，必须像马克思那样，将共产主义与资本主义联系起来。与苏联相联系，共产主义就不得不被扭曲，这些扭曲甚至损毁了苏联所取得的一定成就。同样重要的是，只要与苏联的经验联系起来（无论是否赞成其结果），共产主义似乎就成了任何地方、任何时候、任何条件下人们可以进行的选择。在这种情况下，重要的是各种主观因素，从领导的智慧和承诺，到他们创建的政党类型及其采取的战略。另外，将共产主义与资本主义联系起来，则使人们面临的各种具体问题的客观条件，以及为解决这些问题提供基础的有关条件——其中大多数是苏联完全没有的——显得尤为突出。正是这种方式使马克思能够将共产主义视为资本主义内部一种尚未实现的可能性。

但如果是这样，我们就必须——像马克思一样——优先分析资本主义，而不是市场社会、工业社会、信息社会、现代社会、后现代社会，甚至美国社会。作为其中的一部分，我们必须停止在我们知道资本主义适用的地方避免使用"资本主义"一词。因为我们最严重的问题——危机、经济剥削、异化、失业、社会和经济不平等、帝国主义和环境退化——都是资本主义自然运行的结果。而如果用另一种组织社会的方式来代替资本主义，就会使这些问题的根源得不到关注甚至更糟，并很难看出解决这些问题的办法会从何而来。

随着我们当前经济危机程度的加深，许多非马克思主义作家勉强承认，马克思在资本主义问题上似乎是正确的，但是——他们立即补充道——在共产主义问题上却是错误的。在庆祝《共产党宣言》发表150周年之际，加拿大裔美国心理学家比尔·利万特（在给笔者的一封信中）将此宣言界定为亚变种和"共产主义中断法"。因为，如果说马克思在资本主义问题上是正确的，那么，鉴于他对资本主义的理解，他在共产主义问题上就一定是正确的，因为共产主义就隐藏在资本主义的褶皱里。在这种情况下，否认共产主义可能性的唯一路径，就是拒绝将其描绘为一种现实可能的资本主义分析。

因此，至少在这个世界上左派正在经历的阴暗过渡期是，我们需要做的——与列宁相反——是重建资本主义与共产主义之间的必要联系。这与"坚持共产主义是不可避免的"不同。就连马克思也把野蛮——用他的话说就是"斗争的各阶级同归于尽"——看作共产主义的一种可能的替代，尽管他认为这种可能性并不大，而且从来没有给予它我们今天所认为的它应得的注意[19]①。今天，在法西斯主义、卢旺达和索马里内战，及其他六个国家的国家权力崩溃之后，我们更清楚地知道了野蛮将带来什么，以及它将造成的危险有多大。人类生命再生产所必要的生态条件不断遭到侵蚀，现代武器的破坏力日益增强，这给人类历史带来了两种更有可能的结果。

在探讨未来时期人类在共产主义、野蛮主义、生态自杀和核毁灭（或最后三者的某种结合）之间的选择时，我试图提出两个要点：民主资本主义的延续不是替代之一，其必要的先决条件甚至现在正在消失；对任何人而言，代替共产主义的任何实际方案都是不可接受的。然而，不管人们相信共产主义是多么的不可能，他们要选择共产主义，就仍然需要承认共产主义是一种现实的可能。因为，共产主义只有在大多数工人（为了生存而不得不出卖其劳动力的人）走上这条道路时才能实现，包括当代发达资本主义国家几乎每一个工人，而人类历史的其他可能结果却可以在没有任何人实际做出选择的情况下产生。随着资本主义的衰落演变成全面的崩溃，所需要的只是人们应该足够久地推迟选择共产主义。

马克思近一半的著作都致力于批判资产阶级的意识形态，这种意识形态的核心便是对资本主义自然性和永久性的假定。与此相反，马克思揭示的不仅是资本主义如何运行、从哪里来、变化有多快，而且

---

① 马克思，恩格斯. 马克思恩格斯文集：第2卷. 北京：人民出版社，2009：31.

是——作为其分析的一个重要部分——它为什么正在转变。力图把握这一系统性和历史性之整体的各种理论,都是内在关联和相互支持的。但是,只有在这一整体中有相当大的空间来实现更美好的未来,且这种未来因其初始萌芽已经从我们周围的条件和发展中产生而变得可信的时候——只有在马克思主义理论和资本主义事件令人信服地确立了这一内在联系的时候——工人和其他被压迫人民才能从争取阶级利益跃进到革命实践。在其晚期的经济危机中,资本主义可以发挥自己的作用。我们这些自认为是马克思主义者的人,丝毫也不能做得更少。

最后,在论证了要解决的关键问题是"马克思是如何得出其关于共产主义的观点的?"之后,我愿意承认,在某些情况下,回答"马克思的共产主义愿景是什么?"这一问题,也是有用的。马克思所说的共产主义与所谓的共产主义国家之间的巨大差异,无论何时出现,都需要加以澄清,坚持要求回答他或她问题的执着学生应该得到一个答案。然而,考虑到将资本主义与共产主义割裂开来对充分理解任何一方(通常也因这种理解带来政治行动)产生的破坏性影响,我只想敦促那些想要走这条道路的人花更多的时间来研究"马克思是如何得出其关于共产主义的观点的"。至于我自己,我将继续推迟对马克思共产主义观的任何重构,直到我的读者——借助在本文中所发现的那种例证——得知这些观点是如何产生的,又是从何处产生的。

注释

[1] Bertell Ollman. Marx's Vision of Communism//Bertell Ollman. Social and Sexual Revolution: Essays on Marx and Reich. Montreal: Black Rose Books, 1978.

[2] C. L. R. James, Anna Grimshaw. The C. L. R. James Reader. Oxford: Blackwell, 1992: 129.

[3] Herbert Marcuse. Reason and Revolution. Boston: Beacon, 1964: 295-296.

[4] Maximilien Rubel. Non-Market Socialism in the Twentieth Century//Maximilien Rubel, John Crump. Non-Market Socialisms in the Nineteenth and Twentieth Centuries. London: Macmillan, 1987: 25.

[5] Karl Marx. Grundrisse: Foundations of the Critique of Polit-

ical Economy. Martin Nicolaus, trans. Harmondsworth, UK: Penguin, 1973: 488, 515, 832.

［6］这部分内容是笔者即将出版的《马克思的经济危机理论》中的一章，引述来自马克思经典文献，为突出重点，笔者将自拟的标题用斜体标示。

［7］Karl Marx. Grundrisse: Foundations of the Critique of Political Economy. Martin Nicolaus, trans. Harmondsworth, UK: Penguin, 1973: 159.

［8］Karl Marx, Frederick Engels. The German Ideology. R. Pascal, trans. London: Lawrence & Wishart, 1942: 26.

［9］Karl Marx. Letter to Ruge, from Kreuznach, September 1843//L. D. Easton, K. H. Guddat. Writings of the Young Marx on Philosophy and Society. Garden City, New York: Anchor, 1967: 212.

［10］Karl Marx. Speech at the Anniversary of the People's Paper//F. Teplov, V. Davydov. Marx/Engels: The Socialist Revolution. Moscow: Progress Publishers, 1978: 111-112.

［11］Karl Marx. Capital: A Critique of Political Economy, vol. 3. Frederick Engelsand, ed. Samuel Moore and Edward Aveling, trans. Moscow: Foreign Languages Publishing House, 1959: 431.

［12］Karl Marx. Capital: A Critique of Political Economy, vol. 3. Frederick Engelsand, ed. Samuel Moore and Edward Aveling, trans. Moscow: Foreign Languages Publishing House, 1959: 427-431.

［13］Karl Marx. Capital: A Critique of Political Economy, vol. 3. Frederick Engelsand, ed. Samuel Moore and Edward Aveling, trans. Moscow: Foreign Languages Publishing House, 1959: 593.

［14］Karl Marx. Capital: A Critique of Political Economy, vol. 2. Frederick Engelsand, ed. Samuel Moore and Edward Aveling, trans. Moscow: Foreign Languages Publishing House, 1957: 468-469.

［15］Karl Marx. Capital: A Critique of Political Economy, vol. 1. Frederick Engelsand, ed. Samuel Moore and Edward Aveling, trans. Moscow: Foreign Languages Publishing House, 1958: 530.

[16] Karl Marx. Capital: A Critique of Political Economy, vol. 3. Frederick Engelsand, ed. Samuel Moore and Edward Aveling, trans. Moscow: Foreign Languages Publishing House, 1959: 258 - 259.

[17] Karl Marx. Capital: A Critique of Political Economy, vol. 3. Frederick Engelsand, ed. Samuel Moore and Edward Aveling, trans. Moscow: Foreign Languages Publishing House, 1959: 259.

[18] Karl Marx. Grundrisse: Foundations of the Critique of Political Economy. Martin Nicolaus, trans. Harmondsworth, UK: Penguin, 1973: 704-705.

[19] Karl Marx, Frederick Engels. Communist Manifesto. Samuel Moore, trans. Chicago: Charles H. Kerr, 1945: 1-2.

参考文献

C. L. R James, Anna Grimshaw. The C. L. R. James Reader. Oxford: Basil Blackwell, 1992.

Herbert Marcuse. Reason and Revolution. Boston: Beacon, 1964.

Karl Marx, and Frederick Engels. Communist Manifesto. Samuel Moore, trans. Chicago: Charles H. Kerr, 1945.

Karl Marx, Frederick Engels. The German Ideology. R. Pascal, trans. London: Lawrence & Wishart, 1942.

Karl Marx. Capital: A Critique of Political Economy, vol. 1. Frederick Engels, ed. Samuel Moore, Edward Aveling, trans. Moscosw: Foreign Languages Publishing House, 1958.

Karl Marx. Capital: A Critique of Political Economy, vol. 2. Frederick Engels, ed. Samuel Moore, Edward Aveling, trans. Moscow: Foreign Languages Publishing House, 1957.

Karl Marx. Capital: A Critique of Political Economy, vol. 3. Frederick Engels, ed. Samuel Moore, Edward Aveling, trans. Moscow: Foreign Languages Publishing House, 1959.

Karl Marx. Grundrisse: Foundations of the Critique of Political Economy. Martin Nicolaus, trans. Harmondsworth, UK: Penguin, 1973.

Karl Marx. Letter to Ruge, from Kreuznach, September 1843// L. D. Easton and K. H. Guddat. Writings of the Young Marx on Philosophy and Society. Garden City, New York: Anchor, 1967: 211-215.

Karl Marx. Speech at the Anniversary of the "People's Paper" // F. Teplov, V. Davydov. Marx/Engels: The Socialist Revolution. Moscow: Progress Publishers, 1978: 111-112.

Maximilien Rubel. Non-Market Socialism in the Twentieth Century// Maximilien Rubel, John Crump. Non-Market Socialisms in the Nineteenth and Twentieth Centuries. London: Macmillan, 1987.

图书在版编目（CIP）数据

新帝国主义论 / 田世锭主编. --北京：中国人民大学出版社，2021.12
（当代国外马克思主义前沿问题研究丛书 / 江洋总主编）
ISBN 978-7-300-30104-4

Ⅰ.①新… Ⅱ.①田… Ⅲ.①帝国主义-研究 Ⅳ.①D033.3

中国版本图书馆CIP数据核字（2022）第000176号

国家出版基金项目
当代国外马克思主义前沿问题研究丛书
总主编　江　洋
新帝国主义论
田世锭　主编
Xin Diguozhuyi Lun

出版发行	中国人民大学出版社				
社　　址	北京中关村大街31号		邮政编码	100080	
电　　话	010-62511242（总编室）		010-62511770（质管部）		
	010-82501766（邮购部）		010-62514148（门市部）		
	010-62515195（发行公司）		010-62515275（盗版举报）		
网　　址	http://www.crup.com.cn				
经　　销	新华书店				
印　　刷	涿州市星河印刷有限公司				
规　　格	160 mm×235 mm　16开本		版　次	2021年12月第1版	
印　　张	20.75 插页3		印　次	2021年12月第1次印刷	
字　　数	316 000		定　价	89.00元	

版权所有　侵权必究　印装差错　负责调换